二战风云人物

吕双波 编著
LÜSHUANGBO

纳粹元凶
Adolf Hitler
希特勒
1889-1945

中国书籍出版社
China Book Press

图书在版编目（CIP）数据

纳粹元凶——希特勒/吕双波编著.--北京：中国书籍出版社，2016.9
ISBN 978-7-5068-5894-6

Ⅰ．①纳…Ⅱ．①吕…Ⅲ．①希特勒(Hitler，Adolf 1889-1945)—传记
Ⅳ．① K835.167=5

中国版本图书馆 CIP 数据核字 (2016) 第 247930 号

纳粹元凶——希特勒

吕双波　编著

图书策划	牛　超　崔付建
责任编辑	成晓春
责任印制	孙马飞　马　芝
出版发行	中国书籍出版社
地　　址	北京市丰台区三路居路 97 号（邮编：100073）
电　　话	（010）52257143（总编室）（010）52257140（发行部）
电子邮箱	eo@chinabp.com.cn
经　　销	全国新华书店
印　　刷	北京富达印务有限公司
开　　本	710 毫米 ×1000 毫米　1/16
字　　数	295 千字
印　　张	17
版　　次	2017 年 1 月第 1 版　　2017 年 5 月第 2 次印刷
书　　号	ISBN978-7-5068-5894-6
定　　价	29.80 元

版权所有　翻印必究

前　言

在很多人心中，希特勒一直都是一个披着神秘面纱的历史人物。作为一个奥地利人，他从一个在流浪街头的小画家成了纳粹党的领袖；在没有政治经验，没有金钱支持，没有政治背景之下，他用不到14年的时间就爬上了德意志帝国元首的宝座，最后成为欧洲霸主和摧残世界的一代战争魔王。希特勒可谓是传奇得不能再传奇的人物了。

在历史上没有几个人物能像希特勒那样对整个世界产生如此大的恶劣影响。他所发动的战争使大约三千五百万人丢掉了性命，还有数以百万计的人流离失所，无家可归。他所创立的纳粹党在其灭亡后，成为整个人类最不愿回忆的噩梦。

希特勒虽然领导纳粹党夺取了政权，可是当他死亡时，纳粹党及其所领导的政府即随之覆灭。因此，从这方面来讲，第二次世界大战可以说是希特勒个人的一场战争，他在整个战争的进程中都是有预谋，有准备，择机而动的，并对战争的进程有着总体的计划。

但希特勒一直想实现的个人"宏图"却最终失败，并被历史所抛弃。比如，希特勒热衷于扩大德国的领土和影响，虽然他征服了众多国家和领土，但最后却在瞬息即逝；希特勒还极力想把犹太人灭绝，可是在他灭亡仅仅三年后，一个新的独立的犹太国家以色列宣告成立；希特勒还非常憎恨共产主义和苏联，不过正是因为他所发动的战争，使苏联人在与他的抗争中把自己的领土控制范围扩大到东欧，而共产主义的影响在世界上也迅速扩大；他还非常轻视民主政体，希望不仅在德国也在其他国家将其消灭，但是今天的德国就是一个正在运转的民主政体，它的公民对于独裁统治的忍耐力比希特勒以前任何一个时代的德国都要小得多。

站在历史的角度上看，希特勒对他所处时代的影响无疑是非常巨大的，不过历史对他的评价肯定要比与亚历山大、恺撒、成吉思汗和拿破仑等这样的历史人物逊色得多，因为他的累累罪行，使他成为"魔鬼代言人"。他发动战争是完全逆历史潮流的，对人类造成的伤害是无法估量的。

本书在叙事手法上，通过以时间为线索展示了希特勒的一生，对他在军事上、政治上、外交上的各个层面都进行了绘声绘色的描述，用翔实的史料，揭开历史面纱，还原了一个真实的有血有肉的希特勒。因历史跨度大，搜集资料难以完整全面，本书难免会有疏漏之处，敬请读者见谅。

目 录

第一章 魔王出世：天主信徒，流浪画家

第一节　小职员之子，不安分的童年 ……………………………… 2
第二节　在维也纳学习与苦难的岁月 ……………………………… 11
第三节　寄居慕尼黑，选择德军当兵 ……………………………… 18

第二章 投身政界：不甘平庸，加入纳粹

第一节　重返慕尼黑，开启政治生涯 ……………………………… 28
第二节　靠演讲起家的纳粹头子 …………………………………… 33
第三节　临时起意的起义行动 ……………………………………… 45

第三章 漫长等待：夺权失败，伺机而起

第一节　不甘面对失败的结局 ……………………………………… 56

第二节 从绝望的深渊中站立起来 …………………… 61
第三节 兰茨贝格狱中"光荣的囚犯" ………………… 68
第四节 规划一个长远的目标 …………………………… 72
第五节 重建党派，东山再起 …………………………… 76

第四章　斗争年代：纳粹复活，显露锋芒

第一节 纳粹党的突然崛起 ……………………………… 84
第二节 日益壮大的纳粹力量 …………………………… 90
第三节 如愿以偿，站在权力之巅 ……………………… 94

第五章　筹备扩军：废除公约，胆大妄为

第一节 血洗冲锋队，成为国家元首 …………………… 108
第二节 无视《凡尔赛和约》，加速军事战备 ………… 114
第三节 野心初露，占领奥地利 ………………………… 122
第四节 修订"绿色方案"，迈开扩张脚步 …………… 128

第六章　迈向战争：野心初露，"二战"爆发

第一节 四国齐聚慕尼黑 ………………………………… 136
第二节 渐露野心，吞掉捷克斯洛伐克 ………………… 144
第三节 奏响进攻波兰的序曲 …………………………… 148

第四节　绞尽脑汁为战争制造借口 …………………… 154

第五节　闪击波兰，"二战"爆发 ……………………… 163

第六节　大战前的最后一刻平静 ………………………… 168

第七节　攻克挪威和丹麦 ………………………………… 174

第八节　如愿以偿，取得西线的胜利 …………………… 180

第九节　征服法兰西帝国 ………………………………… 186

第十节　宣告失败的"海狮"计划 ……………………… 190

第七章　命运转折：侵苏遇挫，四面楚歌

第一节　筹谋"巴巴罗萨"计划 ………………………… 196

第二节　深陷对苏作战的泥潭 …………………………… 205

第三节　珍珠港事件爆发，德国对美宣战 ……………… 212

第四节　斯大林格勒的惨败 ……………………………… 215

第五节　死亡工厂，纳粹集中营 ………………………… 221

第八章　坠入深渊：穷途末路，饮弹身亡

第一节　针对希特勒的暗杀行动 ………………………… 228

第二节　死里逃生的纳粹领袖 …………………………… 235

第三节　铲除一切有威胁的人 …………………………… 239

第四节　盟军反攻，法西斯节节败退 …………………… 244

第五节　孤注一掷，难逃一败 …………………………… 247

第六节　帝国梦碎，最后一声枪响 ……………………… 255

第一章

魔王出世：天主信徒，流浪画家

第一节
小职员之子，不安分的童年

1889年4月20日晚上，位于奥地利维也纳西北部（离现今的捷克和斯洛伐克边境不远）小镇布劳瑙的波马客栈，阿洛伊斯·希特勒正怀着急切的心情关注着屋子里的情况。不久，从室内传来了一声婴儿的啼哭声，这个婴儿就是日后让世界为之震撼的阿道夫·希特勒。

希特勒的父亲曾经当过鞋匠，后来才就任海关税务官员，这是他是第三次婚姻中所生的第三个孩子。阿道夫的母亲叫克拉拉·波尔兹尔，还有一个同父异母的哥哥叫小阿洛伊斯和同父异母的姐姐名叫安吉拉。后来，克拉拉曾回忆说，阿道夫从小就是一个体弱多病的孩子，因此她总是害怕

希特勒的双亲

失去他。不过，曾在她家做过活的女佣回忆说，阿道夫"长得很健康，每天都是活泼好动的，跟其他的孩子没什么区别"。可见，希特勒的母亲对他非常的宠爱。

在波马客栈，阿道夫一家过了一段非常安静的日子。当阿道夫三岁的时候，他的父亲因为得到了提拔，一家便迁到了巴索居住。巴索位于河对岸的德国境内，不过离波马客栈很近，那里是海关督察的办公室所在地。正是通过在德国生活学习的这段时间，使他的身上留下了深刻的德国印迹和德国情结。在这里他学会了使用巴伐利亚南部的方言。

幼儿时期的希特勒

阿道夫5岁的时候，他的弟弟埃德蒙出生了，从此，母亲的精力便转移到新出生的孩子身上。缺少了大人的约束，才5岁的阿道夫便开始与德国的孩子们四处闲逛。但是，这样自由的生活很快就结束了。在1895年的春天，阿道夫又随父母搬到了一个叫哈菲尔德的小村庄。这里离林茨约有30英里，虽然居住的也是普通的农舍，不过面积很大，约有9英亩的样子。

在阿道夫满6周岁的时候，他开始上小学。学校设在离家有数英里的弗希拉姆。虽然因为上学而脱离了母亲的视线，可是因为父亲这年正好从海关退休，这样阿道夫受到了学校、父亲的双重管教，而且父亲对他还非常严格。

由于家离学校很远，阿道夫每天都要与自己同父异母的姐姐走上一个多小时的路程。这样长时间的走路，对于小孩子来说，的确是一件非常劳累的事情。阿道夫所读的学校是一栋很破旧又原始的建筑，一共有6间教室，分别供男生和女生分开使用。在读书期间，阿道夫姐弟给校长留下了深刻的印象。

据校长后来回忆说，阿道夫的思维非常敏锐，听从师长的话，性格也很活泼。并且两个孩子书包里边的东西总是放得整整齐齐。

"正是这个时期，使我萌发了自己的第一个理想。"希特勒后来在《我的奋斗》一书中写道。无拘无束的学校学生活，让阿道夫很快就有了自己崭露头角的机会，没过多久，他便成了所有孩子当中的"小头目"。

但与自己的快乐生活相反的是，他的家庭生活遇到了麻烦。退休后的阿洛伊斯对种地一窍不通，这使他的生活变得困苦。雪上加霜的是，1896年另一个孩子保拉也出生了。于是这个家庭里便有了五个孩子，大的大，小的小，哭的哭，闹的闹，这么多的孩子挤在一起，家里成了一锅粥。在这样的情景之下，阿洛伊斯变得爱吵架，易动怒。于是小阿洛伊斯成了他发泄的对象，他们不时地争吵，父亲要儿子听自己的，而儿子又想有自己的生活方式。小阿洛伊斯后来回忆说，在那段时间里自己常常受到父亲用马鞭进行无情鞭打。但是，对于那个年代的奥地利来说，打罚自己的孩子是很平常的事情，没有人认为不妥，相反还认为是对孩子有益的。

这样的生活对于年轻的小阿洛伊斯来说是非常痛苦的，他觉得自己实在无法忍受哈菲尔德的生活了。在他的眼里不但对父母有了憎恨，还对更小的阿道夫也产生了恶感。"他目中无人，动不动就发怒，听不进去任何的人讲话"，在52年后，他对于此事仍耿耿于怀，并且说道，"我的继母对于阿道夫非常的袒护，小时候他整日都是在想入非非中度过的，总是想办法逃脱惩罚。假如他的想法得不到实行，他立马会怒气冲天……没有谁愿意和他做朋友，他对别人也没有感情，天生就有一颗冷酷的心肠"。

正是感觉到了自己受到不公平的待遇，于是小阿洛伊斯在14岁那年选择了离家出走，并且一直到父亲去世之前都没有再回来。随着哥哥的离家出走，阿道夫马上便成了父亲发泄自己满腔怒火的对象。他不断地给阿道夫立下规矩，如果阿道夫不能达到要求，就会招来体罚。因为不会耕种，过了一段时间，阿洛伊斯将自己的农场变卖掉了。为了改变贫困状况，他带着全家来到6英里外的朗巴赫居住。在这里，由于没有了农场繁重的劳作，这让阿道夫的生活变得愉快起来。阿道夫在学校里的表现非常优秀，在1897~1898学年的考试中，他获得了最高学分的12个"优"。不但学习很好，阿道夫在唱歌方面表现得也非常突出，每个下午，他都会跑到修道院的唱诗班里学习唱歌，神父本哈德·格罗纳是他的指导教师。在练习唱歌的时候，他很快就沉醉在庄严而又灿烂辉煌的教堂气氛里，修道院的牧师也成了自己心中的偶像，于是他便产生了加入教会的想法。对于他这种想法，更加令人意不到的是居然得到了对宗教一直持反对态度的父亲的支持。后来，阿道夫在与赫仑纳·汉夫施坦格尔夫人交谈时表示，"当自己还是一个孩子的时候，他最大的理想就是能够成为一名牧师。为此，他常常会把围裙披在自己的肩上，制成神衣的模样，然后趴在椅子上，学着牧师的样子大声地讲起道来。"对主很虔诚的母亲对儿子的想法非常赞同，不过阿道夫没有把自己的信仰坚持到最后。

阿道夫一家居住在二楼，楼房与一家工厂相连，周围是一大片空地。这里立马就成了那些爱冒险的男孩子的乐园，阿道夫把这里当成了自己的司令部，他与小伙伴们玩自己最喜欢的游戏"牛仔和印第安人"。这所工厂的主人是一对夫妇，在他们看来，小小的阿道夫就像一个"小流氓"一样，待在家里的时间非常少，"爱到处惹是生非"，破坏街上的树木和做各种恶作剧都是常事。每天回家时，他的裤子上到处是撕破的口子，而手上、脚上残留着累累伤痕。

相比较阿道夫的自由自在，阿洛伊斯更加苦闷了，在他的眼里朗巴赫的生活与乡下的生活没有什么两样。于是，在1899年，他把家又搬到了林茨郊区的里昂丁村居住，在这里他购买了一座更为舒适的房屋。整个里昂丁住着大约3000人左右，由于离林茨城很近，所以比其他的村子显得更有文明的气派。更重要的是，这里的居民相处得都非常和睦。

但阿道夫在这里生活得并不开心,据保拉·希特勒的回忆,"阿道夫经常会惹父亲发火,于是他每天都会挨揍。那时他就像一个不受管教的小流氓,尽管父亲对他进行了严格的管教和体罚,但都没有取得实质性的效果。不过,母亲对他很是关爱,正是她用自己的慈母之心才弥补了父亲带给他的粗暴。"

为了反抗父亲的管教,阿道夫决定也要像哥哥一样离家出走。但是他的计划被阿洛伊斯识破了,于他把阿道夫锁在了楼上。到了夜里,离家心切的阿道夫决定从窗户的铁栏间偷偷溜掉。他先是把衣裳脱下扔到外面,然后从窗口向外爬,正当爬到一半时,父亲从楼上走了进来,他连忙用台布遮住自己赤裸裸的身体。看到他的窘样,阿洛伊斯没有像以前用鞭打来惩罚他。与此相反,他开心地大笑起来,还大声招呼克拉拉赶快上楼看看"这位穿着台布的孩子"。父亲的举动,深深地伤害了阿道夫的自尊心。以至于他私下里对汉夫施坦格尔夫人说,自己用了很长一段时间才把此事忘掉。

若干年以后,他对自己的秘书说,自己在一本冒险小说里曾读到这样一句话"不怕痛就是有勇气的表现","所以我下定决心,当父亲再打我时我不会流一滴眼泪。于是,当父亲再打我的时候,我就会默默地数着屁股上挨了多少棍子,而母亲则吓得跑到门外躲了起来不敢发声"。而自从那次离家事件后,他的父亲便很少再对他使用暴力了。

在阿道夫年满11岁时,他的面容虽然有些消瘦,但是却与别的孩子表现得与众不同。在当年里昂丁小学的全班合影中,他在顶排的中央位置站立,个头比同学们都略显高出一块。他的头向上微扬着,双手交叉放在胸的前方,给人一种富有造反精神和骄傲自负的感觉。但不管怎样,阿道夫都是一个十分聪明的孩子。他在功课上花费了不少的力气,同时大家还发现了他的另外一种才能——绘画。他曾在1900年3月26日画了一幅关于瓦伦斯坦的图画,从这幅画中,人们可以看到他很有成为画家的天赋。因为爱画画,所以有时他会在课堂上偷偷地练习。曾经有一次,他的同学还看见阿道夫凭着自己的记忆,把"邵姆堡城堡"完整地画了出来,这让大家非常惊讶。

在绘画之余,阿道夫还对阅读有着浓厚的兴趣。他从两本描写1870年普法战争的杂志里发现了更令自己感兴趣的事情。"在书中,我看到了具有历史意义的伟大计策,这让我的内心产生了很大的震动","自从那以后,只要是与战争及军事有关的事情,都能吸引我足够的关注。"他在《我的奋斗》一书这样写道。

儿童时期的希特勒

在不久之后,年仅6岁的埃德蒙因患上了麻疹不治而亡。此后,阿洛伊斯又先后有4个孩子死亡,这让克拉拉难过万分,特别是在小阿洛伊斯离家出走后,身边就只有阿道夫和妹妹保拉了。在阿道夫小学毕业后,父子之间又因为彼此志向的不同发生了冲突。阿洛伊斯想要让儿子在以后从事与自己一样的职业,并且不断地对他进行言传身教。可是阿道夫却一心想当一个画家,还有他心中念念不忘的革命计划。最终阿道夫按着父亲的安排进入了一所技工学校读书。

阿道夫所就读的技工学校在林茨,距家较远,需要在学校住宿。于是在1900年9月17日,阿道夫只背着一个绿色软背包,离家向学校出发了。在3英里多长的路程里,他一边走一边四处看,很快他就看到了横卧在自己面眼前的林茨城和多瑙河。大城市的繁华和多瑙河的波澜壮阔,对于在农村和小镇上长大的孩子来说,是相当具有吸引力的。而在不远处的一片高地上,举世闻名的昆伯堡静静地耸立着,与一排排的教堂尖塔和一座座巍峨的大楼构成了一幅壮观的景色。阿道夫在爬过了陡峭的山坡和走过了一段弯曲的道路后,才到达了位于市中心的技工学校。这所学校坐落在一条狭窄的街道上,是由一座四层楼的建筑物搭建而成的,远远地看上去更像一座办公楼,与想象中的学校差距很大。

刚在技校里读书时,阿道夫在各方面表现得很糟糕。因为陌生的环境让他很难适应,大城市的学生们非常瞧不起那些从郊区农村来上学的学生。这让阿道夫非常不安,在这里他再也不是孩子当中的领袖了,更没有了曾经在小学时倍受老师关注和重视的待遇,曾经的一些光环在这样一个大型的学校里完全消失得无影无踪。从那时的全班同学的合照中可以看出来他的变化,他仍然是站在前排,可是他脸上的傲慢不见了,取而代之的是一个愁眉苦脸的失神的年轻人。

正是在这种改变中,阿道夫变得羞怯和沉默了,他对功课也逐步失去了兴趣。

"在我的想法里,如果父亲知道了我在技工学校里学无所成,那样他就会让我按照自己的意愿去选择,这才是自己的真正目的。"希特勒在《我的奋斗》里,给自己的平淡无奇找了这样的一个借口。或许真有这方面的原因,不过也不排除他向自己父亲进行报复的一种想法,但不管是感情用事也好,还是其他别的原因,总之是因为他对不合口味的课程没有丝毫的兴趣。

但是第二年,阿道夫很快就调整好了自己的心态,各方面的功课立马有了进步。因同学们的年纪都比自己小,他很快又成了同学们中的领袖人物。"我们慢慢地对他感兴趣了,大家很愿意跟他进行接触。"他的同学约瑟夫·凯普林格说,"他有一种特别的能力,在任何时都能表现得非常的冷静,比许多人都能想得更深一些。不过他的性格上却出现了两个极端,表里很难达到统一,在日常生活中他就是一个安静的'狂热者'。"

每天结束学习后,阿道夫便会领着同学们到多瑙河旁的草地上玩"牛仔与印第安人"的游戏。而在课间休息时,阿道夫也是同学们的中心,他会给他们讲波尔战争的故事,也会把自己画的波尔勇士拿给他们观看。他还对同学们说自己要加入波尔人的队伍。"在我们的心中,俾斯麦是我们的民族英雄",凯普林格回忆说,"那些赞扬俾斯麦的歌曲,以及许多类似的革命歌曲都是禁止歌唱的。如果在奥地利唱德国的抒情歌曲，或者是对德国表示亲近，都将被视作是一种犯罪行为。虽然老师对孩子们表现得很宽松，不过，如果谁要是唱了这些歌曲或动摇我们对奥地利的忠贞，那么必将会受到老师的严厉惩罚。"

此时，在各种机缘碰撞下，阿道夫·希特勒对日耳曼主义表现得比其他人都要感兴趣。这与他的父亲对哈布斯堡政权完全忠诚恰好背道而驰。甚至当他和凯普林格一起沿着陡峭的卡普津纳

希特勒画的波尔勇士像

大街行走时，当他们看到一座小教堂时，他停下脚步对凯普林格说："你一点也不像日耳曼人，因为你的头发是黑色的，而眼睛也是黑色的。"而他虽然眼睛是黑色的，不过头发却是淡棕色的，这方面与德国人很相似。

阿道夫对德国神话中的英雄人物已经到了非常着迷的地步了，虽然他才12岁，不过他会跑到林茨剧院观看瓦格纳的歌剧《罗恩格林》。在歌剧里流露出来的日耳曼感情，还有背景乐，都深深地感染着他。特别是那些激动人心的台词——比如亨利王对武士说的那段话——第一次唤醒了他内心种族和民族主义感情的冲动：

> 让帝国的敌人马上到来吧，
> 我们准备好血战到底。
> 从东部沙漠到平原，
> 如果敌人胆敢前进一步。
> 德国人手中的战刀，
> 会让帝国的威严不动摇！

不过在 1903 年的圣诞假期结束时，一场突如其来的灾祸让阿道夫感受到了人生无常。

那是在 1903 年 1 月 3 日，阿洛伊斯还如同往常一样，一大早就来到了斯泰弗勒酒楼。不过，他刚在桌旁坐下后，就对别人说自己的身体不大舒服。紧接着，他就一头倒在了地上，最后因肺出血溘然去世，这一年他才年 65 岁。当 13 岁的阿道夫看到父亲的尸体时，他大声地痛哭了起来。在两天之后，阿洛伊斯被葬在了离家不远的教堂公墓，在墓碑上镶的是这位前海关官员的椭圆形的遗像——在冰冷的石头上他的目光坚定地看前方。希特勒的父亲去世时，他的母亲才 42 岁，他们一家正住在一所简陋的公寓里，在今后的日子里，他们将靠着很少的积蓄和为数不多的养老金来维持生计。母亲为了完成丈夫的遗愿，千方百计地劝说儿子要好好地到学校里读书，这样才能像他的父亲一样成为一名小职员，可是希特勒在没有了父亲的约束后，更加下定决心不愿从事这个行业。他选择了继续荒废自己的学业。

希特勒在后来，经常对别人说，在此后的两三年时间里，是他一生中最快活的一段日子。不去上学，也不去做工，他每天都沉醉于自己将来做艺术家的美梦里，每天他都在多瑙河畔四处逍遥，过着一种"空虚的舒服生活"。虽然母亲早已体弱多病，而家庭在微薄的收入之下也难维持生计，但是年轻的阿道夫却依旧选择无所事事，拒绝出外谋生。纵观他的一生，他都没有从事过任何一件正当的职业用以来维持个人的生活，或许在他的意识里从来没有这样想过。

第二节
在维也纳学习与苦难的岁月

虽然想要成为一个艺术家，不过当阿道夫16岁的时候，他开始变得对政治非常热衷了。那时，他就像一个狂热的日耳曼民族主义者，对当时的哈布斯堡王朝和奥匈帝国境内的所有非日耳曼民族都有一种强烈的憎恨感，而对于日耳曼的一切却都有着强烈的认同感和向往。

虽然他每日里都是在闲荡中度过的，可是在他的身上却看不见其他少年所特有的无忧无虑的灿烂心情。库比席克作为希特勒少年时期的好友，他曾回忆说："在他的眼里，到处都是障碍自己前进和敌视的目光，他总是以为所有的事情都是不尽如自己的意愿的，他与这个世界始终没有一致过。自从我认识他以来，没有任何东西能够得到他的认同，而他也从来没有带着一种宽容的心态面对各种事情。"但是后来，或许是因为对闲荡的生活感到厌倦，他又变得忽然喜欢起读书来。为此，他经常到林茨成年教育图书馆，去借阅各种关于德国历史和德国神话的图书。据他的朋友回忆，他那时总是埋头在书堆里，读的最多的是关于德意志的著作。

1906年春，阿道夫终于向着自己的艺术梦想迈出了第一步：他的母亲终于允许他前往维也纳这个艺术、音乐和建筑学的圣地去学习绘画了。在维也纳这个古老但充满罗曼蒂克的城市里，他完全被这座充满艺术气息的城市征服了。虽然在日后，在维也纳生活的岁月成了他人生中最不堪回首的一段时光，不过当他初次来到这里的时候，他的表现就像是刘姥姥进大观园一样，到处都是新奇的景象。他每天都流连于维也纳的街头，沉醉于高大的宏伟建筑之中，而在博物馆、歌剧院、剧场中所看到的场景更使他满眼放光，如醉如狂。

在维也纳生活了一个月后，阿道夫回到了林茨。此时，对于天生不安于现状的阿道夫来说，林茨已经没什么东西能够吸引他的了。他对外面的世界开始特别地渴望，特别是到维也纳去一直是他挥之不去的梦想。他千方百计地让母亲相信，自己有能力进入美术学院。而别人也在一旁对克拉拉进行劝说，他们也认为如今应该要让孩子做出自己的选择了，如果有他喜欢的职业就要去支持。面对儿子热切的请求，克拉拉也不忍心去拒绝。于是在同年的夏天，阿道夫被允许从"奥地利抵押银行"取出约700克朗的继承财产。这些钱足够支付他在美术学院的费用以及在维也纳生活一年的花费了。

虽然阿道夫实现了自己的愿望，可是母亲的身体状况越来越恶化了。在这种情况下，他是带着一种悔恨、内疚而又兴奋的心情离开家乡来到维也纳的。

1907年10月，阿道夫又一次来了维也纳，与上次不同，这一次他是来参加美术学院的入学考试的。这是他要实现自己画家梦想的第一步。那一年，他刚满18岁。他就像一匹野马，带着梦想和希望。不过很快他的梦想因为成绩不佳而化为了泡影。但阿道夫没有灰心，在第二年他又参加了一次考试。可这一次，学院又因为他的绘画基础太差，取消了他的考试资格。后来，他又打算进入建筑学校学习，可是也因为学习基础太差没有成功。接二连三的打击，使阿道夫充满了挫败感，艺术梦想也随之破灭了。

祸不单行的是，这时，传来了他的母亲患上乳腺癌的噩耗。不得已，学无所成的阿道夫返回了林茨。在他回到家中不久，他的母亲就去世了。在1907年12月23日早晨，天空中大雾弥漫，空气中充溢着悲伤的味道。克拉拉被装在一口"坚硬、光滑、四周用金属镶紧的木棺"里，被人抬了出去。在教堂里举行了简短的仪式后，遵照克拉拉的遗愿，她被安葬在了丈夫的身旁，名字则刻在丈夫的墓碑上。那一天阿道夫身穿着黑色的大衣，手里托一顶黑色的高顶帽，脸色苍白，但是神情严峻而镇静。

在母亲死后不久，阿道夫·希特勒的身影第三次出现在了维也纳这个魔术般的城市里。而从这一刻起，到之后的4年时间，对于这个从林茨来的小青年来说，他将度过一段极其悲惨的贫困时期。

一开始，他利用自己的孤儿补助金，还有母亲留给他的一点钱以及从姑姑乔安娜那里借来的钱，在斯通皮尔格斯街的31号租了一个大房间，并在这里过着舒适的生活。他每天在中午才起床，然后在屋子里慢走了几圈，之后便跑到大街上观察圣斯蒂芬大教堂和克恩滕环路附近的建筑，有时也会跑到咖啡馆里读杂志。在晚上他则会出入国家歌剧院和布格特剧院，更是不会错过任何一场瓦格纳的音乐会或歌剧。

他以学生自居，但是却没有把心思放在入学考试上，更没有从事过任何一份有报酬的工作。所以他所面临的结果只能有两个：一个是艺术学校的大门向他紧闭；另一个是他将面对无比艰难的生活。1908年9月，因生活所困的他被迫离开了斯通皮尔格斯街的大房子，过上了到处漂泊的生活。而到了1909年的夏天，身无分文的希特勒不得不在大街上过着流浪的生活。所以说那个时期，是希特勒本人最为艰难的"一段无限悲苦的时光"。

他本人曾对这段时光的进行了毫不夸张的描述：长发杂乱披背、面颊消瘦、双脚肿胀、全身没有一件像样的衣服。在那段日子里，这个自诩为"艺术家"的青年，每天晚上只能在街边的公共长椅上睡觉。这种状况直到当年冬天才结束，因为他被接收进了梅德林庇护所，在那里他与那些流浪汉和疯子们住在一起。如果是在白天，他有时也会到戈平多弗尔街上的共济会前去排队，在那里可以领取修女分发的免费汤饭，吃过饭后他便会去附近的咖啡馆或小酒吧里取暖。不过，希特勒在《我的奋斗》一书中，把自己划归到了无产阶级工人的阵容中来，他在书中声称自己当时是个建筑工人。这种说法完全是胡编乱造的：因为他本人根本不想工作，更不知道从事什么样的工作，如果是一名工人，他根本不会有那样的生活境遇。

在希特勒最为艰难的日子里，有一个叫莱因霍尔德·哈尼施的男人给他带来了曙光。他是这所庇护所的常客，一直用假名弗里奇·沃特登记。身为酒鬼的哈尼施原本是一个做小手工生意的工人，经过短暂的接触，他对这个自称艺术家的羸弱青年产生了非常浓厚的兴趣。于是，哈尼施让希特勒画了几幅水彩画，由他拿出去卖掉，所得收益对半分成。但这样做还需要一部分启动资金，没办法，希特勒只能再向姑姑乔安娜借。为了更好地经营这桩生意，他们在1910年2月9日，租住了一个位于维也纳20区曼纳海姆街27号的男子公寓。与梅德林庇护所相比这里要干净和卫生得多了，住所里有方便的整理箱、厨房、浴室、洗衣间和食堂。希特勒便把这里当成了自己的画室，进行绘画。

在最初的日子里，两个人的生意做得非常不错。希特勒的确在水彩画方面下了很多的功夫，他的画立意很深，画面看上去也很唯美，再加上哈尼施是一个不错的推销员，所以买画的人络绎不绝，很快两人就利用卖画改善了生活境况。不过，两个人的合作在1910年8月就出现了危机，哈尼施无法容忍希特勒的懒惰和易怒的性格，所以指责他是一个精神病患者，而希特勒指责哈尼施私吞钱财，就这样两个人的合作到此宣告结束。在这之后，希特勒又找到了其他几个画商，虽然他们没有哈尼施出色的推销能力，但希特勒的画此时已经有了一定的市场。就这样，靠着卖画的生意希特勒在维也纳坚持了三年。在这三年中，他一直在曼纳海姆街过着这样毫无保障的生活。

据在这个时期与希特勒接触过的人回忆，这个年轻人表现得非常的内向，看上去懒惰而麻木，他没有固定的工作，就是靠绘画来维持生计，而画画也只是在他心情好的时候才偶尔做做。希特勒的这种表现正是他人格特征的一方面，他的行为在他为数不多的朋友们的心中都留下了很深的印象。库彼茨克是一个学习音乐的学生，在1908年的时候，他曾经与阿道夫在维也纳共同居住了一段时间。他曾这样评价当时的希特勒：心中充满怨恨，生性多疑并且自大而偏执；他对女人特别的鄙视；他的

希特勒在维也纳时的绘画作品

暴怒是不定期的，随时都有可能表现出来。他还曾担心"那时我真的好害怕有一天希特勒会变成一个疯子"。在那段时间里，希特勒没有取得丝毫成就，他每一天都是在画水彩、素描、谈天说地中度过的。在读书上，他只读自己感兴趣的几种东西，比如关于上古日耳曼神话故事、一本维也纳旅游指南小册子，当然每天的报纸和随处可见的政治宣传小册子也都是他感兴趣的东西。正是在那些政治宣传小册子的影响下，希特勒对一些极端主义言论变得极为敏感，这其中包括反日耳曼主义、反自由主义、反社会主义、乔治·冯·舍纳尔的反天主教主义，尤其是民粹主义、反资本主义、反马克思主义、反奴隶制度和维也纳市长卡尔·卢艾格尔的反犹太主义。在相反的一面，作为一名德国民族主义分子，他对那些社会民主化言论、马克思主义宣讲、国际主义言论，以及他们组织的大型游行活动，深感恐慌和憎恨。特别是当维也纳的街头出现了多元化民族风格和"德国社会遭到异族文化入侵的事实"等事件，这深深地刺痛了希特勒的敏感神经。

希特勒的这些反映，都在他1910年到1913年间对曼纳海姆居民做的一系列演讲当中有所体现。尽管他的这些演说体现出来的效果并不尽如人意，可是时时以社会改革者自居的希特勒还是感受到了自己的演讲对于这些维也纳市民有着明显的催眠效果。令人感到奇怪的是，那时曾听过希特勒演讲的人回忆说，虽然他的言论里包含了反基督、反议会、反共产主义、反弗朗茨·约瑟夫的堕落政府的内容，可是却从来没有他发表过反犹太人的言论。这其中最大的原因是，希特勒当时居住的房子是由一位犹太慈善家提供的，因他当时最好的朋友诺依曼和罗宾森也都是犹太人，经常买他画作的同样也都是犹太人居多。正是在这些因素的影响下，犹太人还没有被希特勒加入到自己的"魔鬼理论"中来。

由于德国情结，加上希特勒本人在维也纳过得不尽如人意，于是在1913年5月24日，他在悲观失望的情况下离开了维也纳前往慕尼黑。那时，他已经24岁了，在所有的人眼中他是个一事无成的失败者，只有他自己还对自己有信心。的确，在过去的几年中，他没有成为画家和建筑师，在维也纳他过着流浪汉一样的生活，而且他还有着特别古怪的性格。而正是在这种古怪性格的影响下，他没有结交到真正的朋友，更别说家庭和工作了。但是，由于他对反动思想的热衷，他还保留一样东西："对自己有一种天生的自信和深刻的炽热的使命感。"

第三节
寄居慕尼黑，选择德军当兵

"因为政治上的原因，我是被迫离开奥地利的。"希特勒在 1924 年回忆起这件事时这样写道，但是他并没有明确地指出这个"政治原因"具体指哪方面。事实上，他之所以要到德国去，是因为他不想服奥地利的兵役。但他心里也很清楚，慕尼黑的政府也不会庇护他这个逃避兵役的人，所以，当他到达慕尼黑后就一直宣布自己是个"无国籍"的人。不过，他用了大量的篇幅来描写慕尼黑这个城市对自己产生的吸引力：这是一个文化圣地，建筑呈现着维特尔斯巴赫王朝雄伟的风格，这是非常吸引艺术家的地方。"这个德国的城市才是自己真正喜欢的地方呀……它到处彰显着与维也纳截然不同的风格。"

希特勒是坐火车从维也纳到慕尼黑的，他从车上下来之后便走进了喧嚣的慕尼黑霍班霍夫区。春天的慕尼黑，呈现着一片生机勃勃的景象，从阿尔卑斯山脉吹来的山风洗涤着整个城市。希特勒呼吸着比维也纳还清新的空气，漫步在人来人往的大街，街道两旁的楼宇和雕像深深地吸引着他，"当我来到这个城市的那一刻起，这个城市就深深地吸引了我，那种感觉是我在其他任何一座城市里都感受不到的。"

不但景观深深地吸引着希特勒，在听惯了维也纳的多种语言的嘈杂声音之后，他觉得这里的人们连说话的声音都无比的亲切。就这样，他一个人在大街上如醉如痴地漫步了近半小时，穿过科尼斯广场来到施莱斯默大街。那普洛皮兰大拱形建筑，以及远处的广场令他目瞪口呆。施莱斯默大街由此向北延伸，归施霍宾区管辖，很多学生都在此居住。在路过两幢房子后，他便走到了34号——一间波普缝衣铺。在这个店面的窗口上贴出一张手写的告示："出租房屋，设备齐全，诚租人品端正者居住。"

看到这样的告示后，希特勒马上与房主进行了联系，波普太太领他走进了一间房屋，这个屋内有一张床，还有桌子、沙发和椅子等家具。在墙上还挂着两幅仿油画的石版画。"这青年很快就决定把房子租下了，"波普太太回忆说，"他对这间房子很满意，并且预交了租金。"在租房的登记表上，他这样写道："阿道夫·希特勒，建筑画师，来自维也纳。"

虽然他把自己定位为一名"建筑画家"，难道他打算去接受正统的教育，或者是进入美术学院深造吗？他当然不会那样去做，他又重新回到了自己过去生活的方式。在施莱斯默大街34号的小房间里，他每天画慕尼黑的城市街景。可是，因为人们对他的画并不认可，加之不会推销，卖画的生意并不是很好。所以，希特勒的生活相当窘迫，仅保持着可以糊口的境地。不绘画时，他就会待在咖啡馆或小酒馆里。在那里，他可以读读报

希特勒来到慕尼黑后的画作《慕尼黑歌剧院》

纸，然后与身边的顾客高谈阔论，大声表达自己对奥地利政府的不满。宣泄完自己的情绪之后，他便会从咖啡馆回到家，之后便继续待在房间里画画，或是读一读从附近图书馆里借回来的书。后来，据他的房东约瑟夫·波普太太说，在一年左右的时间里，他在房间里没有接待过一个来访者……

不过，事情也并不完全是这样的，在1914年2月18日，终于有一个男人来到了他的住所。这是一位慕尼黑警局的警官，他通知希特勒说，在三天之后，他将会被遣送回奥地利的林茨……就这样，希特勒被带到了中央警察局。不过，由于巴伐利亚官员非常懒散和奥地利执政官也对希特勒艰难的生活境遇深表同情，因此对希特勒放宽了时限，同时还允许他不需要回到林茨而在萨尔茨堡就可以出庭申诉。在法庭上，他瘦弱的外表成为他躲过遣返的有力帮助，因为检察官认为"他太瘦弱了，并不适合服兵役"。就这样，希特勒逃过了回到奥地利服兵役。

经过这场风波后，希特勒再次回到了自己的小房子，他继续从事自己绘制招贴画和出售画作的小生意。让希特勒整个人生发生转变的日子是在同年的6月28日。那一天，他正在自己的房子里画画，忽然他听见大街上不断传来各种呐喊的声音。于是，他匆忙地跑到外面，想去看个究竟。途中他遇到了波普太太，她激动地对他喊道："奥地利的皇位继承人，弗朗兹·斐迪南大公被人暗杀了！"原来，谋杀大公及其夫人索菲亚的凶手是一个来自塞尔维亚的年轻恐怖主义者，名叫加夫利洛·普林西普。

事情发生后，在维也纳，愤怒的人们不断地涌向塞尔维亚租界进行示威活动。一些敏感的政治家们，马上意识到这场悲剧将会导致欧洲发生一场无法平息的危机。正是在这种因由下，德皇秘密地向哈布斯堡王朝施加压力，支持他们对塞尔维亚进行宣战。对于德国来说，他们已经做好了战争的准备。7月28日，奥地利正式向塞尔维亚宣战。与此同时，俄国针对奥地利发动全国总动员的行为进行反对。

当不同国家彼此宣布战争的消息传到慕尼黑时，一大群人兴奋地聚集在野战军将军大楼前，而阿道夫·希特勒则站在人群的最前边。他穿着很整齐，没有戴帽子，嘴角留着一撇小胡子。他是多么渴望战争的到来呀。"即使现在，"他在《我的奋斗》书中写道，"我可以开诚布公地说，因为战争的消息太让我兴奋了，我忍不住地跪在了地上，从内心感叹上苍给了我见证战争的机会。"因为在他的想法里，爆发战争，意味着自己幼年时所怀有的建立大德国的梦想就能够得到实现。

一时间，整个德国都刮起了战争风暴。这种狂热使人们失去理性，所有的人们都处在一种近乎歇斯底里的状态之中。他们对战争的渴求，达到了毫不顾及任何代价的地步。在此时，战争在人们的眼里就像是某种魔术表演一样，学生们在街上举行各种游行，他们高唱着《莱茵河的卫士》，要求政府立刻采取行动。而在卡尔斯广场，失去理智的人群把"法利希"咖啡馆砸得破烂不堪，而原因仅仅是乐队拒绝反复演奏国歌。

在两天后的8月3日，希特勒也向路德维希三世递交了一份请愿书，他请求自己能够加入他的部队。当天的下午，希特勒与一大群人站在了惠特尔巴赫宫前，他们要聆听这位年迈的君主进行演讲。很快，路德维希来到了人群面前。

在路德维希发表演讲时，希特勒暗暗地在心里想："假如国王看了我的请愿书，并且批准我加入他的队伍就好了！"正如他所愿，在第二天，他果真收到了自己的入伍通知书，在那一刻起，他成了志愿兵。在8月16日，他正式到巴伐利亚国王近卫兵团的兵营报到，不过该兵团人员已满，转而他被巴伐利亚第一步兵团接收。

当兵，把他最迫切的两个问题给解决掉了：首先，他不用参加自己所憎恨的奥地利陆军；其次，他再也不用过居无定所的流浪生活了。同时，通过当兵还让他对自己的人生有了重新的定义，他第一次知道了自己将往何处去努力奋斗和为了什么目标去拼搏。

几天后，他又被调到巴伐利亚的第二步兵团，在这里他与所有的新兵在伊丽莎白广场的一间大型公共学校里进行了最基本的军事训练。虽然这次训练时间不是很长，可是课目安排上却非常的紧凑，他不但进行了队列操练，还练习了拼刺刀。每一天的训练下来，他都是被累得筋疲力尽。在经过一个星期的训练后，希特勒被又被编入了巴伐利亚第十六步兵团，在这个兵团，他继续接受军事训练，而且课目训练比原先更加紧张。与希特勒共同加当兵的汉斯·孟德发现，希特勒第一次摆弄步枪时，"他看步枪的样子如同女人观赏自己的首饰似的，脸上带着兴奋的表情，不停地东张西望，这让我感到真的好笑。"

10月7日，希特勒对波普夫妇说，他所在的部队马上要调离慕尼黑了。他还拉着波普先生的手对他说，假如他此次一去不回，战死沙场，就请帮他写信通知自己的妹妹。他委托波普先生把自己少得可怜的遗物转交给她，如果妹妹不要的话，这些东西就送给波普夫妇。当希特勒与波普夫妇的两个孩子进行拥抱告别时，波普太太禁不住痛哭了起来。然后，希特勒跑向了自己的部队。在第二天，第十六步兵团与国王近卫兵团进行了合并，为此还举行了隆重的仪式。

士兵们在路德维希三世面前，进行了宣誓效忠，他们表示要追随他和德皇威廉。而希特勒与另外几名拥有奥地利籍的士兵则还向他们自己的君主奥皇弗朗兹·约瑟夫进行了宣誓效忠。对于这次仪式希特勒曾对他的同伙们说过，10月8日这天是他永远难以忘记的日子，因为在这一天，身为士兵的他们都领到了双饷，并且午餐特别丰盛，他们吃到了烤猪肉和土豆沙拉。

在新兵营的头5天是他度过的一段最艰苦的时光，因为他们要训练很长的时间，不但如此，在晚间还要行军。因为第十六步兵团与另一兵团被合并组成了一个旅，所以要统一行动。他十分的疲惫，在10月20日才抽出时间给波普太太写信。他在信中说，他们将会在当天晚上开赴前线。他表示，"自己非常的兴奋，如果部队有了固定的地址后，我会马上给您写信，把新的地址告诉您。我很希望自己能到英国去。"就在写完信的当天晚上，这些新兵们都坐上了火车。阿道夫·希特勒这个来自奥地利的极端主义者，正式踏上了为德国而战的征途。

10月29日第十六步兵团开始参加了伊普尔之战。刚刚参军的年轻士兵们，对危险没有任何的准备，他们只知道时刻会走进战场。英国用大炮对德军进行了连续的轰炸，在24小时之内德军的四次突袭都被击溃了。经过5天的战斗，这个拥有3600名的步兵团士兵只存活了611人，其余的人都阵亡了。在1914年11月，希特勒被任命为传令兵，这是一个确保前线军队和军团总部通信顺畅的重要岗位，很显然也是一个非常危险的事情。因为在1914年年底时，在八个步兵团中先后有3个传令兵在战役中死亡，还有一位受了致命的重伤。不过希特勒是自愿接受这项最为危险的任务的，在一次战斗中当他的指挥官受伤时还顶着战火进行了救援，为此他被提名为下士，进而在当年的12月获得了二级"铁十字"勋章。他给自己在慕尼黑友人的信中这样写道，"那一刻我感觉自己的人生是那样的

在兵营中当上了下士的希特勒（右）

美好。"

希特勒在这场战争中一共受过两次伤，第一次是在1916年10月7日的索姆河战役中腿部被流弹击伤。还有一次是在1918年春夏之交，在一次战役中德军在做最后一次全面进攻，他所在的团正处于战斗最激烈的前沿，在那场战役中，英军向瓦尔维克以南的一个小山头施放了大量的毒气，他不幸中毒失明。"我完全失去了身体重心，连走路都成问题，只感觉眼睛传来一阵阵火辣辣的疼痛。"希特勒追述道，"不过，我还没有忘记自己的职责，在把最后一份战况报告送完后，我的眼睛已经被烧得像通红的煤块一样，看不见任何东西了。"

在这场战争中，他一共受了两次嘉奖。除了在1914年12月他得到一枚二级"铁十字"奖章外，1918年8月又获得一枚一级"铁十字"奖章。在当时的帝国军队中，普通士兵很少能够得到后一种奖章。这主要是因为他一个人俘获了15名英军士兵。为此，他十分在意这枚奖章，直到临死都一直自豪地佩戴着它。

虽然希特勒在战场上表现得很勇敢，不过，他的那些战友们都觉得他是个奇怪的家伙，而且很多人都这么说。与其他士兵比，他从来没有收到家人寄来的信件和礼物；他也从来没有提出过休假的要求；而且对于军营里的肮脏、虱子、泥泞、恶臭等现象，他更是没有抱怨过。

"我们都对他有看法，无法容忍他的古怪行为，"与他共在一个连队的一个士兵追忆说，"我们都十分憎恶战争的到来，可是他就像个白乌鸦一样不同意我们的看法。"而另一个士兵则说，"有时，他就坐在食堂的某个角落里，双手抱着头，看上去很深沉的样子。突然他会大跳起来，满脸懊丧地走来走去，大声地说虽然我们有大炮，可是为什么还是不能取得胜利，就是因为有无形的敌人在与德国人民为敌，它远比大炮还要危险。"于是，他开始对这些"无形敌人"，如犹太人和马克思主义者进行恶毒的攻击。

事实上也的确如此，在他上一次腿部受伤时，他曾在柏林附近的贝利

在柏林贝利茨陆军医院养伤的希特勒（后排右二）

茨进行治疗。伤好后，他曾到首都去观光，然后还顺路去了慕尼黑。在一路上他都能看见到处诅咒战争的群众，他们不希望战争。不仅如此，到处都有罢工、怠工的现象。看到这种现象的发生，希特勒对犹太人和共产党人深恶痛绝，他不能容忍自己所看到的情况。他还对自己又回到了前线去感到十分的高兴。

1918年11月，当希特勒听到德国战败投降的消息，他更是无法忍受这种行为。在他的想法里，德国并不是在战场上被打败的，而是被国内的"卖国贼"们给出卖了。这些荒唐的想法早就在希特勒的头脑中牢牢扎下了根，一直深深地影响着他的思想。

1918年9月28日，总司令部最高实际指挥官鲁登道夫将军，因为战争再没有能力打下去，坚决主张停火。他的主张得到了上级兴登堡陆军元帅的支持。在10月2日于柏林由德皇威廉二世主持的御前会议上，兴登堡元帅又重申了总司令部关于立即停火的主张。他坚持自己的看法，并说

鲁登道夫将军　　兴登堡元帅

我们的军队不能再这样等待下去了。不过，德国的右派势力不能正视这个事实。他们一直都是战争的号召者，为此他们还要为战败、为他们的耻辱和悲惨处境寻找合适的替罪羊。而这个替罪羊就是签订了投降协定和建立民主政府并废除原来专制政体的"11月罪人"。"德国人是最好欺骗的"，这是希特勒在《我的奋斗》一书中常常讲到的一句话。在不久后，他马上就充分地利用了这一点。

德国在这场战争中的失败，让希特勒"终于看清了自己的前途，从今以后我要投身于政治"。正是从这时候起，希特勒开始了反共、反社会主义、反对新共和国的种种罪恶活动。后来的事实也证明，这种转变不仅对希特勒，甚至对整个世界都产生了不可估量的影响。

第二章

投身政界：不甘平庸，加入纳粹

第一节
重返慕尼黑，开启政治生涯

1918年11月底，希特勒回到了巴伐利亚的首府慕尼黑。不过，与离开的时候相比，这个城市发生了很大的变化。在11月7日那天，社会民主党人库特·艾斯纳带领几百人大摇大摆地经过街头，然后不发一枪就占领了议会和政府的所在地，宣布成立了共和国。之后，维特尔斯巴赫王朝的国王退位，巴伐利亚政权落在社会民主党的手中。艾斯纳在慕尼黑是个家喻户晓的人物，他出生于柏林，是一位流行的犹太作家。他个子很小，脸上长着灰白色的大胡子，戴着一副夹鼻眼镜，头上始终顶着一顶黑色的大帽子。在夺取政权的3个月后，他就被一个右派军官给暗杀了。接着工人们又成立了一个苏维埃共和国，可是好景不长，在1919年5月1日，柏林便派军队进驻了慕尼黑，把新成立的苏维埃政权给推翻了。在经过一系列的政权更迭后，巴伐利亚的权力又落入了右派之手。

巴伐利亚右派是由一些竭力主张复辟王室的保皇派和一批为数众多的复员军人组成的。那些复员军人，因为战争让他们的生活发生了巨大的变化。在战后他们找不到工作，居无定所，他们梦想回到战前那种和平稳定的社会中去的道路被切断了。因为战争使他们的性格变得粗暴，正像后来希特勒所形容的那样，他们"成了为革命而革命的革命派，革命下去成了他们的一种坚定信念"。

在德国各地纷纷都建立武装的自由团，这些组织由国防军秘密提供武器装备。刚开始的时候，他们只是被用来在平息边境上的纠纷，可是不久之后他们就被卷入支持推翻共和政体的阴谋之中。在1920年3月，一个对外声称叫埃尔哈特旅的自由团，在他们的首领埃尔哈特上尉的率领下，进军占领了柏林。他们扶植庸碌无能的右派政客沃尔夫冈·卡普博士担任总理。而正规军在冯·西克特将军率领下按兵不动，逼使共和总统和政府仓皇逃向西德。最后因为各工会举行了一次总罢工，共和政府才得以恢复。

相比较柏林，在慕尼黑发生的另一次军事政变则取得了成功。1920年3月14日，在国防军的参与下，霍夫曼的社会党政府被推翻了，以古斯塔夫·冯·卡尔为首的右翼组织成立了自己的政权。新政权建立后，立马成了德国国内决心推翻共和国、建立新政权的各种势力的中心。于是许多政治暗杀在这里发生，其中就包括对马修斯·埃尔兹伯格和瓦尔特·腊思瑙的暗杀行动。

在这种情况下，一直心怀野心的希特勒，开始了自己的政治活动。在回到慕尼黑后，他立即加入了第二兵团调查委员会，在那里他为其镇压革命左派提供情报。通过这件事，希特勒得到了上级的认可，并认为他是有价值的，因此他又被派往当地军区司令部政治部新闻局工作。接着他又被送进了"政治训练班"，正是在这个训练班里希特勒的反犹谬论得到上级军官的赏识。不久之后他就被提拔到慕尼黑的一个团里当教官，他的主要任务就是同"危险思想"——和平主义、社会主义、民主主义进行政治斗争。教官生涯给希特勒提供了一个重要的契机，他利用这个机会锻炼了自己的演讲本领。他自己也是这样认为的，演讲是一个成功的政治家所必须具备的重要先决条件。他还曾担心自己的嗓子因为在前线中了毒气而不能发出响亮的声音，但是他很快发现自己的担心是多余的，因为现在至少在一个班的小房间里的每个角落都能听到他的声音。正是有过这样的一段经历，使他发现自己似乎有一种神奇的力量，借用电台他能够用他的声音来左右千百万听众。

在1919年9月的某一天，陆军政治部给希特勒下达了一项命令，要他对慕尼黑一个自称"德国工人党"并不太大的政治团体进行调查。在开始的时候，希特勒并没有把这件事放在心上，他更没有感觉到德国工人党能做出多么有意义的重要事情。他只不过是奉命参加该党的集会。这次集会一共只有25个人参加，会议的地点设在了施端纳克勒劳啤酒馆的一间阴暗的房间里。从开始到会议结束希特勒都没有离开，他认为这次会议开得很沉闷，在心中也没有留下什么好的印象。他认为，这个政治团体与其他许多新的组织根本就没有什么不同。因为在当时的社会环境下，所有人都对现状感到不满，他们都觉得要通过组织一个新党来改变这种状况。在这次会议上一个名叫弗德尔的土木工程师进行了发言，他认为除了"创造性"和"生产性"的资本外，还有另一种资本那就是"投机性"，而正是这种"投机性"的资本阻碍了德国经济的发展。因此他主张禁止这种资本。在听完弗德尔发言后，希特勒本打算就此离开，但是一个"教授"站了起来对弗德尔的论点进行反驳，他还建议巴伐利亚同普鲁士脱离关系，然后与奥地利组织一个南德意志国家。这种观点在当时的维也纳非常流行，不过却引起了希特勒的狂怒和反感。他忍不住地对这位教授加以反驳和痛斥，最后这位先生像只落水狗似的夹着尾巴溜走了。希特勒的发言，引起其余听众的注意，他们都无比惊讶地看着这个无名小卒。

在希特勒离开时，有人把一本小册子塞到他的手里。给他小册子的人就是安东·德莱克斯勒——国家社会主义的真正奠基人。德莱克斯勒是锁匠出身，没有接受过正式的教育，但他能够进行独立思考，尽管头脑有些偏狭。当时的他正在慕尼黑铁路工厂工作。在1918年3月7日，他就组织了一个"独立工人委员会"，在与马克思主义的工会组织进行着斗争。不过，德莱克斯勒所建立的委员会会员少得可怜，还不到40人。于是在1919年1月，这个委员会与一个叫作"政治工人集团"的团体进行了合并，这个工人集团是由一个名叫卡尔·哈勒的报社记者领导建的。新合并的组织成员还不到100个，起名为德国工人党，哈勒是这个组织的第一任党主席。虽然此时的德国工人党在规模上还很小，也没有名气，但就是它成了后来兴风作浪、带给了世界人民深重灾难的德国纳粹党的前身。

第二天清早，希特勒就对德莱克斯勒塞在他手中的小册子进行了认真的阅读。因为希特勒有着清晨早醒的习惯，从睡梦中醒来的他，记起了昨晚的这本小册子，于是就取出来进行了阅读。小册子的书名叫做《我的政治觉悟》。在阅读后，希特勒发现这本小册子里的很多思想都与他本人在过去几年中的经历很相似。在小册子里，德莱克斯勒提出的目标是建立一个"以工人阶级为基础"的政党，这与社会民主党是完全不同的。这些新鲜的观点引起了希特勒的极大兴趣。

然而就在当天，希特勒又十分意外地接到一张明信片，上边写道，他已经被德国工人党接受了并成为其中的一员。"这样的事让我哭笑不得，"后来他回忆说，"我对参加一个现成的政党没有丝毫的准备，我原打算要自己建立一个政党。对于他们自作主张的要求，我根本就不想考虑"。但正当他要这样写信回复时，却又改变了主意，他决定出席他们的委员会会议，并在会上亲自说明自己不参加这个小团体的原因。

后来希特勒回忆说，那次会议是在一家酒馆内举行的。屋内只有一盏昏暗的煤气灯，在一张桌子的周围坐着四个青年，按着会议的程序，他们先读了上次会议的记录，然后对秘书是否信任进行了投票，还有对组织经费和账目进行报告等等。这一项一项的机械般的程序让希特勒腻烦极了，"这是多么令人讨厌的事情啊，难道还有什么比这更糟糕的俱乐部生活吗？我会加入到这样的组织中来吗？"

虽然他的心里是那样的抵触，但是那些在这间灯光昏暗的小屋子里的小人物身上，又仿佛有什么东西正在吸引他。开完会回到营房后，他躺在床上辗转不眠。他思虑了很多事情："我就是一个穷光蛋，没有固定的职业，虽然我可以忍受生活的清贫，可是，我不能容忍自己一生只是一个无名之辈，在侥幸中活着，最后在无奈中死去，这样的生活有什么意义呢？还有就是，自己缺乏足够的教育，这也是一件非常困难的事情……"

就这样，希特勒在经过两天认真的思考后，终于决定加入到这个党派中来。他说，"这是我一生中所做出来的最有意义的一个决定。在加入这个政党后，自己就不会再有退路了，事实上也真的没有退路可供自己挑选了。"

于是，阿道夫·希特勒最终成为德国工人党委员会的第七名委员之一。

第二节
靠演讲起家的纳粹头子

希特勒成了工人党的委员，这为他日后走向权力中心埋下了重要的伏笔。

虽然此时的德国工人党还显得微不足道，成员的成分比较复杂，不过党内有两个成员对希特勒日后的崛起起到了很大的作用。这两个人一文一武，武指的是一名叫作恩斯特·罗姆的慕尼黑陆军第七军区参谋部上尉，他比希特勒较早参加了这个党。他魁梧的身体，让人一眼看上就像是一名典型的职业军人。他脖子很粗壮，眼睛却很小，脸上有着几道疤痕，鼻子的上半截在1914年的战争中被子弹给打掉了。他是一个脾气比较暴躁的人，但具有很高的组织能力。与希特勒一样，都对民主共和国和叫停战争的"11月罪人"有着强烈的憎恨感。他最大的理想也是重建一个强大的民族主义的德国，这一点与希特勒的想法也是惊人的一致。他们都认为要想实现自己的想法，只能靠以低下层阶级为基础的政党才能做到，而且他们自己就是这个阶级的代表。恩斯特·罗姆还是一个狠毒、无情、冒进的人，就是他参与建立了第一批纳粹党的打手，并且后来扩建为纳粹党冲锋队。他是

恩斯特·罗姆

在 1934 年被希特勒处决的。

　　在罗姆的影响下，一大批退伍军人和自由团义勇军加入了工人党，并且成为该党初期的骨干。一名巴伐利亚陆军的军官还深受他的影响，为希特勒及其组织的运动提供便利和保护。如果没有这种帮助，希特勒就不可能取得煽动人民推翻共和国运动的成功，而且他采取的恐怖和恫吓手段也不能顺利实施。

　　另一个重要人物就是文人狄特里希·埃卡特，他的年纪比希特勒大了21岁，他被人们称为是"国家社会主义"的精神上的奠基人。他从事新闻记者的行业，具有诗人和剧作家的身份。他还曾从事过翻译工作。热爱文学的他也曾在柏林像希特勒一样经历过一段流浪的生活。在那段日子里，他好酒如命，还吸食过吗啡。有人说他还在精神病院里住过，在那里他把那精神病人当成演员，来表演自己写的话剧。在战争结束后，他才回到自己的故乡巴伐利亚，开始在慕尼黑艺术家汇集的勃伦纳赛尔酒馆里，在那些志同道合者和他钦慕者的面前宣传雅利安人的优越性。他极力主张消灭犹太人，时刻想着要推翻那些待在柏林的"猪猡"。"我们就缺少带头人，他要不能害怕枪炮的声音，因为群众必需要采取强制手段才可以让他们屈服。这带头人不能是个军官，因为很多人对他们有意见。我们要从工人当中选一个能说会道的人……他可以没有很高的素养……并且他还要是个单身汉……"希特勒的出现，让这个酗酒的诗人立刻感到他就是自己一直苦苦寻找的人。于是，他很快与这个年轻人成了朋友，并且找来大量书籍帮助他提高文化水平，还把他向自己的朋友们进行了介绍，比如鲁道夫·赫斯和阿尔弗雷德·罗森堡这些在未来成为希特勒助手的人。他们此时都愿意出钱捐助该党经费和给予希特勒生活的帮助。

　　希特勒对埃卡特是怀有仰慕之情的，这种感情从来没有减退过，他时时将自己对这位古怪的导师的感激挂在嘴边，称颂他是一个优秀而伟大的人，"他所著作的书籍，他所宣扬的思想，以及他所执行的行动，以及他的一生都在致力于唤起我国人民进行奋斗。"

就是这些无奇不有，而且有些失常的怪人创建了国家社会党。在这些人中，有思想混乱的锁匠德莱克斯勒，他为这个政党提供了一个核心；有酗酒的诗人埃卡特，他为这个政党提供了"精神上的基础"；有素有经济学怪人之称的弗德尔，他为这个政党提供了经济发展的意识形态；还有身为上尉的罗姆，他为这个政党提供了陆军和退伍军人的大力支持。所有这些，最终让这个在小酒馆里时常开辩论会的组织，发展成为一个势力强大的政党，而具体领导这项工作的人，就是现在这个年纪不满31岁、一直默默无闻的不学无术的流浪汉阿道夫·希特勒。

在经历过维也纳挨饿的日子和慕尼黑的流浪生活后，希特勒的心中早就积攒了各种各样的想法，如今终于找到了一个可以发泄和施展自己才能的机会。他彻底改变了委员会原来缩手缩脚的毛病，开始频繁地组织规模较大的集会。不过他的工作有时也会碰壁。例如，有一次他向80人发出了邀请，但却只有他们自己7个人参加了会议。后来他改变了邀请方式，他用筹集的钱在本地报纸上刊登了一则开会的通知。结果，有一百多人前来参加，取得了惊人的成功。在那次会议上，预先安排希特勒在一位慕尼黑的教授发表完重要讲话后进行一次公开的演说。可是，该党的名义首脑哈勒并不赞成这个安排，他表示，希特勒在组织上表现得还可圈可点，但是在演讲方面他却无法胜任。带着这样的质疑，最终希特勒还是冒着失败的危险，在台上进行了30分钟的演讲，大家对于他的演讲非常欢迎。因为，他的演讲富有煽动的效果，这使听众像被电击一样激动不已，场面显得非常的热烈，会后大家一共捐献了300马克。这次小小的成功是纳粹党第一次获得的如此巨大胜利，他们不但暂时减轻了经济上的困难，更对自身的发展产生了强烈的自信。

从此以后，每当希特勒进行讲演时，都能收到可喜的效果，他也因此成为这个政党里最会讲话的人。因为善于演讲，在1920年初的时候，希特勒开始负责党的宣传工作。刚接后这项工作不久，他便开始组织该政党以前从未组织过的更大规模的集会。他把时间定在了1920年2月24日，会场安排在著名的霍夫勃劳豪斯啤酒馆可以容纳2000人的宴会厅。委员会中的一些同伴们都认为希特勒的做法是一种发疯的举动。哈勒还以辞职来表示抗议，并且继任者德莱克斯勒也表示了自己的怀疑。不过希特勒却强调说，他个人可以负责这次的准备工作。最终大会如期举行，开会时会场被坐满。在这次集会上，希特勒第一次阐明了德国工人党的"二十五点纲领"。这个纲领是在会前，由德莱克斯勒、弗德尔和希特勒三人匆匆忙忙地草拟出来的。当他宣读纲领内容时，会场上发出了狂呼声和嘘叫声，不过这个纲领最终还是获得了通过。经过这次集会，工人党从此名声大振。希特勒说，正是从这次集会开始，"工人党彻底摆脱了过去的那种狭隘和束缚，我们第一次对着这个时代发出自己的声音"。

那天晚上的大会，虽然有一些反对的言论，但是对希特勒而言却是一个完全的胜利。当大会结束时，看着离场的人们，希特勒的心里终于有了一种未来的大门向自己打开的感觉。"当我宣布会议结束时，很多人都在想，狼终于现世了。而且它最终的目的是要冲进拐骗人民的骗子人群当中。"对于狼这个称呼，他是名副其实的，因为阿道夫——在日耳曼语中

希特勒加入德国工人党的党证

就有"幸运的狼"这一说法。就是从那一天起,"狼"赋予了希特勒一种特殊的意义——他可以用这个名字做很多的事情。

在慕尼黑没有人会注意希特勒的突然崛起,不过这次群众大会对德国工人党而言却意义重大,它向着发展壮大前进了一大步,一次就吸收了100名新党员。希特勒印制了党员的花名册,给每个人都颁发了党证。这些正规的章程,顿时让工人党有了一种大党的气势。第一份党证的编号是从501开始的,所有的党员编号是按着他们名字的字母顺序编排的,身为"画家"的希特勒他的党证号是555。

1920年4月1日,已经初具规模的德国工人党正式改名为国家社会主义德国工人党,对外简称为"纳粹党",纳粹一词是德文缩写Nazi的音译。纳粹党成立之始,就代表了第二次世界大战前后以希特勒为党魁的德国垄断资产阶级和反动官僚的利益。这个党的宗旨就是反对马克思主义、反对自由民主和反对犹太人以及疯狂主张对外侵略扩张,它的本质是一个充满了极反动、极残暴的法西斯政党。希特勒在建党之初宣布他们是领导工人、下层中产阶级和农民进行革命的,可是当纳粹党最终执政后,最初所宣传的纲领都变成了谎言。不过,正像希特勒在《我的奋斗》中所提出的重要原则一样,关于纳粹党纲领中最重要的部分,即第三帝国这一目的最终还是实现了,尽管它最终给德国和其他欧洲国家人民带来了难以估量的灾难。希特勒在纳粹党的纲领中所宣布的第一点,就是要组织所有日耳曼人建立一个大德意志国家。所以,当希特勒成为总理后,他不断地进行战争,吞并奥地利及其600万日耳曼人,侵占苏台德区及其300万日耳曼人,都是为实现自己大统一的野心而采取的行动。正是在他的强烈愿望下,他强烈要求但泽和波兰交出一些主要由日耳曼人居住的地区统治权,并最终制造了德国对波兰的闪电进攻,进而引起了第二次世界大战。

而希特勒在纲领中所宣布的关于"社会主义"的说法,很显然是为了迎合下层阶级的感情而提出的。因为下层阶级正处于极为困难的境地,他们对希特勒提出的所谓"社会主义"的口号积极响应和拥护。而此时希特勒说出了他们心中最想得到的东西，如：取消不劳而获的待遇；将托拉斯重新收回国有；要求国家把大工业的利润对下层阶级分享；对地租和土地投机行为进行打击；严惩卖国贼、高利贷者和投机分子等犯罪行为；把处于垄断性的大百货商店收归国有后以廉价租给小商人使用；等等。这些想法都是德莱克斯勒和弗德尔一起研究提出的，因为那时他们两人对实现国家社会主义充满信心。可是，当越来越多的大工业家和大地主开始对纳粹党给予支持的时候，如何实现那些要求是摆在希特勒面前的一道难题。不过，在纲领中所提出的另一件重要事情在希特勒当上总理后立刻就得以实施了，那就是把《凡尔赛和约》予以废除。这是他在1933年1月30日上台所采取的行动之一。

虽然希特勒靠着自己极富煽动性的演讲能力、积极主动的工作态度以及计划周详的纲领，使工人党的建设取得了一定的成效，可是要想所有人都关注和支持这个新成立的政党，这些还远远不够。因为希特勒觉得，群众所需求并不是那些让他们听得顺耳的话语，他们更需要一些实际行动，如此才能够取得他们的信任；他们的热情在有声有色的大场面中才能够被唤起；他们弱小的力量需要在一场暴力和恐怖并且取得成功的行动中才能产生强烈的自信。当初在维也纳的时候。资产阶级政党习惯使用的那些"精神上和肉体上的手段"给希特勒留下了深刻的印象。如今，正是他进行效仿的时候，于是，他组织一批拳大臂粗的退伍军人成立了纠察队，交由曾经坐过牢的钟表匠艾米尔·莫里斯来指挥。不过为了避免被柏林政府镇压，他们在最初时以该党的"体育运动部"进行掩护，在1921年10月5日，他才把这支队伍正式定名为冲锋队。这是由一些穿着褐色制服的无赖组成的队伍，最初他们只是在纳粹党的集会上维持秩序，慢慢地他们就开始去捣乱其他的集会。

一心想要成为艺术家的希特勒，当他改行做宣传家时很快就成了一个反动大师。他很清楚，必须有一面明显的旗帜来引领群众向前进和为之斗争。基于这种想法，他在1920年夏天着手设计了一面红底白圆心、中间嵌个黑字的旗帜，希特勒对自己的独特创意引以为自豪。"这是一件非常意义的事！"在《我的奋斗》中他感慨道，"红色象征着我们进行运动的社会意义，白色象征着民族主义思想，黑字则象征着争取雅利安人胜利的斗争的使命。"而正是通过这面旗帜，使那些在"一战"后彷徨无依的下层民众开始大量聚集到一起，被希特勒利用，进行了一系列暴动。

在希特勒反动宣传的鼓动下，纳粹党迎来了快速发展的良机，这也为他自己日后篡党夺权奠定了基础。而当他把所有的权力握在手中后，他那些伙伴们将会品尝到他的冷酷无情和奸诈狡猾的手段。

1921年夏天，希特勒以纳粹党领导人的身份来到柏林，在这里他与北德民族主义分子取得了联系，还来到他们的大本营国民俱乐部进行了演讲。他此行的主要目的就是要试探一下纳粹运动能否在整个德国进行扩展。他想与一些有影响力的政治团体结成有力的联盟。但是希特勒的外出，给了纳粹党委员会的部分委员一个可乘之机，他们想要把希特勒的领导地位推翻。因为他们对希特勒的独断专行憎恨已久，还有就是因为他们不希望与北德民族主义分子结盟，而是更偏向于同南德的团体结成联盟，特别是与希特勒的死敌德国社会党结成联盟。

很快希特勒就发现了这个针对自己领导地位的阴谋，于是他马上就回到了慕尼黑。他以退党来要挟那些反对自己的委员转变对他的看法。在希特勒的强硬态度下，委员会成员很快妥协了。因为对于纳粹党来说，希特勒不仅是一个出色的演讲家，还是他们中最杰出的组织者和宣传家。更重要的一点是，他能够为他们募捐来大部分经费和带来军队等方面的支持。如果纳粹党缺少他，将面临诸多的困境甚至有灭亡的危险。经过这次事件，希特勒在党内的地位得到了巩固，不过为了杜绝类似的事情再次发生，他要求成为党的唯一领袖，拥有绝对的权力，把委员会取消掉，与其他团体的结盟活动要按着他的意愿来开展。

他的这些要求对于其他委员来说实在是太过分了,于是他们在党的创建人安东·德莱克斯勒领导下起草了一份攻击希特勒梦想独裁的罪状,还印成了小册子进行散发。他们谴责希特勒企图把纳粹党变成自己个人私利的跳板,来满足自己的野心,在他的带领下党将会走上另外一条道路。在这本小册子里,还指出了希特勒是一个说谎家,他善于歪曲事实,制造各种各样的谎言来欺骗党员和群众。这些指责在很大程度都是真实的,但因为希特勒的强大影响力,这本小册子并没有达到反对者想要看到的结果。希特勒对小册子的起草人进行了反击,控告这是对他诽谤中伤,最后德莱克斯勒本人也不得不在一次公开集会上对这本小册子进行否认。紧接着党内召开两次特别会议,在希特勒的主导下党章进行了修改,委员会被撤销,他也当选为党的主席,拥有独裁的权力。1921年7月,纳粹党最终确立了"领袖原则"。这个原则从确立起就被作为纳粹党的党纪,继而成了后来第三帝国的宪法。直到此时,希特勒终于牢牢控制住了纳粹党,而因失败受辱的德莱克斯勒很快就消失于人们的视野。

当上了党魁的希特勒,马上着手对纳粹党进行重组。他把办公室从施端纳克勃劳酒店迁移到了科尼利斯街的一家酒店里,因为这里比较宽敞明亮。他在办公室内购买了打字机,以及保险箱、文件柜等办公设备,还安装了电话,有了专职的秘书。

由于募捐的资金越来越多,1920年12月,纳粹党以6万马克买下了负债累累的《人民观察家报》。这是一份每周出版两次的反犹小报,到1923年的时候,希特勒把《人民观察家报》改为日报。通过这样的全面武装后,纳粹党终于有了一个国家政党所必备的条件。在这份报纸的作用下,希特勒开始大造舆论,吹响了夺取全国政权和发动罪恶的侵略战争的冲锋号。

因为纳粹党的突然崛起,希特勒的周围也渐渐地聚集了一帮有钱人。

著名钢琴制造商的妻子海伦·贝希施坦因太太,成了纳粹党主要的经济来源之一。海伦·贝希施坦因太太在与希特勒第一次接触后就对这个年轻的煽动家产生了好感。当希特勒来到柏林的时候,她还邀他到家中做客,并特意举行了一场招待会,把他介绍给一些有钱人。而拥有几家很赚钱的造纸厂股份的特鲁德·冯·赛德立茨太太,则是《人民观察家报》经费资助者之一。1923年3月,有一个名叫恩斯特·(普茨·)汉夫施丹格尔的哈佛大学毕业生,把1000美元借给了纳粹党。恩斯特·汉夫施丹格尔的母亲是美国人,他家在慕尼黑开设了一家艺术出版公司,非常的富有。这笔钱在当时的通货膨胀时期,折成马克的话数额非常巨大,给纳粹党和它的报纸带来了不小的帮助。这些有钱人都认为希特勒是政治领域内的明日之星,他所领导的纳粹党发展势头迅猛,肯定有利可图。但也有人是被他的滔滔雄辩之才所倾倒的。

而在同时期,一些对希特勒日后事业的发展有重要影响的党员开始出现在了希特勒的视线。鲁道夫·赫斯就是其中的一个,他是在1920年加入的。赫斯14岁以前一直居住在埃及,父亲是德国的批发商,14岁后才回莱茵兰上学。在战争期间他与希特勒曾一起在李斯特团服役过,但那时他们并不相识。后来因为两次受伤,他转行当上了飞行员。战争结束后他来到慕尼黑大学学习经济。不过,他把很多时间都用在了散发反犹小册子上,有时还会与巴伐利亚当时极为猖獗的各色各样的武装团体进行殴斗。1919年5月1日,在慕尼黑苏维埃政权被推翻的时候,他在混乱中大腿被枪打伤了。又过了一年多,一天傍晚,他偶然听到了希特勒的演讲,马上就被他的口才所征服了,于是参加了纳粹党。从此,他成了"元首"的亲密朋友、忠实信徒和私人秘书。

赫斯是因为写了一篇得奖的学术论文而受到希特勒赏识的,这篇论文的题目是:《领导德国恢复旧日光荣地位的人应当是怎样一个人?》在这篇文章中他说:"当所有的权威都荡然无存的时候,重新树立起权威的人

纳粹元凶 希特勒

鲁道夫·赫斯

只能是一个来自人民的人……只有深入到广大群众中的独裁者，才能从最根本上了解和认识到他们，这样才能赢得工人们的信任，最终得到最活跃的人民阶层更大更多的支持。……这个人必须有一个伟大的人格……他还是一个不因害怕流血而退缩的人。血和铁才是最终决定胜利的有力武器……"

希特勒之所以对这个年轻人非常看重，主要是赫斯所描绘的领袖人物与希特勒的想法是那样的吻合，可以说是后来希特勒的真实写照。

阿尔弗雷德·罗森堡是纳粹党内的"思想领袖"。他于1893年出生在爱沙尼亚的塔林，父亲是一个鞋匠，他曾经在莫斯科大学学习建筑，是"十月革命"后来到慕尼黑的。他与希特勒是通过狄特里希·埃卡特的介绍才相识的。1919年底，罗森堡参加了纳粹党。罗森堡的才华深得希特勒的赏识，他在1923年被任命为《人民观察家报》的主编，在以后的若干年里，希特勒一直视他为哲学家和纳粹运动的思想导师，并且主导着德国的外交政策。

赫尔曼·戈林与鲁道夫·赫斯一样，他也是在战争结束后到慕尼黑大学来学习经济的。戈林曾经是德国著名的战斗英雄，他在著名的里希特霍芬战斗机中队任过最后一任队长。作为德国战时最高奖章功勋奖章的获得者，要让他像普通退伍士兵一样回到战前平淡生活显然是十分困难的。因此他退伍后先是到丹麦，后又到瑞典做了一名运输机的驾驶员。有一天，他负责驾驶飞机送埃立克·冯·罗森伯爵回到斯德哥尔摩附近的宅邸。当他到伯爵家中做客的时候，与罗森伯爵夫人的妹妹卡林·冯·肯佐夫人相识并坠入了情网。虽然卡林·冯·肯佐夫人是瑞典有名的美人，可是她患有癫病，而且还结过婚，有一个8岁的儿子。但是，他们还是走到一起并结了婚。因为卡林·冯·肯佐夫人有一定的财产，于是在婚后两人一起来到了慕尼黑，这样戈林一边过着豪华的生活，一面在大学里鬼混。他是在1921年与希特勒认识的。很快他就被阿道夫·希特勒的魅力所征服，接着他参加了纳粹党，并对其慷慨捐献。他还帮助罗姆组织了冲锋队，并在1922年担任了冲锋队队长。

阿尔弗雷德·罗森堡

当然，在希特勒这个纳粹党独裁者的周围还有一批名声稍逊于前面几位，但也同样臭名昭著的人。比如曾在李斯特团服役的上士马克斯·阿曼是个粗鲁暴戾的角色，因为他很有组织才能，于是派他担任党的总务主任和《人民观察家报》的经理；希特勒的私人卫士乌里希·格拉夫，是个业余摔跤家，经常吵架滋事；瘸腿的海因里希·霍夫曼则是宫廷摄影师，他是唯一为希特勒进行拍照的御用摄影师，他对希特勒像狗一样忠诚；而另一个希特勒的亲信克里斯蒂安·韦伯，以前当过马贩子，曾在慕尼黑一家酒馆当过保镖，嗜酒如命。正是这些人围绕着希特勒，并帮助他来完成一系列关于实现大日耳曼民族的独裁者的梦想。

伴随着纳粹党的不断扩展，在1920年4月1日德国工人党改名为国家社会主义德国工人党的那一天，希特勒正式从军队中脱离，他要把全部的时间都用在纳粹党上。因为时局动荡，他休息的时间很少。为了让自己所建设的法西斯党，保持不断壮大和在激烈竞争中立于不败之地，他必须要打起十二分精神。德国的局势跌宕起伏，各种政治事件不断地发生。

纳粹元凶 ·na cui yuan xiong·

希特勒 ·xi te le·

赫尔曼·戈林

1921年8月,发生了埃尔兹伯格被暗杀事件;1922年6月,发生了社会党人菲利普·谢德曼被谋杀事件;而在同年的6月24日,外交部部长腊思瑙在街头被刺身亡。制造这三起凶杀案的,都有极右翼分子的影子。

摇摇欲坠的柏林政府,面对时局的动荡不安,特别制定了一项共和国保护法,对各种政治恐怖行动进行严厉的制裁。不仅如此,柏林政府还要求武装团体解散,并对他们政治上的无赖行为进行打击。不过,作为巴伐利亚右派组织,希特勒已成为公认的年轻领袖。此刻,他正在酝酿一个推翻政府、进军柏林的阴谋。

第三节
临时起意的起义行动

《凡尔赛和约》的签订为希特勒等人,采用阴谋手段推翻魏玛共和政府,并组织力量向柏林暗中进军,提供了一个很好的时机。

起初,在魏玛宪法还处于起草阶段里,德国人民还没有充分认识到战败对他们意味着什么。他们简单地认为,各协约国只是在驱逐了霍亨佐伦王室后,帮助他们建立了一个民主共和国,所以他们和约必将是公正的,而不是单纯地把他们列为战败国来看待。

但是,事情并不是德国人民预料的那样,《凡尔赛和约》的条款最终以协约国单方面为代表,在5月7日于柏林宣布。这次召开的巴黎和会,对战败国在各个方面都给予了非常严厉的惩罚。凡尔赛对德和约,把德国的海外殖民地都剥夺得一干二净,对德国的疆界也进行了重新划分。在和约签订后,他们将失去重要的工业区,有八分之一的领土和十分之一的人口、65%的铁矿和45%的煤矿以及大量的海外投资、商船和海军舰队都会被瓜分。在条约中还严格限制了德国的军事力量:要求他们不得设立总参谋部,不得征召义务兵,保量的陆军数量不得超过10万人,而海军则不许超过15万人,舰艇和空军都不允许存在,甚至连飞机、坦克和重炮等大规模武器都禁止使用。除此之外德国还得交付1320亿马克的巨额战争赔款。在和约中,法国收回了阿尔萨斯,比利时也收回了自己的一小块领土,丹麦得到了石勒苏益格邦一小块领土,而波兰也收回了自己曾被德国人夺去的领土。此外,在和约中还强迫德国把德皇威廉二世和其他800名左右的"战争罪犯"交由协约国处置。这些消息传来,对还处于幻想中的德国人民来说,如同晴天霹雳一样。于是,在全国爆发了大规模的群众集会,他们抗议和约的签订。人们在魏玛议会门前,大声地叫嚷道:"如果谁要在这个和约上签字,那他就是民族的罪人!"在5月8日,时任政府临时总统的埃伯特发表公开声明,他说这些和约条款是德国人民无法接受的。德国代表也在第二天的凡尔赛会议上向协约国表示,和约里的条款是"任何国家都无法容忍的"。

而从5月8日这天起,德国国内围绕着和约,各个派系之间也进行着激烈的争斗,国内矛盾进一步激化。国内的保守派对和约拒绝承认,虽然军队因为战败被迫接受,可是他们也在规避和约当中的军事限制。而社会党人则在民主分子和天主教中央党人的大力协助下,独立支撑着刚刚诞生不久却又显得摇摇欲坠的共和国。反对者的浪潮日益壮大,他们不但对当权者进行批判,有时还会发生武装袭击。阿道夫·希特勒作为巴伐利亚的煽动家和投机者,他马上就认识到这股民族主义在反民主、反共和的运动中力量将是多么的强大,于是他着手驾驭这一力量为己所用。

混乱的时局给予希特勒很大的帮助。1923年,在内忧外患的混乱形势下,希特勒觉得现在正是推翻共和国的最好时机。可是,以他的力量,还不足以来领导这场反革命活动。因为,虽然纳粹党的党员人数得以巨幅增长,但还没有成为巴伐利亚最重要的一个政治团体,在巴伐利亚以外的地方,它就更显得默默无闻了。正是出于此方面的考虑,希特勒想出了借助其他团体势力的办法,组织巴伐利亚所有反共和的民族主义势力团结到一起统一接受他的领导。这样,他就可以在巴伐利亚政府、武装团体和驻扎在巴伐利亚的国防军的支援下,向柏林发起进攻。他的做法如同一年前的墨索里尼向罗马进军一样,最终把魏玛共和国推翻。很显然,希特勒是从墨索里尼轻易取得的胜利当中看到的希望。

于是在1923年,希特勒开始宣传他"打倒祖国的叛徒!打倒11月罪人!"的口号。2月,希特勒纠集起了巴伐利亚的四个右翼武装团体,他们与纳粹党一起组成了所谓"祖国战斗团体工作联盟"。9月，该组织得到了进一步扩大和加强，并改名为叫"德国人战斗联盟"，希特勒是三个领导之一。南德大部分具有法西斯思想的团体都参加了"德国人战斗联盟"，希特勒为此还发表了一篇演说，用激烈话语对中央政府进行了反对，他的讲话受到大家的热烈欢呼。战斗联盟把自己的目标定立为：推翻共和国，撕毁《凡尔赛和约》。

煽动家希特勒

1923年的秋天，德意志共和国和巴伐利亚邦之间形成了不可调和的对立局面。巴伐利亚的行政当局为了稳定本地局势，对希特勒所领导的武装团体进行了严厉的警告：如果他们有任何的反叛行为将会遭到武力的镇压。但是，希特勒已然到了无路可退的地步了，他的党羽们都纷纷要求立即行动起来进行战斗。作为他的冲锋队队长之一的威廉·勃鲁克中尉提醒他说："必须行动了，我的弟兄们早就等不及了。假如我们不采取任何行动的话，他们将对我们失去信心，最终会离我们而去。"面对这些情况，希特勒立即与自己的亲信们进行商议，最后，他们决定对巴伐利亚三巨头采取强制手段，以此来要挟他们听从自己的命令。这三个巨头分别是邦长官卡尔、驻巴伐利亚的国防军司令奥托·冯·洛索夫将军和邦警察局长汉斯·冯·赛塞尔上校。

于是，在11月8日晚上将近9点钟，正当卡尔在贝格勃劳凯勒酒馆召开一次近3000人的集会时，希特勒带着自己的人马走进了大厅。他的冲锋队马上就在门口驾起了一挺机关枪，占领了酒馆的出入口。为了引起人们对他的关注，希特勒还跳到了一张桌子上，并且用手枪对着天花板进行了射击。直到此时卡尔才停止了自己的讲话，而听众们都不知道发生了什么事情。在赫斯和打手格拉夫的簇拥下，希特勒向着讲台走来，有一名警察想要过来阻拦他的时候，希特勒把自己手中的手枪指向了他，逼着这名警察让开道路。面对这突出而来的事件，卡尔立马吓得面如土色，他快速地从讲台上走了下来，而希特勒则占据了他原先的位置。

"在全国已经爆发了大革命！"希特勒大声喊道，"现在这里已经被我们的武装人员所占领。任何人都别想着要离开这家酒馆。如果有谁擅自行动，在楼厅上那把架起的机关枪是无情的。如今，巴伐利亚政府和全国政府都被推翻了，在全国成立了临时的政府。国防军营房和警察营房都被彻底的占领了，他们正在卐字旗的指引下向着市内挺进。"

虽然希特勒的喊话里有虚假的成分，是为了达到恫吓的目的，可是在这种混乱的局面里，谁都不敢轻举妄动。因为希特勒的手枪正发出冰冷的寒光，那些冲锋队队员和他们手中的枪械是不容挑战的。在希特勒的命令下，卡尔、洛索夫、赛塞尔三人被带到了台后的一间私室里。最后在武力的威胁下，巴伐利亚的这三个最高级官员不得不乖乖地听从希特勒的盼咐，这样的结果让群众目瞪口呆。

当然，还有许多富人们对希特勒不信服，他们认为他只是一个刚刚蹿上来的暴发户。于是，他们对警察大声喊叫，"不要那样胆小怕事，赶快用你们手中的枪还击！"不过，当警察看到自己的上司都被迫妥协，加之冲锋队已经把整个大厅占领，所以他们连动都不敢动。虽然警察保持了沉默，可是人群却开始躁动起来。看到这种情况，戈林认为必须走上讲台，使他们安静下来。"大家请不要害怕，"他大声地叫道，"我们对你们没有一点恶意。所以，请你们保持安静，继续品尝啤酒的美味吧！"他还向人们说，新的政府正在隔壁的房间里进行组织当中。

是的，新的政府正在成立当中，这一切都是在希特勒的手枪的胁迫之下才进行的。走进隔壁的房间后，希特勒就对他们讲："如果不按着我的意愿去做，任何人都别想活着离开这里。"他还对他们讲，三个人以后都可以在新成立的巴伐利亚政府中，或者在以后由前德军副总参谋长鲁登道夫将军与他一起组织的全国政府中担当要职。因为就在当晚，希特勒已经派人去请对此次政变还毫不知情的将军前来啤酒馆叙事。

面对希特勒,三个人一句话也不愿意同他讲,可是他却丝毫不在乎,还在继续他的长篇大论。他要求:三人必须与他一起宣布进行革命,并组建新政府;他们必须在新政府当中担任职务,如果谁不干的话就别想活命。卡尔担任巴伐利亚摄政者、洛索夫担任国防军部长、赛塞尔担任国家警察局长,这都是希特勒对他们的安排。但是三个人没有被希特勒的引诱打动。他们的沉默,让希特勒焦躁不安起来。最后他还挥动着手枪说:"这把枪里一共有四颗子弹!假如你们再不肯与我合作的话,有三颗将是送给你们的,还一颗我会留给自己!"说着他便举起了手枪并对准自己的前额。

对于希特勒的恐吓,三个人还是没有屈服。卡尔第一个向希特勒愤怒地说道:"希特勒先生,你还是枪毙我好了,死亡有什么大不了,我是不怕的。"

赛塞尔则大声谴责希特勒,说他没有遵守自己的承诺,对警察实施政变。

洛索夫将军满脸带着轻蔑的表情,继续保持他的沉默。不过当卡尔在他耳旁轻声低语时,希特勒立马进行了制止,他说:"你们住嘴,这里不允许你们进行交谈!"

最终,希特勒的软硬兼施都没有取得什么实际效果,这三个巴伐利亚政权的实际当权人,态度非常强硬,他们拒绝同希特勒合作。看到政变没有达到预期的效果,希特勒突然心血来潮。他快速地从小屋子里走了出来回到外面的大厅,走上了讲台,他面对情绪躁动的人群大声宣布,三巨头已经同意与他一起组成一个新的全国政府了。

"巴伐利亚政府重新更换了领导人!"他叫道,"不但如此,'11月罪人'的政府和总统也都被彻底地撤换掉了。今天就是新政府成立第一天,新的德国国防军也将立刻组成……所以,我建议,在彻底与'11月罪人'清算之前,全国政府的政策指导工作先由我来接管。鲁登道夫将负责领导德国国防军的工作……我们现在的首要任务就是要组织力量向柏林进军去拯救所有德国人民……"

希特勒非常善于用谎话来欺骗群众的感情，这一次也不例外，他的谎话立即取得了效果。因为，当人们听到洛索夫将军和警察局长赛塞尔都已选择与希特勒进行合作的消息时，他们立马转变了态度。甚至还有人大声高呼起来，这些欢呼声传到了正在隔壁关押着的三个人的耳朵里。

此时，鲁登道夫将军也被希特勒派人请来了。对此情此景还不知情的这位战时的统帅非常生气，特别知道即将担任德国最高领导者并不是他而是这个前陆军下士时，他更加感到不满和气愤。面对鲁登道夫将军的不满，希特勒丝毫不在意，因为他要靠着鲁登道夫来打动那三个迄今都没有被他的劝说和威胁成功的巴伐利亚领袖。在希特勒的请求下，鲁登道夫出于重大的民族事业来考虑，劝说三位先生同希特勒进行合作。最终老将军的热心肠打动了三人，他们被迫做出了退让。

正是鲁登道夫的及时到来，才扭转了局势，拯救了希特勒。面对这样的幸运转机，希特勒非常高兴。于是，他又一次登上了讲台，面对全场的群众他说出这样几句话："五年前我在军事医院里治疗眼睛时就曾立下了誓言：我要坚持不懈地努力奋斗，直到把'11月罪人'推翻为止，为实现自己建立一个强大的自由的光荣的德国而奉献自己的力量。"

在会议结束后，赫斯带领着冲锋队员在出口，把一些企图混在人群里溜出去的巴伐利亚内阁阁员和其他要人进行了扣留。而希特勒则亲自负责监视卡尔、洛索夫和赛塞尔。不过，很快有消息传来说，一个名叫高地联盟的武装团体和陆军工兵队的正规军之间发生了武装冲突。听到这个消息，希特勒不得已亲自驱车去解决发生的争端，他把啤酒馆里的事情交给鲁登道夫来处理。而正是这个决定，导致了此次政变的失败。洛索夫是第一个溜走的人，他对鲁登道夫说，自己必须赶到陆军司令部去，因为有些命令要发布。身为希特勒的亲信里希特表示反对，但是鲁登道夫却绷着脸说："这里不允许你去质疑一个德国军官所说的话。"接着，卡尔和赛塞尔也找到各自的理由悄悄地溜走了。

正当希特勒带着高兴的情绪返回酒馆时，却发现所有人都不见了踪影。面对这样的结果，他不禁目瞪口呆起来。他正沉醉于新上任的"部长们"都按着自己的想法忙于他们的新任务，而鲁登道夫和洛索夫也做好了向柏林进军的行动计划了。可是现在，一切都成了泡影。甚至慕尼黑都没有成为自己的囊中之物。

当洛索夫赶回陆军第十九师师部后，他马上就发出命令，命令在郊外的驻军迅速到城里来进行支援。在清晨时分，正规军就对陆军部的四周进行了封锁。而身为行政长官的卡尔发布了"国家社会主义德国工人党以及高地联盟和德国战旗这两个武装团体立即解散"的勒令。在一夜之间，原本在希特勒看来已经是唾手可得的胜利，迅速化为了泡影。他失去了陆军、警察和执政的政治集团的大力支持，就连鲁登道夫也没有能力把巴伐利亚的军队争取过来了。希特勒还打算，与老将军一起撤退到罗森海姆附近的乡村，在那里动员农民来支持自己的武装团体，对慕尼黑发动进攻，或许这样可以挽救不利的局势。不过鲁登道夫没有同意这个建议。

不管是希特勒，还是鲁登道夫，他们都是想发动一场政变，而不是一场德国人之间的内战。于是，鲁登道夫给正处于彷徨的年轻纳粹党领袖提出了一个计划，他认为这个计划或许能够为换来胜利还不至于流血牺牲。因为他相信，德国士兵以及德国警察是不敢用枪对准他这个曾经在东线和西线领导过他们取得了伟大胜利的司令官开火的。正是出于此番考虑，他建议希特勒带领所有的支持者到市中心去游行，并加以占领。没有办法的希特勒最终采纳了他的建议。

于是，在11月9日上午快到11点钟的时候，由希特勒和鲁登道夫率领由大约3000人的冲锋队员组成的游行队伍，从贝格勃劳凯勒酒馆的花园出发，向着慕尼黑市中心开始游行。纳粹党及战斗联盟的领袖们一起并肩走在队伍的前面。纳粹党的卐字旗和高地联盟的旗帜在队伍的前面迎风招展，队伍中还有一辆卡车上面架着机关枪。有的冲锋队员的肩上挂着马枪,有的拿着刺刀,就连希特勒的手中也握着手枪。虽然这支队伍并不强大,可是身为统率过德国百万雄师的鲁登道夫却深信,这已经足够来实现自己的目的了。

在离开啤酒馆向北走了几百码后,他们就遇到了第一道障碍。一队武装警察把横跨伊萨河通往市中心的路德维希桥给封锁了,他们无法通过。这时,戈林走向前来,他对警察队长说,假如警察向他们开枪的话,他们就会把队伍后面的人质给枪毙了。在前一天夜里,赫斯等人搜捕了一些人质,里面还有两名内阁部长。因有人质的存在,警察们不敢开枪,最终让队伍过了桥。

在中午的时候,游行队伍终于来到了他们的目的地:被国防军包围的罗姆和他的冲锋队员们所在的陆军部。自从游行到现在,被围者和包围者都没有开枪射击,因为双方都没有进行战斗的意思。

要想救出在陆军部的罗姆,希特勒和鲁登道夫所带领的队伍必须穿过狭窄的府邸街,但是这条狭窄的街道另一端,正有大约100名左右荷枪实弹的警察把守着,他们不准队伍通过。一名叫乌里希·格拉夫纳的纳粹党人走上前去,他大声地向警察们叫道:"不要开枪!鲁登道夫阁下是我们的领导者!"但是,鲁登道夫的名字对于这些警察没有产生魔术般的效果。因为他们是警察,而不是军队。在双方争执不下之时,武装冲突不可避免地发生了。里希特被击倒,身受重伤。戈林的大腿上也中了一枪,伤势甚重。在不到一分钟的时间里,就有16名纳粹党人和3名警察中枪,有的身受重伤,有的一命呜呼。其余人包括希特勒在内,都趴在地上躲避子弹。只有鲁登道夫没有这样做,他挺直自己的身板,在副官施特莱克少校的保护下,迎着警察的枪口,大步向前走去,一直走到了奥第昂广场的中心。鲁登道夫当时的表现,在外人看,完全就像一个孤单的、奇怪的人,在他的身边没有一个纳粹党人,就连他们的最高领袖阿道夫·希特勒也不见了踪影。

这个在未来将成为第三帝国总理的希特勒,在枪响之后就选择了逃命。他起先是与里希特一起并肩向前走的，但是在里希特负伤倒地时却把希特勒也绊倒了。混乱之中的希特勒以为自己也受到了枪击，因为有一阵剧痛不断传来，到后来才发现自己只是肩膀脱了臼。希特勒从地上爬起来后，不顾一切地跑向一辆候在附近的汽车，完全不管同伴们的死活，向着汉夫施丹格尔在乌芬的乡别墅逃去。在那里，普茨的妻子和妹妹对他进行了照顾，可是在两天之后他被捕了。

鲁登道夫虽然没有逃跑，不过也被当场抓捕了。他非常蔑视那些没有勇气与他并肩而行的反叛者，更让他怨恨的是陆军竟然对他的安危不管不顾，因此他决定从今以后自己不会再同任何德国军官来往，也不会穿那身军官制服了。戈林在得到一家银行老板的救治后，偷偷地由他的妻子陪着跑到了奥地利避难。赫斯也成功地逃到了奥地利。罗姆是在整个队伍被击溃后，在陆军部里投降的。就在几天当中，纳粹党的头目们，除了成功外逃的戈林和赫斯之外，都被捕入狱。纳粹党也被政府勒令解散。经过这一事件后，德国国家社会主义运动在表面上看好像是已经走入了末路。

第三章

漫长等待：夺权失败，伺机而起

第一节
不甘面对失败的结局

兰茨贝格有着近500年的历史，这个小镇在外观上一直没怎么改变过。它坐落于莱希河谷，两边陡峭的山冈上长满了树木。自中世纪以来，这里一直与斯华比亚人进行着斗争，所以小镇上还保留着不少古老的城垣和岗楼。如果要从慕尼黑前往兰茨贝格监狱，莱希河上的一座木桥是必经之路。其实所谓的莱希河，仅仅是一条小溪，而兰茨贝格监狱就坐落在前面的山头上。这座监狱由许多灰白色的建筑物组成，四周用又高又大的石墙围绕起来，它的内部又被分成两部分，把普通罪犯和政治犯区分来关押。

希特勒就被关在政治犯区7号牢房内，自从住进这里后，他就卷曲着身子，沉默无语。希特勒的一言不语并不是因为房子小或者是住着不舒适，他以前居住的房有的还不如这儿的一半大，而且比这个要阴暗得多。这间小牢房内有白色的铁床，虽然不是很宽敞，不过还是比较舒服。在牢房内还有一扇加了双重防护的窗户，通过它有充足的光线照了进来，并且还能看见外的树木和灌木林等景致。

最让希特勒难以忍受的是左臂带来的疼痛，这让他在晚上很难入睡。狱医布里斯坦纳经过诊断发现，"他的左膀已经脱臼，上臂发生了骨折，由此带来了外伤神经痛。"虽然给他进行了必要的治疗，可是按照布里斯坦纳的说法，希特勒有可能会由此带来"终生的左肩局部僵硬和疼痛"。

相对于伤病的疼痛，更让他感到痛苦的是，他接受不了被出卖的结局——被政治三巨头、被陆军，甚至连命运都在对他开玩笑。更有甚者，报界还把统帅府前的溃败嘲笑为"渺小的酒吧间革命""小学生式的可笑袭击"。有的外国记者还把希特勒描述成"鲁登道夫身边的吵吵闹闹的小副官"以及皇家政变的爪牙等形象。《纽约时报》还在头版刊彻底断言了他的政治之路彻底死亡:"随着慕尼黑起义的失败,希特勒及其国家社会主义的追随者们都被消灭掉了。"由饥饿和肉体带来的痛苦,希特勒还能忍受,但是由嘲笑而带来的伤害却深深地扎在了他的内心深处。

前来探监的人看到他的外表后很是吃惊:他显得非常的消瘦,脸上没有一丝的血色,变得几乎让人无法相认。"我在见到他时,他正坐在铁窗的前面,一动也不动,像一个木偶一样。"安东·德莱克斯勒曾经回忆说。在刚开始的两个星期内,希特勒几乎没有进食。狱医警告德莱克斯勒说,假如希特勒再不吃东西的话,将会面临死亡的危险。面对这种情况,德莱克斯勒决心拯救一下这个曾试图夺取党的领导权的家伙。于是他来到了7号牢房,"我这样对他说道,虽然现在的形势看起来并不是很乐观,但是他没有必要因这一次失败就选择放弃。纳粹党的所有人都在看着他,都在

纳粹成员到兰茨贝格监狱看望希特勒(左一)

期盼着他有朝一日能够东山再起。可是我的话他完全没有听进去，看起来他真的是彻底绝望了。他的表现让我失去了挽救他的信心，最后我对他说，如果他不能坚强起来，那一切都将失去意义"。德莱克斯勒与希特勒交谈近两个小时的时间，最终他找回了自信。

或许，希特勒真的丧失了对未来的信心，因为不止一个人声称是他把希特勒从饥饿和死亡中解救出来的。这其中一人就是捷克斯洛伐克"国家社会主义工人党"的创始人汉斯·尼尔希。他前去探望希特勒时，非常瘦弱的希特勒无精打采地与他打了声招呼。尼尔希大声地责备他不该放弃已经赢得众多追随者的事业而不管，纳粹党不能失去他，只有他才能挽救德国。刚开始的时候，希特勒还在不住地摇头，不过在后来，他用一种胆怯地声音问道："一个遭此惨败的人还会有人前来追随吗？"尼尔希回答说，民众的热情已经被起义行动激发了起来，我们不能自己对自己失去信任，许多伟大的领袖也都是经历过无数次的失败才最终取得成功的。尼尔希的话最终说服了希特勒，于是他开始进食，并且还向尼尔希保证自己会记住他的忠告。

此外，还有贝希斯坦太太以及赫仑纳·汉夫施坦格尔等人也都对他进行了劝说。赫仑纳给希特勒写信说，她并不希望他在兰茨贝格狱中将自己饿死，这样一来将是他的宿敌们愿意看到的事情。"正是她的劝告让希特勒振作了起来"，在奥地利避难的汉夫施坦格尔说，"希特勒非常崇拜赫仑纳，她的话在希特勒的身上产生了巨大的效果。"曾经帮助希特勒做过很多事情的贝希斯坦太太，也同样对希特勒进行了有效的劝解。正是通过很多人的一起努力，最终说服希特勒不再绝食来折磨自己。

不过，希特勒虽然停止了绝食行动，但是他不愿出庭受审。刚开始时，他并不抵触受审，不过当审问者到来时，他又拒绝回答任何问题。正在僵持之时，首席检察官的助手汉斯·埃哈德被派到了兰茨贝格，他也想从希特勒的口中挖出一些有价值的东西。开始时，他与很多人一样，都没有取得实际进展。尽管他表现得非常有耐心，"态度非常的友好，就像医生面对病人一样"，但是希特勒还是一幅愁眉苦脸的模样，沉默不语，"完全像是一只没有灵魂的绵羊"。后来，希特勒突然站起身来，并用手指着那些在书记员旁边桌上的文件用非常尖酸刻薄的语调说，这些来自官方的报告都无法"妨碍我未来的政治道路"！

"好的，希特勒先生，"埃哈德想了想说道，"或许你对书记员非常的讨厌。"于是，他便挥了挥手让书记员退出了房间，还让他把那些令希特勒讨厌的文件都带了出去。当房间内只剩下他们两个人时，埃哈德改变了说话方式，表达了自己只是履行公事的态度。如果希特勒先生不介意的话，我们可以以私人的角度来进行一下交流。埃哈德的非官方态度让希特勒放松了心态，之后希特勒一改之前的一言不发，他滔滔不绝地把自己一肚子想说的话都倾诉了出来。他的谈话内容非常的广泛，不但道出了起义前前后后的一些内幕，还对为何要采取如此激烈的行动进行了必要的解释。当他表达这些内容时，他就像面对一大群人进行演讲似的，声调富有激情，表情显得凝重。可是当埃哈德提出可能令其难堪的问题时，他就会低下头来不作回答，或者就说出一大堆另外不相关的话来搪塞。埃哈德回慕尼黑后，便把这里的情况向他的上级和格奥尔格·尼特哈特大法官进行了书面汇报。但是作为主审官的格奥尔格·尼特哈特大法官却说："希特勒还没有把自己的话说完，或许是他要等着在审判时去说。"

不管怎样，阿道夫·希特勒的自信心又重新建立起来了。希特勒同父异母的姐姐安吉拉也证实了这一说法，她是在12月初的一个晚上前去探监的。她本以为弟弟会因失败而变得意志消沉。"那一刻是我一生当中最难以忘记的，"过后她曾在给自己的兄弟小阿洛伊斯的信中这样说，"我和他进行了大半个小时的会面，他的精神看起来比以前还饱满一些，身体也保持得不错，虽然他的胳膊还有一点小伤，但也基本到了复原的地步了。在这段日子里，一些人对他的不离不弃深深地感动着他！就在我与他会面的时候，还有一位公爵前来探视他，并且给他带来了一包圣诞节的礼物。他对自己的事向来非常有信心，并且他坚信目标与胜利只不过是时间早晚的事情。但我还是愿那一刻早点到来。"

希特勒的同盟者，也都疯狂地坚持着自己的信念，他们纷纷对自己的组织进行改头换面，以一些不怎么引人注意的名称出现在世人面前，如"人民歌咏俱乐部""人民拓荒先遣队""德国忠实妇女团""德国步枪步行团"等等。希特勒所领导的政党，虽然被迫解散，不过他们由明面转到暗中，依然围绕着慕尼黑进行各种纳粹活动。罗森堡在慕尼黑建立了新的委员会，但是整个进程却并不顺利。罗森堡把自己看作是希特勒的政治继承人，但是被放逐到萨尔茨堡的埃塞、施特莱彻、阿曼和汉夫施坦格尔等人却说他是一个骗子，不喜欢也不尊敬他。不过由于他对希特勒非常忠诚，所以还是被选为暂时的领导者。

第二节
从绝望的深渊中站立起来

狱医证明，希特勒的身体是没有任何问题的。布林斯坦纳医生在1924年1月8日向上司报告说，他非常确信这个病人并没患有精神紊乱或精神病之类的疾病。这位对精神病治疗有着丰富经验的医生的结论是："希特勒有着很好的自控能力，他的精神和思维都处于非常正常的状态。"

两年前，希特勒已经有过在斯达德尔海姆监狱短期囚禁的一段经历，因此这一次他还不至于精神崩溃。现在，当被强禁在兰茨贝格后，他开始有机会对自己的过去进行重新审视。在小牢房里的安静环境之中，他的头脑变得冷静起来，过去的一些错误被逐一地挑拣了出来。他后来回忆说："经过了这次起义的失败，我吸取了足够的教训。如果要实现民族的振兴，每个国家都要有自己独有的一种方式和方法才行。"

他不断地告诉自己，惨痛的失败让自己的命运出现了转机。"我们国社党将会从这次起义的溃败中找到自己的出路"，后来希特勒这样说道。在总结经验教训的同时，他还通过阅读来不断地丰富自己的：尼采、张伯伦、兰克、特莱斯克和马克思等人的哲学著作都成了研究的对象，他还对俾斯麦的回忆录和许多有关世界大战的回忆录都进行了泛读。"兰茨贝格就像一个公办的高等学校一样，让我的素养得到了提高，"他对弗兰克说，"并且那里还没有所谓的大学教授用装腔作势的语调喋喋不休，不过我还是认为意志比知识更为重要。假如上帝只是来'认识'世界，而不是'用意志创造世界'，那么世界将无法改变。"

刚被捕时，希特勒还用自己的不走运来感叹自己的失败。而如今，在经过一段时间的冷静思考后，他慢慢地认识到这会因此成为命运的转折点。据汉夫斯坦格尔称（他已回到巴伐利亚），在那年的1月份，随着列宁的去世，希特勒再一次把自己和德国的命运联系到了一起。因为他曾对汉夫斯坦格尔说过，历史是那样惊人的相似：在1762年，当腓特烈大帝（希特勒的偶像）在得知俄国女皇伊丽莎白之死的消息时，心情非常的兴奋，而现在列宁的去世也同样让他欢欣不已。他说："美好的日子终于来到了。"苏联将会被瓦解，共产主义的整个结构也会慢慢崩溃。

于是很快，希特勒便从绝望的深渊中重新恢复了自信。他对自己最终成为德国的领袖有着无比的信心，为此，他开始去考虑国家的经济问题，甚至想出了一个能够让许多失业工人能重新就业的好办法：加强全国的公路网建设，通过公路把全国连接成为一个整体；大规模生产小型经济汽车，让底下阶层能够买起。

在2月12日的那一天，当希特勒与同伴们被转押至慕尼黑拘留所时，不管是在精神上还是肉体上他都有了充分的准备。他不再惧怕审判，因为他认为通过审判将使他的未来更光明。

在即将审判之时，曾预言希特勒起义失败的埃伯汀太太，再一次给希特勒作了新的预言：在惨败中他将会重新站立起来。

在2月26日上午，一场让全德国人都极为关注的审判大会终于在慕尼黑开始了。而对希特勒、鲁登道夫以及其他几名被告人的指控，其包含的政治意义远远超过了人们对个人命运的关注。因为审判的对象不仅仅是德国最受崇敬的一位战争英雄和一位来自奥地利的狂热者，这更是一场对德国的新生和民主进行的审判。

鲁登道夫是第一个被点名进行指控的。但是这次审判的主角显然是希特勒，因为他已经成了众目所视的中心人物。从希特勒开口辩护时起，他就把自己想象成一把铁锤。他无视自己的被告身份，他如同一个原告一样用他那浓重的男中音对自己被迫才发动这次起义的原因进行了阐述。

他对自己参加游行、面对血腥的袭击、逃至乌芬以及他在兰茨贝格的情况都进行了述说。他表示自己唯一感到后悔的是，他没有和其他同志一起共同面对死亡。

他要求自己来承担这次起义的一切责任，"鲁登道夫仅仅是与我有合作关系"，他不承认自己是罪人。他的出发点是为了要率领德国重获旧日的荣誉和重新确立德国的世界地位，这样的想法有什么过错呢？从他的话里表现了一个虔诚的信徒坚定的信念，从主持审判的法官和检察长的脸上反映出了他们对希特勒的一些看法。两人没阻止希特勒用原告的态度所提出的抗议，更没有打断他滔滔不绝的演讲。作为助理检察官的埃哈德同样对重判希特勒没有抱有多大的希望，因为尼哈特法官也是个热切的民族主义者，他从心里也认为这次起义是"一场国民的行动"。一直饱受学生攻击的检察长也觉得，必须小心翼翼地进行这次审判工作。

虽然说很多官员都受到了希特勒在法庭上言行举止所带来的影响，可是奥斯瓦尔德·史本格勒却是一个例外。他在自己的讲演中，嘲笑纳粹党喜欢用旗帜、游行和口号来解决问题，"不可否认，那些形式上的东西的确能满足人们情感上的需求，可是这与政治是格格不入的"。

在第二天，法庭又对其他被告进行了逐一的讯问，不过在2月28日，希特勒又一次成了审判的主角。在讯问中，他毫无顾忌地把柏林和慕尼黑说成是被红色政权腐蚀的政府。"这样的事情在慕尼黑很普遍，随处都能找到这样的例子。假如我们的群众不能保持警醒，那么我们就永不能从红色阴影中解放出来。"看到听众们被他的话深深地感染了，于是他提高声调为自己提出向柏林进军一事进行了辩护。

整个审判的过程中，希特勒一直用他那滔滔不绝的雄辩和透察人心的精明战术左右着法官们。相反，曾经位高权重的鲁登道夫则成了这次审判的次要人物，这让他的心里失去了平衡，对其他被告产生了越来越多的怨恨。"是希特勒欺骗了我，"在审判后他对汉斯·弗兰克大声地抱怨说，"他不断地说着谎话，在起义前夕他像一个疯子似的，还对我说陆军是值得信任的……现在看来他只不过是一个懂得演讲和冒险的家伙。"更让他感到怨恨的，或许是希特勒把一切责任都承担了，这让外界以为鲁登道夫是一个不断逃避责任的人。而这样的行为会使人们觉得希特勒比这位将军更像一个传统的大丈夫军官。在法庭上，他态度非常的傲慢，还用语言对法官和律师进行谩骂，他把这里当成了军事法庭，把自己当成了主宰者。"他对法庭的斥责，如同在操场上面对士兵一样，"英国记者G.霍德·普顿斯回忆道，"他的话语非常的粗鲁，听到他蛮横不进道理的话语，当庭的首席法官被气得浑身发抖。"

法官的表现让报界感觉到很失望，他们觉得法官应该强硬起来，而一些外国观察家觉得这次审判更像是一场闹剧。在3月4日召开的巴伐利亚州部长会议上，尼哈特受到了部长们的严厉批评。州部长施威耶说，被告的大放厥词，是对陆军和州警的公开污辱，应该控告他人身攻击罪。有的部长则对尼哈特是否有能力担任审判任务表示怀疑，有的部长还表达了自己对审判方法的忧虑。

虽然说官方和非官方都对这次审判有着这样或那样的看法，可是希特勒继续在法庭上进行着自己的演讲。特别是在3月11日和14日这两天的审判中，希特勒更是表现得让人刮目相看。德国的法律制度与其他欧洲国家不同，法律规定被告可以在判决前发表长篇讲话，还可以向证人进行提问。于是，希特勒也向政治三巨头进行了发问，如同把他们当成了罪犯一样。当冯·洛索夫将军来到他的面前时，希特勒立马跳了起来，大声地向他发问。而身材高大的光头将军也丝毫不示弱，对他的提问大声地反驳着，还时不时地用手指对着希特勒比画着。

不过冯·洛索夫将军对希特勒非常的不屑，他认为希特勒只是政治的吹鼓手。在希特勒对着洛索夫发问时，因为声音太大法官不得不让他放低了音量。虽然他暂时压低声音，不过，当洛索夫说他非常残暴时，他的声立马提高了上来，还从椅子上跳了起来发出了一阵辱骂。没有办法的洛索夫只好抬头看向首席法官，可是法官没有对希特勒进行斥责，于是这位将军站起身来鞠了躬,从法庭离开了。在这个时候,尼哈特法官才对希特勒说不允许他进行人身攻击。"我愿意接受这一指责。"希特勒带有讽刺意味地表示。

"每当想起这次畸形的审判,我都会有一种非常悲愁和痛苦的感觉。"一位德国记者这样说道,"在法庭上所发生的一切,让我忍不住地想这莫非是慕尼黑的一次政治狂欢吗?"这种狂欢的气氛,在希特勒最后一次的滔滔雄辩中达到了高峰,直到宣布最终审判后才最终结束。在希特勒的最后一次发言中,他的话语里有训示、有勉励,还有谩骂。他的发言自始至终都吸引听众的耳朵,取得了很好的效果。希特勒否认自己是民族主义运动中的一名政治鼓手,更否认他的和平动机之中藏有野心和私心,他认为对自己想要当部长的指控是一件荒唐可笑的事。"我从来没有把自己的目标定位成为一名部长,因为我的理想要比这个高出上千倍,我要通过击碎马克思主义来实现自己的一番大业,把一个部长的头衔安放在一个有远大志向的人身上不觉得是一件非常荒唐可笑的事吗?"

他还对法庭说,虽然11月的起义以失败而告终,不过他们必须承认自己才是德国未来的领袖,因为军队和起义者的理想有一天必将会得到人们的支持。"我坚信,终究有一天那些在大街上举起卐字旗的群众将会同把枪口对准他们的人们走到一起来,为了一个目标共同努力。我还坚信,这次流血事件会使我们更加团结地站在一起。特别是当我看到对准我开火的是警察而不是国防军,这说明军队还是支持我们的,他们没有受到玷污。所以终于有一天军队将会与我们站在一起共同迎接胜利。"

"希特勒先生,"尼哈特法官抗议说,"请你不要对市警进行玷污,我不允许你这样做。"

可是希特勒丝毫不顾法官的驳斥,继续用他抑扬顿挫的声音讲了自己的最后几句话:"我们的军队正在慢慢走向强大,我将会非常骄傲地看到,必将有一天,我们的军队从一个小小的新兵开始最终发展壮大成为百万雄师,那时我们会把昔日的帽徽从泥潭中拾起,把昔日的旗帜重新高高扬起；那时，我们还将出现在'审判的法庭'——'上帝的法庭'上，而唯一能有权力对我们进行审判的声音，只能是来自于历史。因为只有永恒的历史才有权对我们进行起诉和做出判决。"

在法庭休庭考虑判决时，许多观察家甚至做出了希特勒将会被判无罪的判断。在4月1日，当助理检察官埃哈德赶到法庭时，他发现法庭内早就挤满了为自己的偶像佩花的妇女，他下令这些人必须把花除掉。在上午10时后，所有的被告被带到大楼前进行集体拍照。怒容满面的鲁登道夫身着军服、头戴钢盔。而希特勒则穿着一件洗得干干净净的军大衣，虽然没有扎皮带，但是手上拿着丝绒帽，他就站在鲁登道夫的左边。他的精神状态非常好，胡子剪得整整齐齐，表情很镇静，给人一幅充满信心的样子。他的身体保养得不错，体重达到170磅，并且有生以来第一次出现了大肚皮，站在那里他更像是一个成功的商人。

当他们被押进法庭时，大楼外面早就聚集了一大群人。法官用了几乎一个小时来宣读判决书，最终希特勒（与波纳、克里贝尔和韦伯一起）被判处5年徒刑，并在兰茨贝格监狱服刑。与预想中的一样，鲁登道夫被宣告无罪。这显然是对他的一种照顾，但是他却毫不领情。"这样的判决，对我来说将是一种耻辱，这与我的戎装和勋章没有任何关系。"鲁登道夫说。

虽然希特勒最终被判有罪，可是他的表现还是受到了法庭的尊敬，法庭没有将希特勒作为一个不受欢迎的外国人而押解回到奥地利。"希特勒已经成为一个德国化的奥地利人，本庭认为，希特勒不管是在思想和感情上都是德国式的，作为在德军中服役了4年，并且在敌人面前表现英勇不屈屡立战功的荣誉军人……他应该享受德国人的一切待遇。"法庭还对起诉希特勒的三巨头表示蔑视，在判决书中宣称，假如卡尔、洛索夫和赛塞尔"如果他们在希特勒要求他们参加起义时坚决地表明'不行'，或者是在11月8日晚上他们能够态度再果断一点"，这样悲剧是不可能发生的。

在宣读完对希特勒的判决后，他就被押上早就等候在外边的小汽车里，因为外面还有许多示威游行的人。希特勒是在黄昏时分回到7号牢房的，在他受审期间，这间小牢房又重新进行了装修，所以现在一切都是新的。再回到这间牢房，希特勒与离开前完全变成了两个人，原先那幅颓废的表情一去不复返了。回来不久后，希特勒就从皮箱中拿出一本新的日记本，并且在扉页的右上角，用力地写道："座右铭——当世界走向灭亡时，整个地球都在颤抖，可是唯有对正义事业的信念还在巍然耸立。"他还在座右铭的下方，写下：一场充满心胸狭隘和个人憎恨的审判已经结束了——从今天我要开始新的斗争。

第三节
兰茨贝格狱中"光荣的囚犯"

希特勒在监狱生活的日子里可谓是极为舒适的。据吕德克回忆说,兰茨贝格就像是一个疗养院,与其他的监狱差别甚大。而汉夫施腾格尔则认为那里的条件比疗养院都要好得多,有着非常舒适的居住环境:"希特勒和赫斯所居住的牢房,完全就是一个设备齐全的套间。房间里被装修得如同一所高档的饭店,屋子里还摆放着来自德国各地的崇拜者送给他的礼物,比如威斯特伐利亚火腿、法国科涅克白兰地,还有些没有来得及拆包装的礼物以及其他东西。"

监狱里的看守们对他们非常的热情,服务也非常的周到,私下里都叫希特勒为"光荣的囚犯"。他们也会得到希特勒送给他们的礼物。希特勒不但在这里养了成读书的习惯,他还爱上了写作。正是利用这段时间,他写了一些关于政治宣传方面的小册子和一本自传。他在自传中对自己的童年、青年和之前的政治活动都进行了描写,当然他对自己所用的全是赞美之词。他不但把自己描述成为一位英雄人物,还写了纳粹建党的事迹。而他谈得最多的还是关于反犹太、反马克思主义等方面的言论,他把它们看成是对德国甚至对整个世界都会产生威胁的存在。在书的结尾,他还对自己心目中的"伟大人物"进行了描写,他觉那个人应当是位理论家,有很好的组织能力和领袖魅力。他的描述完全是按着自己来进行的。

当时外界人们还在猜测,希特勒大概是想通过著书立说来躲避激烈的政治斗争。其实,在还没有被捕之前,他就已经开始酝酿想写一本《犹太史》。如今，他暂时抛开政治上的纷扰，利用在监狱里的安静生活开始把自己心所想付诸笔墨。他不但利用日记本把自己的想法随时记录下来，有时他还向莫里斯进行口述。后来，他还向典狱长租来打字机，慢慢地学会了打字，并最终靠着自己的两个指头把写好的手稿打印了出来。

赫姆利希看守回忆道："当他自己的书稿写完后，他利用晚间集会的时候向大家分段朗读。"当然，这本书的写作过程并不是一帆风顺的，如果遇到下大雨的天气，从窗户就会漏进雨水，整个屋子就会如同一个水潭，不过他从没有表现出自己的愤怒。后来，希特勒有了一位最得力的助手——鲁道夫·赫斯。他是在希特勒被捕后，听从了豪斯霍弗教授的劝告前来自首的。在希特勒的写作过程中，赫斯帮他出了许多主意，他不但帮着记录希特勒口述的内容，还帮着他进行打字。

刚开始时，这本书只是被定义成是一本普通的历史著作，不过在写作的过程中，希特勒把第一卷的题目命名为《四年半来与谎言、愚蠢和怯懦斗争的情况》——整本书的内容分别描写了希特勒的童年、在维也纳的生活、赤色革命，以及工人党在慕尼黑的初期活动等等。最后，还是在前中士马克斯·阿曼的帮助下为这本书起了一个比较商业化的书名——《我的奋斗》。这本书里，讲述了一个苦孩子接受政治教育的故事，同时在书中还分别讲述了犹太人、马克思主义和种族主义等三个对于希特勒来说非常拿手的话题。通过这些话题希特勒还对议会政府的无用性、艺术的衰落、君主政体以及战争失败的责任等方面进行了逐一的评述。

把政治理论通过文字的方式表现出来，这件事的本身就是一个自我教育的过程。"我的牢狱生活，使我有时间对自己的哲学思想进行一个系统的归纳和整理。"从历史的角度上看，当局把希特勒抓进监狱，或许起到了一个适得其反的效果。"如果当权者们一直在让我讲演，这将使我没有时间坐下来思考！"

希特勒在狱中也没有忘记自己的职责，通过他努力，监狱中大部分的工作人员都被他争取到国家社会主义这个阵容中来了，最后典狱长还特别允许希特勒可以把房间中的灯光亮到午夜以后。对他的看守也形同虚设，犯人们甚至在私下里发行打印出来的地下报纸。在这份报纸上，希特勒不但会在头版头条撰写一些文章，他还常常画一些讽刺的漫画。本来这份地下报纸是不应该被发现的，但是因为有人在家书中不小心地提到了它，这件事情才得以暴露。不过，当赫姆利希来到一号牢房进行搜查的时候，却什么也没有发现。

在服刑期间，希特勒一边过着舒适的生活，一边准备迎接新的战斗。他在把大部分的精力投入到写作的同时，也时刻期待着自己能早日获释。获释的机会终于到来了，在1924年12月19日，巴伐利亚最高法院在检察官极力反对下，下令把希特勒释放了。希特勒被释放的消息是雷波尔德典狱长亲口告诉他的，于是在次日下午，希特勒便与自己的狱友们进行了告别。在临走前，他把身上所有的钱（282马克）都留给了他们。他还紧紧地握住了赫姆利希的手，对他为自己所做出的一切表示感谢。"当我即将离开兰茨贝格时，"希特勒回忆说，"所有人都流下了眼泪（包括典狱长及其他工作人员）——但是我没哭！因为他们现在已经是我们事业的有力支持者了。"

在出狱的那天，天空阴阴沉沉的。前来迎接希特勒的两个人是出版商阿道夫·米勒和摄影师霍夫曼。在进行过简短地问候后，希特勒便坐上了一辆旅行车。由于狱中不允许拍照，所以霍夫曼无法把希特勒在狱中时的照片留下来。不过，很快霍夫曼便在古城门前为希特勒照了一张相。霍夫曼还询问希特勒，在这之后会有些什么打算。"一切都是新的开始，我会从头做起的。"他说道。在返回慕尼黑的途中时，希特勒的心情高兴极了，他不断地催促米勒把车子再开快些。"不可以的，先生，"米勒回答道，"我不想因车祸而死去！"

当他们的车子行至帕辛时，一群开着摩托车的纳粹成员迎了上来，于是，希特勒在这些人的护送下返回了慕尼黑。在他的住处正有一群忠实的党员们守候着，他的房间里被放满了鲜花和桂花环。邻居们也早就为他备

从兰茨贝格监狱获释的希特勒

好了一桌子的食品和饮料以及葡萄酒,这样的气氛让希特勒高兴极了。

对于在兰茨贝格监狱度过那段不寻常的岁月,希特勒并不憎恨,恰好相反,他认为正是牢房生涯让他对自己的人生有了重新的规划,在自己的命运中起到决定性的作用。"在刚开始时,我对自己还处于比较浅显的认识,不过在服刑期间我对一些问题的看法在不断地加深。最终坚定了自己的信仰,这让我变得更乐观起来,也对我们的事业充满了信心。所以不管以后再遇到什么波折,都将无法动摇我的信念。"

第四节
规划一个长远的目标

在经过监狱的磨炼后，希特勒开始形成自己一整套的意识形态理论和出狱后的政治斗争路线。虽然党内出现了分歧及政治野心都受到了明显的挫折，但这一切都是暂时的。他认为，一直以来自己都只不过是一个有名无实的元首。导致暴动失败的原因不是由于自己的无能，而是由于党内有人背叛和缺乏军事斗争经验。因此，他得出一个结论，绝不打毫无准备之仗，自己一定要掌握最高统治权力。并且他发誓："我再也不会相信任何军人的誓言了！"

此时，他首先对现在的形势进行了重新评估。这一时期国家社会主义集团在12月份的大选中，失去了半数以上的席位，选票从先前的191.8万张下降至90.7万张。而更为严重的是，纳粹党已然被取消了合法资格，正处于地下活动状态。不过，随着他重获自由，这让一切都出现了转机。因为这时他已成为德国赫赫有名的人物，崇拜者众多。并且在上次暴动之后，慕尼黑本地的温和派和激进派中间找不准位置的人们开始对失败的纳粹党产生好感，进而转到支持者的阵营中来。

刚从牢狱中出来时，希特勒还很不适应。"我还没有从监狱的生活中完全走出来，在潜意识里还保持着过去的一种生活状态，一种潜意识的思想还在我的脑海里缠绕！"不过希特勒表现得非常聪明，因为他明白，时间是最好的疗伤神药，经过短暂的调整后他才能恢复与"现实的联系"。所以，他先让自己安安静静地待上几个星期，然后才去实现自己的一系列想法。

不断变化和发展的政治上和经济上环境,是他迫切要进行了解的。在法国,曾经要求占领鲁尔的统治集团被推翻下台了,由保守派和稳妥派组成了新的政府。各个盟国也同意,以较为公平的方式来让德国支付战争赔款。这时,马克不再下跌,混乱的经济形势在慢慢地转好。但是,由于连续的社会动荡,在过去的10年里,中产阶级出现了土崩瓦解的现象,而小商贩、自食其力的商人和农场主,也同样都处在风雨飘摇之中。特别是在通货膨胀期间,中产阶级遭受的打击最为惨重。随着他们的财富不断遭到剥夺,他们便把矛头全都指向了赤色分子和犹太人,慢慢地这股怒火转化为了仇恨。在这样的一种大环境下,当希特勒的反犹主义出现后,立马就得到了他们的响应。

正在暗中积蓄力量的希特勒,在时刻等待着东山再起的时机。在铁窗之中,他把自己的人生进行了疏理,也对德国社会的起伏变化进行了回顾,这让他明白了怎样才能获得成功和怎样才能避免错误。在这一时期,希特勒想当然地认为拯救德国成为第三帝国领袖是历史赋予自己的使命。就是在这种狂热的情绪带领下,他在别人的帮助下完成了《我的奋斗》第一卷写作,并马上开始着手第二卷的写作。这部书的写作成功,给纳粹党在未来夺取全国政权和进军欧洲的举措,奠定了充实的理论基础。

希特勒一直没有放松对德国社会的观察,他发现德国当前的表面平稳其实是一种假象,因为,德国是依靠从美国借来大量的贷款来维持经济发展的。仅在1924年到1930年间,德国为了偿付战争赔款和维持庞大的社会服务,共欠下了大约70亿美元的外债。飞机场、戏院、运动场和豪华游泳池都是靠借钱兴建起来的。经过了一段时期的通货膨胀后,德国的工业生产得到了大规模的恢复,1928年的工业产量比1923年增加了一倍以上,大部分失业人员有了重新就业的机会。工业的大发展,让下层和中产阶级的生活慢慢得到了提高。不但经济社会有了翻天覆地的变化,德国的政治斗争也风起云涌,在1928年的大选中,社会民主党强力出击,夺得了大选的胜利，成了德国的第一大党。经过 10 年的调养生息，德意志共和国似乎终于走出了战争的阴影，重新站稳了脚跟。

在纳粹运动处于不利的形势下，希特勒顺应局势的发展，不断地改变斗争的策略。1925 年初，他在刚出狱后的两个星期，就拜见了巴伐利亚总理、天主教巴伐利亚人民党领导人海因里希·赫尔德博士。在与赫尔德的交流中，希特勒主动承认了自己以往的过错，并保证今后一定服从政府的领导等等。通过这次主动退让，希特勒及其领导的纳粹党获得喘息之机。赫尔德在过后撤销了对纳粹党及其报纸的取缔。赫尔德对司法部长古特纳说："这头野兽终于被我们驯服了，现在可以把铁链放开了。"很显然，这位巴伐利亚总理的判断出现了严重的错误。

就这样，在经过长时间的取缔后，《人民观察家报》在 1925 年 2 月 26 日正式复刊，希特勒为复刊撰写了题目为《新的开端》的长篇社论。在第二天，重新开始公开活动的纳粹党在贝格勃劳凯勒酒馆举行第一次集会，希特勒在会上发表了演讲。贝格勃劳凯勒酒馆正是在一年半之前希特勒和他的忠实信徒们举行暴动的地方，不过现在参加过那次行动的许多人都无法再次回到这里来了。埃卡特和里希特已经死亡，戈林处于外逃之中，鲁登道夫和罗姆与他彻底决裂，而罗森堡也因与施特莱彻和埃塞之间的内讧，心怀不满，无意出席。虽然出现了许多不和谐的声音，但是啤酒馆里还是聚集了 4000 名左右的信徒，他们继续保持着对希特勒的忠诚。希特勒在这次集会上发表了长达两个小时的演讲，他的讲话还是那么富有激情和诱惑力。希特勒一如既往地自信心十足，他说："对纳粹运动我将独自进行领导，只要我还是这个党的领袖一天，任何人都不会对我指手画脚。"他表示不但马克思主义者和犹太人是自己的敌人，现在共和政体也将成为自己的敌人。在演说结束时，他振臂高呼："如今摆在我们面前的只有两条路可走：要么敌人把我们全部杀死，要么我们踩着敌人的尸体走向胜利！"

通过希特勒出狱后在公开场合的第一次表现来看，这头野兽根本就

为了出狱后的首次演讲，希特勒在镜子前进行了练习

没有被驯服。虽然他做出了要循规蹈矩的保证，不过他的话语里还是充满了暴力。为此，巴伐利亚政府禁止他两年内在公开场合进行演讲，其他各邦也相继效法。这样的禁令，对靠演讲来蛊惑人心的希特勒来说，无疑是一个沉重的打击。但这一时期，纳粹党依然获得了迅速的发展。纳粹党在1925年的党员人数还处于2万人左右，可是到1927年就有了7万多人，而到1929年则达到了17.8万多人了。

第五节
重建党派，东山再起

希特勒对重组后的党内机构进行了周密的设计，他对照德国政府来划分党内职能。他还采用国会划区的做法，把党对全国的覆盖范围划分为34个选区，在每一个区希特勒都指定一个专门的人进行负责。他不但使党的发展遍及国内，还把触角伸向了邻国奥地利的但泽、萨尔和捷克斯洛伐克等境内。他在每个区下面分别成立了若干个分区，分区下面又成立了分部，分部下又成立了支部和小组，整个党的发展链条像树枝一样，完整严密。他还扩大了党员发展对象，在吸收信仰纳粹主义的青壮年外，还广泛吸收妇女和儿童及各行各业的知识分子加入到党组织来。

为了更好地达成自己的政治目的，他把纳粹党政治组织分为两个部。第一部主要负责对付和破坏政府，设有外交、工会等部门，并且还成立了一个全国新闻局。不过宣传部门是个单独设立的复杂机构。第二部则负责党内发展。在第二部下面设有农业、司法、国民经济、内政、劳工等部门，为了更长远的考虑，还增设了种族、文化、工程等部门。

希特勒也对冲锋队进行了改组，将其改变为一种新的武装团体，并且队员增到了几十万人。不过它的性质并没有改变，还是负责保护纳粹党举行的集会、对其他政党的集会进行捣乱以及保护希特勒等党内主要成员的安全。冲锋队的领导人，非常希望希特勒把冲锋队改组成为正规军。所以，他们做好了相应的准备工作，成立一个办公室，由弗朗兹·里特·冯·埃普将军领导。他们把这个办公室称为"国防政治处"，为此还设立了五个部门，分别负责国内外防御政策、国防部队、民防后备力量等问题。不过因冲锋队人员的组成相当的复杂，所以经常发生争吵和内讧。

除了加强冲锋队的建设之外，希特勒还组织了一个对他个人相当忠诚和可靠的武装团体——党卫队。党卫队的所有队员都身穿黑色制服，他们只听从希特勒一个人的领导。最开始，党卫队还只是希特勒的个人卫队。可是在队长海因里希·希姆莱的手里，它很快从一个只有200人左右的队伍，演变为统治整个德国，同时也让整个欧洲德占区谈之色变的可怕组织。

海因里希·希姆莱

随着纳粹党的逐步发展壮大，希特勒本人也是水涨船高。作为党组织这个金字塔上最顶尖的人，他也拥有了"党和冲锋队的最高领袖，国家社会主义德国工人党主席"的头衔。他的办公室成了全国的指导处，每天都和党的高级领袖们开会，完全是一个国家元首的派头了。后来，希特勒对为什么要对党组织进行整顿，是这样解释的："如果想要把旧的国家推翻，那么必须首选成立一个新的国家，这样才能做好接班的准备，而这一切都井然有序地建立起来的时候，摧毁旧国家只不过是一件水到渠成的事情罢了。"

在希特勒的政党无限扩张的大环境下，纳粹组织吸收了大量各种各样的流氓、打手、酗酒滋事之徒。这些人不但成分复杂，而且也常常为了争权夺利进行争吵，甚至火并。因此，希特勒特别成立了党内法庭，通过内部手段来排解纠纷，同时，也利用这一措施来排除异己，加强对纳粹党的控制。

在希特勒还在监狱里服刑时，一个名叫格利戈尔·施特拉塞的青年人在纳粹运动中开始异军突起。他是巴伐利亚人，是个药剂师，比希特勒还要年轻三岁。他与希特勒一样都参加过第一次世界大战，在战争中他从一个普通士兵成长为一名中尉军官，并且荣获过一枚一级"铁十字"奖章。施特拉塞是在1920年加入纳粹党的，很快他就成了纳粹党中的一名重要人物。施特拉塞的身材非常的魁梧，而且精力过人。他有着出色的组织才能和表达能力，在精神上和思想上都有着自己的独到见解。他与希特勒有着很大的分歧，更无法容忍这个奥地利人在德国纳粹运动中成为绝对独裁者。1924年的春天，施特拉塞同鲁登道夫和罗森堡等人不顾身在狱中的希特勒的坚决反对，参加了当年的邦和全国选举。最终，在巴伐利亚纳粹党获得了足够多的选票，跻身成了邦内第二大政党，也得到了32个国会席位，施特拉塞得到了其中的一席。但对于这个青年人组织的活动和取得的成功，希特勒非常的不高兴。同样施特拉塞也从来不把希特勒当成党内的最高领袖，正是在这样的心态下他没有出席在1925年2月27日举行的恢复纳粹党的大会。

不过希特勒很快就认识到，纳粹运动如果要在全国范围内得到广泛的影响，就必须把触角延伸到北方到普鲁士去，而柏林也要建立一个可供自己立足的根据地。早在1924年施特拉塞就曾在北方与那里的极端民族主义团体进行了结盟。所以，他也成了纳粹党中唯一对那里有着联系和影响的领袖。在开完纳粹党的首次大会后的两个星期，希特勒终于按捺住自己心中的不快，派人与施特拉塞进行商谈，希望他能够回到队伍中来，并且到北方去领导组织纳粹党活动。面对这样一个发挥自己才能的好机会，施特拉塞没有推辞，更没有在意妒忌骄横的希特勒正用虎视眈眈的目光对准他。

在接下来的几个月内，施特拉塞就在柏林创办了一张名叫《柏林工人日报》的报纸，他的兄弟奥托·施特拉塞是这份报纸的主编。他还印发了一份专供党内成员阅读的《国社党通讯》，这是每两周出版一份的内部特刊，所刊发的都是关于党的方针政策方面的内容。不但在柏林，他还积极在普鲁士、萨克森、汉诺威和工业地区莱茵兰大力扩展纳粹党的地盘。同时，他还积极挖掘效忠于纳粹党的年轻人。一个名叫保罗·约瑟夫·戈培尔的28岁的莱茵兰人——后来成了他的秘书兼《国社党通讯》的主编，就是被他发现的。正是这个年轻人对纳粹党未来的宣传工作发挥了很大的作用。

施特拉塞的激进态度是吸引年轻的戈培尔的主要原因，他们都是国家社会主义中"社会主义"主张的信奉者，都主张依靠无产阶级来建设纳粹党。这样的观点在希特勒看来，完全是一种异端邪说。而且随着施特拉塞兄弟和戈培尔在北方的纳粹活动不断地取得成功，他们渐渐成了激进的纳粹党左翼力量的代表，这让希特勒非常担心自己对党的掌控力。如果以此时的势头发展下去，他们完全有可能获得党内多数人的支持，最终把希特勒架空。终于在1925年秋冬和次年2月两个人的矛盾开始激化。

保罗·约瑟夫·戈培尔

事情的起因是从如何处理退位的各王公贵族的大庄园和财产而引起的。社会民主党和共产党建议共和国征用和接管，但是按照魏玛共和国宪法，必须要进行公民投票才有权力来决定。而施特拉塞和戈培尔建议，纳粹党应支持共产党和社会民主党的建议。但是希特勒坚决反对这项决议，因为在这些王公贵族当中，有些人曾经给纳粹党捐助了不少的钱款。更重要的是，希特勒正与有一些大工业家开始进行合作，他们将为纳粹党提供金钱上的支持，如果按着施特拉塞和戈培尔的做法，希特勒将失去一大部分的收入来源。

面对希特勒的咄咄逼人之势，施特拉塞也采取了一些措施。1925年11月22日，施特拉塞独自在汉诺威召开了一次由北方党区一级领导人参加的会议。组织召开这个会议的主要有两个目的，一是表态支持征用决议，二是要提出一个新的经济纲领。他们试图用新纲领取代希特勒在1920年提出的"二十五点纲领"。希特勒没有出席这次会议，不过他派出忠实的戈特弗雷德·弗德尔代表自己前去镇压这些反叛者。在会场里戈培尔要求把弗德尔轰出去，他大喊道："他是前来刺探我们行动的奸细！"在会议期间，也有人提出，因没有最高领袖出席，这项决议是不合程序、没有效力的。戈培尔立马叫道："我建议把希特勒这个小资产阶级分子开除出党！"

就是这个言辞锋利的戈培尔，在3年前还曾被希特勒的魅力所倾倒。那还是在1922年6月的时候，他曾在慕尼黑皇冠马戏场第一次听到了希特勒的演讲。演讲结束后，他惊叹道，"他的演讲就像冲锋号一样，让我找到了自己应该走的道路……"他还对希特勒在慕尼黑政变案审讯时的表现非常崇拜。

可是现在，戈培尔完全改变了自己的初衷，在他的心中自己的偶像已经变成一个应该被赶出党的"小资产阶级分子"。虽然还有人持反对意见，不过汉诺威会议最终还是通过了施特拉塞的新党纲，也批准了支持实行公民投票剥夺前王公贵族财产的决议。

虽然事情向着与希特勒意愿相反的方向发展，但是他没有急于行动，而在静候最佳时机。反击的机会终于到来了，1926年2月14日，希特勒在南德的班堡召开了一次会议。希特勒非常狡猾地把开会的日子定在一个工作日，因为北方的领袖们都有着各自的工作，所以只有少数人前来参加。这样一来施特拉塞和戈培尔他们在人数上就会大大少于希特勒一手挑选的南方代表人数。在这样的一种会议氛围里，在希特勒的强力坚持下，他们不得不屈服，宣布放弃了他们的纲领。

虽然戈培尔被迫做出了向希特勒妥协的举动，可是他坚持认为希特勒是完全错误的，而且还明确表示自己无意倒向元首一边。2月15日当班堡会议结束后，他在日记中写道："听到希特勒的讲话，我觉得自己像是被人用力打了一耳光。希特勒是一种什么样的表现呀？如同反动派？行为可笑而笨拙。他对俄罗斯问题上的判断完全是错误的，而且他还梦想着与意大利和英格兰成为盟友！这是多么的可怕呀！他还幻想着消灭俄罗斯，还大力保护贵族私有财产，这一切都是可怕的……他所做的事让我非常的失望，现在我对希特勒再也无法信任了。"

为了表明自己对施特拉塞忠实，他还着陪着他一起走到火车站，并且用语言不断地进行安慰。他在2月23日的日记中写道："我与施特拉塞谈了很久。最后我们一致认为慕尼黑这些人的胜利是用巨大的代价换来的，我们还得坚持自己的观点来争取社会主义的斗争。"

不过，希特勒在如何争取戈培尔的问题上，显然要比施特拉塞更为老到。他也同样对戈培尔的才华很欣赏。于是他不断地利用书信和电话与戈培尔进行沟通交流，向他灌输自己的理念。最后，戈培尔终于倒向了希特勒一边，并且还表示自己至死都是他最忠实的信徒。在8月份，他在《人民观察家报》发表一篇文章，宣布与施特拉塞彻底决裂，他在文章里还痛骂施特拉塞是一个"空头的革命家，而不是行动者"。

1926年10月底，戈培尔被希特勒任命为柏林的纳粹党区领袖。按着希特勒的指示，戈培尔对影响纳粹运动在柏林发展的先锋队进行了肃清，着手为国家社会主义运动在德国的首都蓬勃发展精心筹划。当时柏林呈现一片红色，是无产阶级革命势力的大本营，许多民众都是社会民主党和共产党拥护者。而戈培尔刚接受这个任务的时候才刚满29岁，希特勒能把一项如此艰巨的任务交给，可见对他寄予了多么高的期望！

第四章

斗争年代：纳粹复活，显露锋芒

第一节
纳粹党的突然崛起

当希特勒在初步完成了他对党的重建任务后，他就开始为了自己的下一个目标——为夺取政权而做准备。机会突然而至！

1929年美国发生了严重的经济危机，这场经济危机犹如一场大火在全世界蔓延。而这正是希特勒阴谋夺取政权的最佳时机。

1929年10月3日共和国外长古斯塔夫·施特莱斯曼去世，10月24日，美国华尔街股票市场突然出现了崩溃的局面。这一变故使德国经济受到了沉重的打击。德国是靠着从美国借来的大量外债才维持着表面的繁荣的，如今随着贷款断绝，还需要偿还旧债，一下子就使自身的金融结构处于崩溃的边缘。特别是因世界贸易都处于大萧条阶段，德国的进出口受到了严重的影响，工业产量从1929年到1932年几乎跌了一半。在对外贸易减少了三分之二的情况下，德国有近60%以上的工业处于停产状态，导致了成千上万的小企业破产。这直接导致了国民收入从1929年的760亿马克下降到1932年的450亿马克，国债高达140亿马克，有近800万的失业人口，工人和职员的收入，下降了几乎一半以上。

不但工业上德国受损严重，在农业方面也是危机重重。随着农产品价格出现暴跌，大量农民被迫出卖土地。而政府一方面为了避免资本家和地主破产，不断地给他们提供补助金和巨额贷款；另一方面，却加大向劳动人民纳税的金额，还在削减工资、救济金和养老金等方面进行算计。面对繁重的税收和残酷的压榨，工人阶级和广大下层劳动人民在被逼无奈的情况下，不得不进行奋起反抗。在 1930 年至 1932 年两年之间，就大大小小相继爆发了一千多次罢工，群众斗争渐渐走向高潮。

资产阶级的统治地位在突如其来的经济危机和日渐高涨的群众运动浪潮中，终于到了崩溃的边缘。于是他们脱下了资产阶级民主制的外衣，用极端的独裁统治和暴力镇压来维护自己的政权。特别是在对外政策上，他们一改过去求和的外交手段，转而采用侵略扩张的战争政策，想要靠掠夺别的国家的资源来摆脱自身的危机。在这样一种政策下，德国资产阶级右翼向鼓吹恐怖独裁的法西斯主义伸出了橄榄枝，他们需要法西斯纳粹头子阿道夫·希特勒站出来替他们挡一挡风浪。

希特勒也早就预料到这场经济危机将是自己走向政坛的最好时机。面对德国人民承受的苦难，他才没有时间去同情和怜悯，他要把工厂停工、工人失业、物价暴涨等诸多使人民无法生活下去的因素当成自己的跳板，进而实现自己的野心。正是在这样的心态下，他在纳粹党的报纸上写道："现在所发生的一切，是我一生当中最乐意见到的，我从来没有这样感到满意过。千百万德国人的思想终于在残酷的现实面前觉醒了。"

因为无法拯救经济危机给德国带来了严重的困难，共和政府总理、来自社会民主党的赫尔曼·穆勒，不得不在 1930 年 3 月被迫辞职。而继任者则是天主教中央党议会领袖海因里希·勃鲁宁。勃鲁宁曾经是一名机枪连的上尉，也获得过"铁十字"奖章，他的保守稳健深得陆军的好感。于是他提出了在德国实行稳定的议会制政府，试图来拯救越来越萧条的经济恐慌和政治混乱的国家形势。

由于保守的勃鲁宁采取的财政政策无法得到国会中多数议员的支持，于是为了寻找一条能够让德国摆脱困境的道路，勃鲁宁在 1930 年 7 月根据宪法请求总统解散国会，并且在 9 月 14 日举行新的选举。

得知这一消息的希特勒喜出望外，这对纳粹党来说是一个千载难逢的机会。从 1930 年 9 月开始纳粹党就不遗余力地在全国进行鼓动宣传、拉拢选票。他们利广大民众对政府的不满，通过欺骗和胁迫等多种手段，获得了大量选票。选举结束后，纳粹党所得的选票数为640万9600张，赢得了国会中的107个席位。这样的结果使纳粹党从国会中位居第九的小党而一跃成为第二大党。随着纳粹党的异军突起，使天主教中央党和社会民主党的选票严重缩水，这让勃鲁宁以及其他政府首脑，如果想要在国会中获得多数支持的选票，将难上加难。而如果没有足够的选票的话，那么共和国还怎么能够存在下去呢？这个问题正是德国的两大支柱——陆军和大工业家金融家集团需要关心和认真对待的。而希特勒在选举胜利的鼓舞下，也把目光投向了这两大势力集团。希特勒通过有力的宣传，使越来越多的年轻军官对其狂热的民族主义理论产生了浓厚的兴趣，更为其所展示出来的国家和陆军前途所倾倒。因为希特勒坦言自己将会帮助陆军恢复昔日的光荣和规模，还承诺会让这些年轻的军官们得到更快的提升。

不但在社会上采取了宣传攻势，希特勒更加大了向各军种渗透的力度，很多年轻的国防军军官开始热衷于纳粹党的政治。在1930年的春季，因为在军队里宣传纳粹理论，并且劝诱其他军官在发生纳粹党进行武装起事时，不要把枪口对准他们等行为，乌尔姆卫戍部队对三名年轻的尉官卢丁、施林格和温特进行了抓捕，并把他们的行为定为叛国罪。国防部长格罗纳将军不想把军官叛国行为这件事闹得沸沸扬扬的，于是安排军事法庭只对被告进行违犯军纪的审判。但是施林格中尉却想利用这件事造成更大的社会影响，他把一篇煽动性的文章偷偷地投向了《人民观察家报》，通过报纸将整件散布了出去。不得已莱比锡最高法院只得以叛国罪对三个尉官进行审判，很有名气的纳粹律师汉斯·弗朗克和卡尔·沙克博士担当了他们的辩护律师。

当然，在整个审讯过程中最能引起人们注意的不是律师，也不是被告，而是纳粹党的领袖希特勒。他是以见证人的身份出庭的。他的这种行为是一种有意的冒险行为。因为他不想抛弃这三个陆军尉官不管。他们三个的行为是为了扩大纳粹党在陆军中的影响力，从这个角度来讲希特勒不希望纳粹党的行动受到打击。同样，如果纳粹党争夺陆军的政治活动被揭露出来也将是一件非常难堪的事情。何况，检察官还痛诉纳粹党是个时刻想着要利用武力来推翻政府的暴力组织，如果任这件事向着对自己不利的方向发展的话，对纳粹党的打击是巨大的。当然除此之外，希特勒还有另一个更加重要的目的，那就是他想利用这样一个场合，以一个刚刚在选举中获得了惊人胜利的政治运动领袖的身份，向实际掌握陆军权力的高级将领们保证，纳粹党的行为并不是陆军发展的障碍，而是国防军的朋友，更是德国的救星。

希特勒完全把证人席当成了自己向全国发言的讲坛，在发言中，希特勒充分展示了自己的诡辩才能和巧妙的政治手腕。虽然他的表演里全是煽动欺骗的话，但是在那些将军们中间没有人能够识别出这一点。希特勒在发言中向法庭保证，不管是冲锋队还是纳粹党，都没有反对陆军的意思。"我一直是这样认为的，"他说，"任何想要取代陆军的行为都是不可能实现的。这样的想法不管是在以前还是以后都不曾有过……我们能够做到的是，如果当我们执政以后，可以帮助国防军在未来成为一支伟大的德国人民的军队，这个目标一定会实现。"

在法庭上希特勒再三重申，纳粹党从来不想做违背宪法的事情，如果这三个年轻的军官想要通过武装叛乱来证明自己的话，他们的想法是错误的。然而，希特勒在力求陆军和德国国内其他保守分子谅解的同时，也强调了纳粹党参与的一些暴力活动的合理性。所以，当法庭庭长在提到希特勒在1923年举行政变失败后所说的一句话"人头将会落地"时，庭长这样问道："对于自己以前所说的话，今天是不是想要否认？"希特勒马上进行了反驳："我可以这样肯定，如果国家社会主义运动最终获得胜利，到时候这个国家将会有一个全新的法庭。而到那时，1918年11月的革命将会受到重新审判，更会有人因此而付出生命！"谁都不会相信，希特勒正把自己一旦上台以后要做的事情提前就向人们进行了透露。他的话虽然有威胁的意味，可是在亲纳粹的听众看来不足为惧，他们还对希特勒抱以热烈和持久的鼓掌。

就这样，更多的德国人开始把希特勒当成了偶像。1930年9月对于希特勒来说有着非常特别的意义，纳粹党不仅在全国选举中取得了惊人的战绩，更重要的是他赢得了企业界和陆军中领袖人物的信任和支持。虽然说这些大人物对纳粹党蛊惑人心的做法并不赞同，但是他们却非常敬佩纳粹党。因为他们认为，纳粹党正在把德国在过去十年中所丢失的爱国主义和民族主义的传统感情重新唤醒。正是看重了希特勒在莱比锡审讯时对陆军方面所作出的郑重承诺，才让那些将军们开始考虑与希特勒进行合作，因为他们也希望借着纳粹党的把全体人民团结起来，最终恢复德国原来的地位，同时，让德国军队再次成为一支强大的军队，彻底清除《凡尔赛和约》所带来的耻辱。

工业界和金融界的巨头们在政治上盲目和短视也与那些将军们相差无几，他们很天真地认为，希特勒只是一个见钱眼开的政治家，只要有足够的利益，希特勒一定就会按着他们的意愿来行事。他们当中的一些人从来没有把希特勒当成一个政治家来看待，而认为他只是一个来自奥地利的暴发户。不过随着纳粹党在1930年9月的选举中获得惊人的胜利，企业界的领袖人物马上对希特勒重视了起来，因为这个暴发户没准会在某一天会成为德国的首脑。

据瓦尔特·丰克回忆说，在1931年的时候，"不但是我，就连我身边的朋友们都深信，纳粹党成为掌控德国的政党的那一天很快就会到来"。丰克就是在那一年的夏天放弃了德国金融界著名报纸《柏林交易所日报》主编这个非常被人尊敬的职位，而转行给纳粹党和一些企业界重要领袖人物之间进行牵线搭桥的。在他的努力下，一些很有地位的企业家们，都开始参加纳粹运动。

瓦尔特·丰克后来成了希特勒的国家银行总裁和经济部长。他还说，当时希特勒不断地与国内那些掌握经济命脉的人进行会面和交流，他所说的话都与他们的想法相一致，这让他们非常的高兴。要维持一个党派的活动必须要有巨额的经费才可以，因为不管是从事竞选、搞宣传，还是给成千上万的专职人员发薪水及维持冲锋队和党卫队这些私人军队，都不是一件容易的事情。很显然那些企业家和银行家们正是巨额经费的主要来源，只有他们捐的钱越多纳粹党的发展才能越迅速。

在与希特勒所交往中的工业界巨头中，最著名的是煤矿大王艾米尔·寇道夫和钢铁托拉斯头子弗里茨·蒂森。因为在 1930 年到 1933 年，正是煤钢企业给予了希特勒在取得政权之前的巨大支持，使得纳粹党在经济危机当中脱颖而出，迅速崛起。

第四章 斗争年代：纳粹复活，显露锋芒

第二节
日益壮大的纳粹力量

1932年1月27日,垄断行业的资本家们在杜塞尔多夫召开了一次会议,会议是由垄断巨头蒂森主持的。希特勒也出席了这次会议,并在会议上发表了长篇讲话。希特勒向这些资本家们全盘托出了纳粹党的反动纲领。希特勒还迎合垄断资本家的口味,提出如果自己当政的话将彻底取消德国劳动人民的民主和自由,他还把民主称为是"愚蠢的统治"和"破坏的原则"。他表示,纳粹党最重要的行动就是根除马克思主义在德国的影响力,消灭工人阶级的革命运动。同时他还保证,他将会想尽一切办法改善国家的经济状况,进而帮助资本家获取更大的利润。

在对外政策方面,希特勒则提出使用武力向外扩张,达到缓解国内紧张矛盾的目的。希特勒是这样对到会的资本家说的:"如果想要更好地解决我们的生存空间问题,从现在起就必须把整个民族都团结起来,形成一股强大的政治力量。现在我们不必计较我们的军队到底有10万还是30万,这些问题都不是主要的,在未来我们的军队至少可以达到800万。"希特勒的大胆设想和为垄断资本家们承诺的巨额利润,很对垄断资本家们的胃口,这让资本家们对希特勒产生了十足的好感。垄断资本家们通过这次会议还商讨了纳粹党执掌政权的问题,并达成了一致。甚至钢铁托拉斯的经理蒂森等人在第二天还同纳粹党的三个主要头目希特勒、戈林和罗姆一起对未来的法西斯政府的人选进行了讨论。

这次会议结束后,希特勒以及纳粹党的其他主要成员就不断地开始与德国有代表性的工业巨头进行会见和谈判。他们的话题主要就是纳粹党在执掌政权后如何与资本家们进行合作,当然希特勒为了谋得他们的支持也不断地许下种种诺言。希特勒不仅与国内的垄断资本家进行联络,还积极与国际垄断资本、特别是与美国的那些大财阀进行接触。像美国大垄断巨头摩根、洛克菲勒、杜邦、亨利·福特、英荷壳牌石油公司董事长德特丁、英国报业大亨罗特米尔、瑞典火柴大王克雷格尔和法国军火商康采恩施赖德尔·克雷佐等等,他们为希特勒或是提供大量金钱、或是摇旗呐喊。《纽约时报》曾在 1931 年 6 月 1 日就这样写道:"如果阿道夫·希特勒能够成为德国总理,是华盛顿非常乐意见到的事。"美、英垄断资本家都对希特勒寄予厚望,认为他是把德国和欧洲从无产阶级革命中拯救出来的不二人选。他们期盼着希特勒上台后,彻底消灭德国的革命民主力量。

不但社会各界对希特勒的呼声很高,德国社会民主党右翼领袖的叛变政策,也在无形当中帮了希特勒的大忙。正是他们的叛变,让工人阶级的革命力量不断地削弱和败退,最终使他们在与法西斯的较量当中处于下风。虽然在社会民主党的支持下兴登堡最终当选为总统,可是兴登堡对保皇派和法西斯组织睁一眼闭一眼,任其自由发展,使希特勒有了可乘之机。

浑水摸鱼是希特勒的拿手好戏。随着形势的发展,国家社会党不但人数众多,而且希特勒还网罗了一批狂热的不择手段的法西斯骨干。正是在他们的协助下,使希特勒对取得政权的底气更足了。在此时,有五个人的地位显得特别重要,也深得希特勒的信任。这五个人分别是施特拉塞、罗姆、戈林、戈培尔和弗立克。

戈林自从 1923 年起义失败以来,一直在瑞典过着流亡的生活。他在瑞典的兰格勃罗疗养院戒掉毒瘾之后,便在一家飞机制造公司工作。他是在国会通过了一项政治大赦令后,于 1927 年底返回德国的。此时,这位曾经的空军英雄,身体虽然有些发胖,不过精力还是非常旺盛的。回到柏林后他就在巴登大街租了一套公寓，在给一些飞机公司担任顾问的同时，积极与外界建立各种社会关系。他的交际面非常广，有黑森王太子菲利普亲王、弗里茨·蒂森以及其他一些企业界巨头，同时他还与一些陆军高级军官保持着往来。希特勒正是通过戈林介绍才很快与这些人认识的。在1928年时，戈林被选为国会议员，等到了1932年纳粹党成为全国第一大党时，戈林随之成了国会的议长。正是在他的策划下，纳粹党才最终夺权成功。

恩斯特·罗姆曾经在1925年与希特勒因政见不和而断绝了关系，不过在1930年年底时，希特勒还是把他请了回来，让他负责冲锋队的领导工作。冲锋队在罗姆的领导下，成了纳粹党的打手。

作为纳粹党内的第二号人物，格利戈尔·施特拉塞有着出色的演说能力和组织才能，他是党内最重要的一个部门政治组织的首脑。因为职务的特殊性和温和的性格，使他在邦和地方党的领袖中间都深受欢迎。作为党内除了希特勒之外的最有影响的领袖人物，他与希特勒有着很大的不同，即使是政敌都对他非常的信任和喜爱。

戈培尔在1926年同格利戈尔·施特拉塞分道扬镳后，深得希特勒的器重和赏识。当施特拉塞成为纳粹党的政治组织首脑后，戈培尔接替他成为宣传工作的负责人，同时还兼任柏林区党组织的领袖。虽然戈培尔在宣传工作和改组柏林党组织的过程中都取得了很大的成绩，但是因为他性格的油滑和刻薄，让希特勒的其他助手们对他意见颇多。对于助手们的明争暗斗，希特勒从来不加以制止，相反他很乐于见到这样的争执。希特勒对施特拉塞从来没有完全信任过，不过他却相信戈培尔对自己是绝对忠诚的。作为狂热分子的戈培尔，脑子里总有一些奇异的思想，他为希特勒出了不少的坏点子。在宣传上，他还创办了一张自己的报纸《进攻报》。戈培尔对办报方面很在行，加之他还有善于煽动群众的演讲本领，所以他的存在对希特勒有着无法估计的价值。

威廉·弗立克是五个人当中最没有特色的一个。他在1923年以前一直是公务员，因为在慕尼黑当警官，有机会与希特勒相识，并对希特勒提供了很多的帮助，所以希特勒非常感激他。他对工作从来不计较，有着很高的办事效率，加之他在外貌上也给人一种以与世无争、和蔼可亲的样子，这让他在同共和国政府那些左右摇摆的官员打交道时占了不少便宜。后来，他成了纳粹党的国会党团主席。

当然在希特勒的身边除了这五个人以外，希姆莱、罗森堡、莱伊等人也是他比较信任的人。

第三节
如愿以偿，站在权力之巅

局势动荡不安使德国政府如同一只在风浪中前行的小船，随时都有沉没的危险。果不其然，勃鲁宁和巴本两届内阁相继垮台，而继任总理则是一个以擅长玩政治阴谋而著称的人，他的名字叫库特·冯·施莱彻尔。施莱彻尔出生于1882年，18岁的时候参军，后来他在兴登堡原来所属的第三步兵禁卫团里当尉官，并且与这位元帅兼总统的儿子奥斯卡·冯·兴登堡成了好朋友。1931年的时候，他成为一名陆军中将。与总统的特殊关系，使他能够在陆军中任免高级军官，并且还可以向总统推荐自己所中意的总理人选。

1932年5月30日，勃鲁宁被迫辞去总理的职务后，就是由施莱彻尔把53岁的弗朗兹·冯·巴本推荐给已经80多岁的总统的。弗朗兹·冯·巴本曾经在陆军参谋总部任职，热爱赛马。他在政治上碌碌无为，给人的印象也是肤浅与虚伪，很是受人非议。但就是这样的一个人，却在施莱彻尔的支持下成了执掌共和国命运的大人物。

巴本上台后所做的第一件事就是履行施莱彻尔与希特勒之间的协议。6月4日，他把国会解散，并决定在7月31日举行新的国会选举。接着在6月15日，他又把对冲锋队的禁令给予取消，把纳粹党圈养的"疯狗"释放了出来。不出意外，纳粹党在7月31日的国会选举中取得了压倒性的胜利，一共赢得了1370万张选票，在国会中占有了230席，至此成了德国的第一大党。因为在国会中占有绝对的优势，在8月30日，中央党伙同纳粹党一起选举戈林为新一届国会议长。就这样，由希特勒所领导的纳粹党终于成长为一支可以左右国会的重要政治党派。

1932年11月6日，一些对希特勒非常崇拜的康采恩大亨们向德国总统兴登堡请愿，他们希望纳粹党领袖希特勒能够出任政府总理。他们在这封请愿书中写道："我们一致认为，只有在整个国家最大的政治团体的参与和主导下，才能带领国家走向富强。总统阁下，完全可以任命整个民族运动的最大集团的领袖为政府总理，这样才能消除因各种政治运动所带来的社会弊病。当然，这样做最大的好处是，在最有影响力的人物的带领下，更能吸引千百万人参与国家建设。"在这封信的末尾，一些代表德国最大的钢铁、煤炭康采恩，化学及电力工业康采恩，以及轮船公司老板、大银行家和大地主们纷纷签上了自己的名字。

这封请愿书使巴本意识到，自己必须抛开个人的憎恶与希特勒保持良好的关系，于是在11月13日他给希特勒写了一封信，希望能与他一起讨论目前的政治局势。不过，希特勒却在给巴本的复信中提出了一系列附加条件。面对希特勒的苛刻要求，巴本不得不放弃了与希特勒进行和解的希望。纳粹党领袖对自己的刁难并没有出乎这位软弱无能总理的意外，可是他的朋友和军师施莱彻尔对他所提出的一个建议却让他深感不解和出乎意料。原来诡计多端的施莱彻尔已经深深地认识到巴本和勃鲁宁一样，对德国的影响力日渐式微了。于是，他不得不酝酿更新的计划来巩固自己作为幕后军师的政治地位。于是，在他的运作下，巴本和他的内阁于11月17日全体辞职了。在巴本辞职后，兴登堡总统马上与希特勒取得了联系，而施莱彻尔本人更是同纳粹党人的勾结到一起。

还蒙在鼓里的巴本，根本不知道施莱彻尔到底在玩弄什么把戏。直到12月1日晋见总统时，巴本才惊讶地得知，原来施莱彻尔已经向总统提出请求，由他来重组内阁。他还表示，在重组内阁后自己非常有把握使希特勒的副手施特拉塞以及至少另外60名纳粹党议员脱离希特勒的领导而转投到自己的阵营中来。不仅如此，他还表示中产阶级政党和社会民主党都将支持的自己组阁，甚至连工会都会向他靠拢。

就这样在12月2日，施莱彻尔终于出任了总理，他也是自1890年蒙特古哥利将军接替俾斯麦以来又一个担任总理的将军。虽然施莱彻尔的阴谋诡计最终得逞，可是此时整个德国也正处于经济最萧条的时刻，没有人相信他可以挽救处于风雨飘摇中的德国。

下台后的巴本觉得自己的自尊心受了严重的伤害，内心的不快，使他产生了对自己的"朋友和继承人"复仇的渴望。施莱彻尔不想让巴本留在自己的身边，于是指派他出任驻巴黎大使，不过巴本谢绝了这位新总理的"好意"。因为，他要在这里实施自己的一系列报复行动。而此时，最大的阴谋家希特勒也在恺撒霍夫饭店召集了一大堆人，积极进行着阴谋夺取政权的活动。

施莱彻尔当选总理后，邀请格利戈尔·施特拉塞来担当德国副总理兼普鲁士总理。这是施莱彻尔在邀请希特勒参加他的政府失败后，想用这个职位对施特拉塞进行诱惑，来达到自己分裂纳粹党的目的。因为施特拉塞作为纳粹党的二号人物，党内的左派分子对他相当支持，更何况他作为党组织部门的领导人，有着很高的威望。但是施莱彻尔的如意算盘最终还是落空了，虽然施特拉塞与希特勒之间政见不和，可是他同样对加施莱彻尔的政府不感兴趣。

12月10日，被施莱彻尔暗算的巴本也开始频频出动，他不断地在暗中与纳粹党人接触，伺机对施莱彻尔展开报复行动。1月4日，他和希特勒进行了秘密会谈。巴本向希特勒建议，可以由希特勒和他来共同组织新的内阁来取代施莱彻尔。在各大集团的暗中较力下，施莱彻尔政府陷入了无比艰难的境地。不得已，在1月23日，施莱彻尔去见兴登堡，他承认自己已无法在国会中获得大多数席位的支持，所以他请求把国会解散，并且按照宪法四十八条，对他进行授权，以行政命令来行使政府的职权。虽然施莱彻尔想了很多的办法，可是现在他终于体会到了巴本在12月份时所经受过的煎熬。不过，这一次两人所扮演的角色正好来了个对调，当时正是施莱彻尔对巴本要求授予紧急权力的行为进行反对，最终导致巴本的下台，而现却变成巴本再三向老元帅保证，自己可以拉拢希特勒组织政府，并且得到国会的大力支持。

正是在各种阴谋的作用下，德国14年来实行的民主制度终于在1933年1月30日宣告结束。在这一天，施莱彻尔向总统提出了辞呈，而此时距离他当上总理还不到两个月的时间。随着施莱彻尔的辞职，希特勒在德国军方和右派的支持下终于登上了这个国家总理的宝座。

登上德国国家总理宝座的希特勒

在新组成的新政府内阁中，国家社会党只占有内阁11个职位中的3个，这3个职位分别是希特勒担任总理、弗立克担任内政部长、戈林担任国会议长同时兼任普鲁士的内政部长。而其他职位都由保守党占据着，牛赖特任外交部长、勃洛姆堡任国防部长、休根堡任经济部长、巴本任联邦副总理兼普鲁士总理。同时，兴登堡总统还向巴本保证，如果不是在副总理的陪同下自己绝不会接见总理。这让他们完全有理由相信，希特勒必须在保守党的支持下才能开展工作，而且为他们进行服务。这样的一种内阁组成模式，正是来自巴本的构思，他认为，只有在这种情况下才能有效地对纳粹党进行牵制。

巴本及他背后的垄断资本家沾沾自喜地以为，希特勒可以完全被他们掌控，并帮助他们实现自己的目标。推翻现有的共和国民主制度，这才是他们完成的第一个步骤，建立一个极权主义的德国才是他们真正的想法。而他们所想象中的一系列计划，如剥夺工会的权力、废除1918年的判决、挣脱《凡尔赛和约》的束缚以及建设一支强大的陆军，用绝对的军事力量来实现第三帝国的目标，恰恰与希特勒所想的一样。

纳粹元凶 希特勒

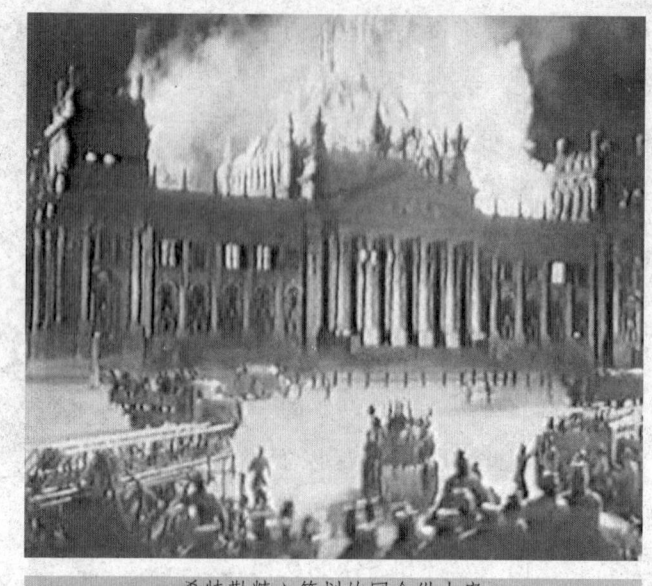

希特勒精心策划的国会纵火案

　　希特勒没有被暂时的喜悦冲昏头脑,他非常清楚地认识到,自己的上台是靠着总统、陆军和保守分子的支持得来的,但是这三方从来没有重视过纳粹运动,相反还对他们极不信任。所以,希特勒必须巩固自己的地位,只有成为整个德国的唯一主宰,才能够实施自己的纳粹革命。于是,从他上任开始,就有针对性地发动了一系列阴谋事件,最终他用了6个月的时间把德国完全的纳粹化,实现了他独裁者的梦想。

　　为了铲除共产党这个阻碍纳粹主义前行的绊脚石,希特勒精心策划了臭名昭著的国会纵火案。身为国会议长的戈林是这场纵火案的主谋之一。在戈林议长办公室下面,有一条通向国会大厦的地下暖气管通道。2月27日晚上,一名叫卡尔·恩斯特的柏林冲锋队长,亲自带领几个冲锋队员携带汽油和易燃化学品,从那条地下通道进入了国会大厦。随后他们把这些易燃品点燃,在顷刻之间就把雄伟壮观的国会大厦变成了一片废墟。做为主使人之一的戈林,事后声嘶力竭地叫嚷道:"这肯定是共产党反对新政府所行使的阴谋行动!"而纳粹秘密警察头子鲁道夫·狄尔斯也大声说:"共产党终于忍耐不住了!我们不能再这样的等下去了,是要对他们采取行动的时候了。我们要把那些共产党干部全部抓起来，并且立即统统吊死！"

于是在希特勒的精心策划下，纳粹党以国会发生的纵火案为借口，贼喊捉贼，把纵火的罪名加到共产党身上，并开始对他们进行残酷的镇压。早在纵火案还没发生时，柏林的冲锋队员们就已经做好了战斗的准备。当大火发生后的两小时内，一场针对共产党员和进步人士的大逮捕和大屠杀开始了。仅在当天晚上就有一万名反法西斯战士遭到了逮捕，在此后长达三四个月的时间里，这个人数就达到六七万人以上。这其中包括德国工人运动的著名领袖、德共主席台尔曼，共产国际执行委员会委员、保加利亚工人阶级的领袖季米特洛夫等具有相当影响力的大人物。

希特勒的暴行很快就遭到了德国工人阶级的坚决反对，几乎在同一时间，在德国数百个大小城镇都举行了示威游行活动。面对人民的抗议活动，纳粹党也采取了相应的镇压举措。2月28日，希特勒欺骗兴登堡总统签署了一项所谓"保护人民和国家"的法律条文。通过这项法律，希特勒把言论、出版、集会和结社自由等行为都予以取消。同时，兴登堡总统还授权希特勒可以在必要的时候接管各邦的全部权力，对一些严重扰乱治安的人可以判处死刑。如此一来，希特勒给把自己的暴行披上了一件合法的外衣，使越来越多的共产党和社会民主党的领袖遭到逮捕和杀害。顿时，整个德国都处于纳粹党的恐怖阴影之中，满载冲锋队员的车辆在城市的大街小巷横冲直撞，任何人都必须接受搜查，而那些被逮捕的人则被他们带进冲锋队的营房中，在那里进行严刑拷打。属于共产党的报纸也被取缔了，各种政治集会也禁止举行，就连社会民主党的报纸和许多自由主义的报刊也同样被勒令停刊。

现在纳粹党人终于把一切力量都掌握在了自己的手中，垄断巨头们不断地为他们提供充分的活动经费。希特勒、戈林和戈培尔的声音第一次从电台传送到全国各地的每一个角落。为了赢得1933年3月到来的选举，就连大街上的广告牌上都贴满了纳粹党宣传的图片。他们对选民进行威胁利诱,一方面把纳粹统治下的德国描绘成天堂,一方面又制造恐怖气氛来使民众屈服。纳粹党的种种举动使德国千百万的中产阶级和农民都深陷于恐惧之中,他们都担心如果自己不在选举中把票投给他们,很可能下一个遭殃的就是自己。但是,在1933年3月的选举中,纳粹党人仅获得了17277180张选票,只占全部选票的44%,这对于国会所通过一项授权法所需要的三分之二选票的要求还相差甚远!

此时,希特勒想到了一个偷梁换柱的办法,他认为这个问题完全可以用国会有81个共产党员缺席的名义来进行弥补,如果还达不到要求的话,还可以减少一些社会民主党人入场的办法来解决。希特勒之所以这样自信,是因为兴登堡总统曾授给他在国家遭受危害时至高无上的权力。这样让他完全有借口去抓捕那些反对他的党议员,最后足以保证他获得2/3的多数支持。

希特勒在和戈培尔密谋后,决定在波茨坦卫戍部队教堂举行新国会的开幕式。这所教堂是普鲁士主义的圣地,是腓特烈大帝遗体的埋葬之处,更是霍亨佐伦王朝的历代先王们朝圣之所。希特勒把第三帝国的国会开幕式定于3月21日也是大有深意的,因为这一天是俾斯麦在1871年主持第二帝国时第一届国会开幕的日子。所以说,前来参加国会的老元帅和海陆

当选德国总理的希特勒与总统兴登堡握手

军将领在老元帅冯·马肯森陆军的带领下走进会场时，他们所受到的震撼是巨大的，这样的场景也同样让兴登堡总统大为感动。身穿灰色军服的总统在穿着正式礼服略显拘谨的希特勒的陪同下走入会场。在走到皇室旁听席时，他向空着的德皇威廉二世的座位敬了礼，最后才来到祭坛前发表了一篇简短的讲话。在讲话里，他表示对希特勒的新政府给予支持。

当希特勒讲话时，他讲道："不管是皇帝、政府或人民，都不希望战争发生。只有我们的国家处于崩溃的边缘，必须用武力才能把自己备受的凌辱寻找回来时，我们才迫不得已去战斗。"当他的话说到一半时，他对着坐在自己前面的兴登堡说道："是的，虽然在过去的几个星期中发生了一些事情，但正是通过这些变化，我们的民族荣誉才得以恢复。而这些都离不开您，尊敬的陆军大元帅阁下，正是你把往日的伟大象征和新的力量的象征有联合到一起。所以我们要向您表示致敬。"

当希特勒演讲完走下讲台时，还走到兴登堡的面前深深鞠了一躬，而总统的手则与他的手紧紧地握在了一起。这个场景，立即被戈培尔布置的照相机、摄影机、录音机迅速捕捉，并让全国和全世界都能看到听到，德国陆军元帅和昔日的奥地利下士分别代表着老德国和新德国的形象庄严握手的场面。

还与往常一样，希特勒在波茨坦也作了大量的保证，正是他的保证换来了国会于3月23日在柏林的克罗尔歌剧院讨论通过了所谓授权法。这部法令的正式名称叫《消除人民和国家痛苦法》，主要内容包括把立法权、批准同外国缔结条约权、宪法修正权等

真正一手独揽德国大权的希特勒

权力从国会移交给内阁，内阁可以在4年内行使这些权力等。从这一刻起，希特勒终于成了一个在德国内不受任何约束的独裁者。他也利用自己的政治影响力，把德国最有权势的机构一个接着一个地收编过来，为自己所用。

接下来，希特勒强行解散了有单独权力的邦政府，由自己一手控制的纳粹政权取而代之。希特勒正是靠着一系列的白色恐怖恶行，最终让整个德国逐步地向法西斯主义屈服。德意志民族阵线、德意志人民党、巴伐利亚人民党以及曾经最大的资产阶级政党中央党，都先后自行解散。这些自行解散的政党在发表声明时，没有对希特勒提出任何的抗议，只是不断地向他卑躬屈膝，请求希特勒不要没收该党的财产和释放被逮捕的党员等等。

随着各党派的相继解散，而德共也转入地下进行斗争活动，于是在7月14日，希特勒正式对处宣布：德国国家社会主义工人党是德国唯一的合法政党！从这一天起，德国真正处在了一党独大的状态之中。

面对希特勒的大权在握，他的老对手巴本，已经完全没有胜出的希望了。他交出了普鲁士总理的职位，由戈林来接替。虽然他还是政府的副总理，可是这个职位也只是徒有虚名罢了。作为纳粹党的第三号人物，戈培尔在3月13日也参加了内阁，他担任国民教育与宣传部长。此时，发现上当受骗的保守党人只能悲伤叹息，可是，如今他们已不是希特勒的对手，这一切注定都是无法挽回的了。

在完成全面夺权之后，希特勒还面临着的许多棘手的问题。

首要的问题就是要防止出现第二次革命。"第二次革命"是由冲锋队头子罗姆提出来的口号，并坚决主张实现它。虽然纳粹党消灭左派，不过那些大企业界、金融界、贵族和容克地主是陆军的重点保护对象，这让罗姆、戈培尔和纳粹运动中的激进分子们非常不满，况且他们冲锋队在人数上几乎是陆军的20倍。不过，希特勒却不同意他们的想法。因为他非常清楚，纳粹党所提出的"社会主义"只不过是一句宣传口号，他主要是为了争取群众对自己在夺取政权道路上给予支持。如今，他实现了夺取政权的愿望，这个口号对他也就没有任何意义了。他现在最迫切的一件事就是要巩固好自己的地位，而企业界、陆军和总统都是他不可或缺的支持者。如果进行第二次革命的话，这将会使德国陷入混乱，弄不好会危及自己的政权。在7月1日他就对冲锋队和党卫队的头目将自己的想法进行了说明。

还有一个问题就是，一大部分普通纳粹党员，特别是作为纳粹运动核心力量的冲锋队员，他们此时对党的意见也很大。这些人中大多数都出身下层，对当前的失业状况非常不满，对资本主义的仇恨特别的大。他们的想法很简单，以为街头斗殴就是在干革命，而且他们很乐于接受这种生活状态。他们也正是在希特勒的过火行动中才品尝到法西斯带来的好处，所以他们不能容忍自己的希望破灭。

在过去，希特勒和罗姆就因为对冲锋队的地位和宗旨问题上发生过的争吵，而现在这种事又爆发了。刚开始进行纳粹运动的时候，希特勒就明确地指出，冲锋队仅仅是一支政治力量绝对不是什么军事力量。不过在罗姆看来正好相反，他认为冲锋队不但要当好纳粹革命的骨干力量，同样也要做好成为未来革命军核心的准备。两个人从1933年夏天开始到次年6月30日一直无法调和，斗争始终在继续。

希特勒为了进一步鼓励军方领袖们对纳粹的热情，在4月4日举行了国防会议，促使陆军开展一项重整军备的秘密计划。在7月20日，他又颁布了一项新的陆军法，在这部法律中规定，人民法庭无权对军人进行司法管辖权。他还宣布取消了士兵的选举代表制，恢复德国军官团的某些军事特权。通过希特勒这一系列措施，使大多数陆、海军将领开始对纳粹逐渐靠拢。

在安抚好陆军后，希特勒为了安慰罗姆，在1933年12月1日任命他和副党魁鲁道夫·赫斯为内阁成员。并且在1934年元旦，他还给罗姆写了一封热情友好的信。在信中他对罗姆及他所领导的先锋队作了表扬。这封信在1934年1月2日纳粹党的机关报《人民观察家报》上进行了刊登。

这个做法使冲锋队中存在的不满情绪得到了缓和，冲锋队和陆军的斗争宣告平息，激进的纳粹党分子没有再提进行第二次革命。

在处理好国内问题后，希特勒开始把目光转向国际社会。此时德国面临的外部形势异常复杂和危险。1933年3月，波兰为防备德军的入侵在但泽举行了军事示威活动，毕苏斯基元帅还向法国表示希望双方能够联合起来共同对付德国。而同作为法西斯国家首脑的墨索里尼对于希特勒上台执政，也没有表示热忱和关心，虽然他也表示欢迎第二个法西斯国家出现，但姿态摆得相当的高。

因此，希特勒不得不面对软弱和孤立的外交事实。如何才能在不被引起制裁的情况下摆脱《凡尔赛和约》的束缚，在不激发战争的情况下对军队进行重新武装？这让希特勒大费脑筋。

希特勒首先以宣传裁军与和平的方法来迷惑对手的判断。1933年5月17日，希特勒在国会发表了具有欺骗性的和平演说。他的演讲不仅使德国人民深受感动，同样也给其他一些国家留下了非常好的印象。因为就在希特勒演讲的前一天，美国总统罗斯福在一封向44个国家元首发出的信件中表示，美国非常希望世界能永远和平下去，还大声呼吁要废除一切进攻性武器——轰炸机、坦克、机动重炮等等。希特勒在演讲中对罗斯福的呼吁进行了回应。他说，自己对罗斯福总统想法表示非常的敬佩，德国也愿意向美国学习，不研发进攻性武器，如果邻国愿意解散军队的话，德国也将照做。最后他还强调，德国从来没有想过要去攻打别国，只想与邻国和平相处，同时也非常愿意和各个国家签订互不侵犯的友好条约。

西方世界对希特勒的讲话反响非常的强烈，《泰晤士报》认为，希特勒提出的和平相处原则是值得各个国家学习的；工党机关报伦敦《每日先驱报》则表示对希特勒所说的话深信不疑；保守的伦敦《旁观者》周刊认为，希特勒对罗斯福所提出的观点的积极回应，让世界大和平有了新的希望；而在华盛顿，罗斯福总统的秘书也表示："总统非常高兴希特勒接受他的建议，这是一件鼓舞人心的好事。"

希特勒发表具有欺骗性的和平演说

很难想象这样的充满和平气息的话语是从性格暴躁的纳粹独裁者口中说出来的，全世界再一次被他的甜言蜜语给欺骗了。希特勒的外交演说同样获得国会议员的认同，并一致予以通过。

希特勒还把公民投票和国会选举的日期定在1933年11月12日举行，因为这一天是1918年停战"国耻纪念日"的后一天，这个日期很容易就能激起德国人民的爱国情绪。在11月4日，他在布累斯劳举行的一次竞选大会上说道："我们应该永远牢记着这一天，因为将来的历史将会这么记载：在1918年11月11日的这一天，德国人民丧失了它曾经的所有荣誉，不过在15年后的11月12日，曾经失去的荣誉又被德国人民重新找了回来。"在投票前夕的11月11日这天，兴登堡总统还特别向全国发表广播演说，号召全体人民对希特勒政府表示支持。他说："在明天你们要用自己手中的选票来表现出我们民族的团结和对政府的支持。你们一定要同我和国家总理一起，为维护国家的平等与和平而努力，要让全世界都看到，我们的国家是统一的不可战胜的！"

在尝够了15年前因战争失败而带来的沉重后果之后，15年后的德国人在当天表现得出乎意料的一致。据《第三帝国的兴亡》一书透露，在全国约有96%的选民参加的投票中，大概有95%的选民赞成德国退出日内瓦会议。

在公民投票和选举之后的第三天，希特勒约见了波兰新任大使约瑟夫·利普斯基。通过会谈两个国家共同发表了一份联合公报，在公报中波兰政府和德国政府达成了一致，都希望以谈判的方式解决好两国之间出现的分歧，同时为了促进欧洲和平，两国还约定放弃使用武力。这样的一份公报不仅使德国民众感到意外，更让世界上其他国家都深感惊异。

在德国大多数军人的心目中，波兰一直是自己的敌人，对波兰的敌视远比对法国要强烈。因为正是波兰走廊把东普鲁士同德国彻底隔绝开来，在战败后德国还把波兹南省及一部分西里西亚土地割让给了波兰。这些事情对德国人来说是永远不能遗忘的耻辱。不过现在希特勒所要做的一件事就是要先使波兰同法国的联盟中脱离出来。他现在所采取的方针，正是为了最后的长远利益来考虑的。通过宣布放弃用武力来对付波兰，一方面达到了他加强虚假和平宣传的目的，另一方面也最大限度地减轻了日后德国突然退出日内瓦会议而给西欧和东欧所造成的疑虑。同时，直接同波兰谈判，还在无形之中绕过了国际联盟，削弱了其对自身的控制。

在1934年1月26日，德国与波兰正式签订为期10年的互不侵犯条约。正是这份条约，使波兰从与法国的联盟中脱离了出来，并走上了一条不可逆转的亡国道路。

1934年1月30日，希特勒在国会上对过去一年所发生的情况进行了全面的回顾，他非常自豪地说，过去的一年，是德国历史上最有成就的一年。事实也的确如此，因为正是在这一年里，他推翻了魏玛共和国，实现了自己的个人独裁者的梦想；他的纳粹党更是成了德国唯一的最大的党；他还取消了联邦制实现了德国的统一。从这一年起，希特勒的独裁统治开始真正步入了发展的快车道。

· 第五章 ·

筹备扩军：废除公约，胆大妄为

第一节
血洗冲锋队，成为国家元首

虽然希特勒在冲锋队和陆军之间采用了两面安抚的策略，可是双方紧张的状态一直没有消除。特别是在希特勒执政第二年的春天，兴登堡总统的身体愈来愈坏，生命随时都可能出现危机时，双方的斗争与争夺更加剧烈。

此时的冲锋队已经在人数上扩大到了250万人，罗姆作为冲锋队的首脑并没有因为希特勒任命他为内阁成员或是对他进行安抚而停止自己的行动。在这年的2月，他向内阁提出，要成立一支以冲锋队为基础的人民军，从而把军队、冲锋队、党卫队等武装力量都归于国防部的统一指挥之下。他的用意非常清楚，那就是自己想要担任统管军事力量的国防部部长。

由于此时希特勒还需要靠着陆军的支持来稳固自己的政治地位，所以他没有对罗姆的建议表示支持。2月21日，当他与英国外交大臣艾登在讨论裁军问题时，他还透露出要把冲锋队裁减三分之二的想法，而且对于保留下来的人也不进行军事训练和武器装备。当这一建议传到罗姆和冲锋队员的耳朵里后，他们对希特勒产生了很大的怨恨。与此同时，罗姆和国防部长勃洛姆堡将军经常找各种借口互相攻击。3月，国防部长向希特勒抗议说，冲锋队私自利用重机枪秘密武装规模较大的特别警卫队，这将会对陆军和国防产生严重的威胁，而且由于冲锋队的肆无忌惮，还直接影响到了国防军正在进行的秘密扩军计划。

在这个关键时刻，希特勒对即将发生的各种事情都进行了深思熟虑的考量。他非常清楚，如果兴登堡总统去世后，陆军以及德国其他保守势力都将支持霍亨佐伦王室复辟。所以想稳固住自己的统治，一定要将军方拉拢到自己身边，满足他的任何要求。除此之外，其他一切都不重要了。

正是在这样的一种心态下，在4月11日，希特勒和陆军进行了秘密商谈。当天希特勒与国防部长勃洛姆堡将军、陆军总司令弗立契将军和海军总司令雷德尔海军上将一起到柯尼斯堡参加在东普鲁士举行的春季演习。在此期间，希特勒把兴登堡病危的消息告诉了陆海军司令，并且他还直率地提出，国防军将会支持他来继任德国总统，希望陆海军也会如此。当然为了回报军方的大力支持，他将压制罗姆的野心，对冲锋队进行裁减，把陆军和海军建设成为第三帝国的唯一武装力量。在他们的交谈中，希特勒还把自己对陆海军大力扩充的前景向弗立契和雷德尔做了细致的描述。雷德尔当即表示，自己愿意对希特勒提供支持，可是陆军司令弗立契却是一个非常较真的人，他表示自己必须先去征求一下其他高级将领们的意见才可以。

弗立契于5月16日在瑙海姆浴场举行了意见征求会。当他把希特勒的想法对德国陆军高级军官们讲述之后，出乎意料地得到大家的一致赞成。他们都非常支持希特勒成为总统继承人的想法。这样一来，霍亨佐伦王室复辟的可能性消除了，并且彻底把希特勒的独裁统治推上了一个至高无上的高度。当在位的兴登堡老元帅去世后，希特勒就可以兼国家元首和政府首脑于一身，到时他就可以为所欲为地做自己想做的事情了。而他的付出只不过是牺牲掉冲锋队而已。的确，如果他掌握了所有的权力之后，冲锋队对于他就不再重要了，相反由一群乱哄哄的乌合之众组成的冲锋队，只能让他感觉到难堪和负担。

当然，还有一个困难需要希特勒解决。这个夏天，"第二次革命"的口号又一次被提出了出来。这一次不仅是罗姆和冲锋队大力宣扬，就连戈培尔也在演讲中和他所控制的报纸上，大力进行宣扬。而另一方身为保守派的右派们，以及大地主和大工业家们，则要求对冲锋队的专横行为进行限制，停止迫害犹太人、攻击教会和任意抓人的行为。

不但党外斗争激烈，纳粹党内部也同样在上演着争夺权力的闹剧。戈林和希姆莱开始联合起来对罗姆进行反击。4月1日，戈林任命罗姆手下的黑衫党卫队头目希姆莱为普鲁士秘密警察的头子，开始挖罗姆的墙脚。同样希姆莱也在秘密地建立起一支属于他的警察部队。早在上年戈林就被兴登堡晋升为了陆军将军，所以身为陆军当中一员的他，在陆军和罗姆斗争中，选择站到陆军的一边。并且为了壮大自己的力量，戈林还组织了一支由他个人指挥的警卫队"戈林将军联邦警察部"，这支队伍由数千人组成，并且驻扎在柏林郊外的战略要地上。

终于在6月初，希特勒命令冲锋队进行为期一个月的休假，而且在休假过程中所有冲锋队员不得身着制服或参加各类游行和演习活动。6月7日，罗姆也对外宣布他本人处于休假之中，不过他同时还发表了一个强硬的表态："假如冲锋队的敌人不希望冲锋队在一个月之后重新集合，就让他们暂时抱着这样的想法吧。但是我可以保证，不管是现在还是将来冲锋队永无都是德国的命脉。"

不但陆军与罗姆斗争愈加激烈，冯·施莱彻尔和巴本等人也在不断进行各种阴谋活动。6月17日，受兴登堡总统的委托，巴本以副总理的名义来到马尔堡大学发表演讲。在演讲中，他对纳粹党的行为进行了批评，强烈要求停止"一切革命行动"，恢复社会的正常秩序和民主自由。巴本的演说受到了德国人民的普遍欢迎，同时也引起了纳粹党人的不满和反击。戈培尔率先采取行动，他命令电台禁止播放这篇演讲的录音，同时还严禁报纸刊登。对于已经刊载了这篇演讲摘要的《法兰克福日报》派警察进行没收。可是，即使如此还是无法阻止德国人民和外界知道这篇反抗性演讲的内容。因为巴本事先已经把自己的演讲稿透露给了驻柏林的外国记者和外交官，而且他所掌控的报纸《日耳曼尼亚报》也偷偷地赶印了好几千份，并且都散发了出去。

当巴本在马尔堡大学的演讲传到希特勒的耳朵里后，他勃然大怒。他在当天下午的讲话中，谴责道："不要认为只靠简简单单的几句话就能够阻止这场使国家和人民生活得到伟大复兴的大业。"同时，因为自己的演讲被封锁，巴本也非常的气愤。于是，他在6月20日前去见希特勒。他表示自己绝不能容忍一个部长就能对自己施行这种封锁措施的行为，还坚称自己是受总统的委托才发表演讲的。他还以提出辞职相要挟，并且警告说，自己会把这件事向兴登堡总统报告。

巴本的威胁正是希特勒所担心的地方，因为他听说总统已经对目前的局势非常不满，而且还考虑宣布戒严令并把权力移交给陆军。为了证实总统的真实想法，希特勒在第二天马上赶到了纽台克去见兴登堡总统。首先接待他的是冯·勃洛姆堡将军。这个原先对他卑躬屈膝的国防部长现在突然变成了一个严厉的普鲁士将军，他用硬绷绷地语气对希特勒说，如果希特勒不能迅速消除德国目前的紧张态势，总统将会宣布戒严令并把国家的控制权移交给陆军。虽然希特勒获准了与兴登堡见面，不过在短短的几分钟的交谈中，他证实了这是总统最后的通牒。

这一突如其来的变故，对希特勒来说是极其不利的。如果陆军接管国家的话，不但他继任总统的计划无法实现，更会令他以及纳粹党陷入巨大的危机之中。当天他在返回柏林的途中，就暗暗考虑对策。最终他下定决心履行对陆军的诺言，对冲锋队采取镇压手段。他的计划得到了兴登堡总统的支持，而陆军也接受了希特勒的让步。

一场不可避免的肃清运动就这样开始了。6月30日清晨，天刚放亮，希特勒就在戈培尔以及一些下属的陪同下，乘坐一辆加长汽车从慕尼黑赶到了维西。很快他们就来到了冲锋队的住地汉斯尔包尔旅馆，此时的罗姆和他的部下们还没有从睡梦中醒来。紧接着他们就被希特勒带领的人马粗暴地弄醒。正在床上鬼混的海因斯队长被拉下床后，立即就被押到了旅馆的外面枪决了。希特勒独自走进罗姆的房间，在对着他痛骂一顿后，命令人把他押到慕尼黑，并关进了施塔德尔海姆监狱。

希特勒吩咐自己的手下给自己的老朋友一支手枪，他期望罗姆能用这种方式结束自己的生命，并认为这是一种英勇的举动。可是罗姆不愿选择自杀，他说道："假如想要杀死我的话，就让阿道夫亲自动手吧。"在23年后的1957年5月，一个亲历过当时事件的警官回忆说，最后是两个党卫队军官走进了牢房，朝罗姆开枪把他打死了。

在希特勒处决罗姆的同时，戈林和希姆莱也在柏林进行着大搜捕。他们共抓住了大约150名的冲锋队长，这些人被押到一道墙前集中站立，最后被希姆莱党卫队和戈林特别警察所组成的行刑队给枪决了。

在对冲锋队进行镇压的同时，希特勒也对其他敌人进行了清理。6月30日早晨，居住于柏林郊外的冯·施莱彻尔将军的别墅门口，来了一小队穿着便衣的党卫队人员，他们按响了将军家的门铃，闻声而来的将军在打开房门的时候，被他们当场用枪击毙，而听到枪声出来的刚与他结婚18个月的妻子也被杀死了。同样被杀害的还有施莱彻尔的好友库特·冯·布莱多夫将军。而格利戈尔·施特拉塞则是在星期六中午在他的家中被抓捕的，最后在戈林命令之下被秘密警察在狱中杀死。

幸存下来的只有巴本一人。虽然他躲过了一死，不过他的办公室被党卫队进行了搜查，并当着他的面将他的秘书包斯击毙于办公桌前。同时，与他进行秘密合作的埃德加·荣格和埃里希·劳克斯纳也都相继惨遭毒手。巴本身边的工作人员都被抓进了集中营里，这位德国副总理被限制了人身自由，被软禁在别墅禁止与外界进行任何的联系。

7月2日，兴登堡总统对希特勒的果断行动进行了表扬，他称赞希特勒的举动是"拯救德国人民免于大难的坚决行动和个人的豪侠表现"。同时他也对戈林在镇压行动中的表现进行了表扬。7月3日，冯·勃洛姆堡将军代表内阁向希特勒进行了祝贺，他表示，这次行动是合法的，是保卫国家所采取的必要措施。紧接着勃洛姆堡还代表陆军总司令部表示，对于现在的时局变化感到非常的满意，并承诺将与纳粹党建立融洽的合作关系。

冲锋队被消灭，这让陆军减少了一个竞争对手。军官团认为，通过6

月30日的特别行动，对他们的传统特权和权力有威胁的纳粹力量终于被清除得一干二净了。很显然，他们的这种想法是非常幼稚和错误的。因为当冲锋队被除去之后，希特勒又组织了一个只听命于他的党卫队。不过，在目前这个时期，陆军的将军们全都是一副踌躇满志、自信满满的样子，因为希特勒在7月13日的国会演说中着重提到了，陆军将是德国唯一的武装力量。而且正是在陆军司令部的要求下，总理才把不服从命令的冲锋队除掉了，如今应该是陆军方面来履行当初的协议的时候了。

8月2日上午，87岁的兴登堡总统因病逝世了。而在3小时后的中午时分，德国对外宣布，根据内阁在此前制定的法律，内阁总理职务和国家总统职务从现在起合并为一，总理阿道夫·希特勒正式成为新的国家元首和武装部队总司令。至此，希特勒的独裁梦想终于得到了完全实现。在成为国家元首后，为了巩固自己的权力和地位，他还要求军队全体官兵进行宣誓效忠，誓词如下：

"我在上帝面前进行神圣的宣誓：我将坚决服从德国国家和人民的元首、武装部队最高统帅阿道夫·希特勒的领导，并且身为一个勇敢的军人，我愿意在任何时候履行自己的誓言不怕牺牲自己的生命。"

但是从这以后，德国军队开始成为希特勒横行侵略扩张的工具，他们与希特勒这个纳粹头子一起把人世间的道德准则践踏在污泥之中。

第二节
无视《凡尔赛和约》，加速军事战备

成为国家元首的希特勒在宣扬虚假和平的外衣下积极扩展自己的军事实力，时刻为战争做着准备。

受到《凡尔赛和约》的制约，德国不能开展相应的军训制度和建有军官学校，也不能招收义务兵。同时，和约还规定，德国不能进行战争动员，其陆军人数不能超过10万人（包括军官和补充部队在内），并且陆军职责只是维持国内秩序和巡查边界；德国不能拥有空军，配备坦克和重炮等装备；在海军方面，军舰数不能超过36艘，不得配备主力舰，并且最大的舰载量不能超过16000吨，还不能拥有潜水艇。和约的最后还规定，德国的军事区不能设在莱茵河沿岸；不准德国在莱茵河以东的50公里宽的地带驻军和举行任何形式的军事演习，原有一切军事设施都要拆毁；莱茵河以西的北部、中部和南部地区，要被国联分割占领。

《凡尔赛和约》成了制约希特勒实现其野心的枷锁。所以，在他执政的头几年，一直以"砸烂《凡尔赛和约》的锁链，恢复德国人民的荣誉与自由""保卫德国的边界、维护和平"等口号向人民宣扬自己的和平使命。希特勒不断地利用人民对《凡尔赛和约》的仇恨情绪，来煽动反对和约和制造侵略扩张的借口。

1934年，希特勒命令陆军可以进行扩军，并且要在同年的10月1日以前将兵力增加两倍，即从10万人增加到30万人。他的这次征兵令是对《凡尔赛和约》的一种公开破坏，同时也是对国际联盟的试探。此后，海军方面也同样收到了命令，要加快建造两艘26000吨的巡洋战舰，并且把这两艘战舰命名为"夏恩霍尔斯特"号和"格奈斯瑙"号。而且对于在《凡尔赛和约》中所禁止建造的潜水艇，也在很早时候通过芬兰、荷兰和西班牙进行建造。在空军方面，身为民用航空部长的戈林也已经做好了组建空军的准备工作。他命令制造商们进行军用飞机的设计，还加强了对军用飞机驾驶员的训练，而这些都是在航空体育协会的伪装下秘密进行的。

德国国家元首希特勒

事实上，"一战"后被禁止生产军火的枪炮制造商克虏伯的军火工厂和伊·格·法本军火工厂从来没有停止过军火生产。法本军火厂的科学家们，早在第一次世界大战初期就已经发明了利用空气制造人造硝酸的方法，这使德国军火得以继续向前发展。如今，到了希特勒统治时期，这个军火厂便成了德国现代战争中不可缺少军火供应商。不但军火没有停止研发，就连在过去一直是依赖进口的汽油和橡胶，也找到了解决的办法。科学家们发明了从煤里提炼人造汽油的方法，在1933年的时候，希特勒命令法本公司加大人造汽油的生产力度，希望在1937年达到每年30万吨的产量。而在这期间，法本公司还发现了如何从煤和德国有充分蕴藏的其他物产中提炼人造橡胶的方法，于是开始进行大规模生产人造橡胶。

1934年，国防会议工作委员会在一年之中就批准和动员了24万个工厂来生产供应战争的物资。1935年2月16日，希特勒又公布了令人震惊的法令：在德开始实施普遍军役制，还宣布组建12个军和36个师，大约有50万人的军队。德国的航空工业也得到迅速的恢复和发展，1932年一年才可以生产36架飞机，可是到了1935年已经达到年生产3183架的规模。德国开始的全面扩充军备，使《凡尔赛和约》对德国的军事限制变成了一纸空文。

1935年3月17日，对于希特勒所领导的德国来说这是一个值得狂欢庆祝的日子。因为他们彻底地摆脱了《凡尔赛和约》的束缚，从战败和屈辱中走了出来。这天是德国阵亡将士纪念日，希特勒在国家剧院举行了自1914年以来最盛大的纪念典礼活动。这次庆典非常的隆重，国家剧院的大楼之下站满了穿着军服的士兵，前帝国陆军的褪色灰制服、新军队的制服和从来没出现在群众面前的德国空军天蓝色的制服，彰显着德国军事力量的空前的强大。与希特勒并肩而坐的是冯·马肯森陆军元帅，他是前德皇时期军队中唯一还活着的元帅，此时的他身着髑髅骠骑兵的礼服看上去非常的高兴。主席台上灯光璀璨，高举着德国军旗的年轻军官，站得笔直一动不动。而在他们身后的一幅帷幕上，悬挂着一个极大的银黑两色的铁十字架，散发着耀眼的光芒。这次纪念庆典，与其说是纪念德国阵亡将士的仪式，还不如说是庆祝《凡尔赛和约》彻底撕毁和德国重复"荣光"的欢乐典礼。

对纳粹德国疯狂的扩军备战行动，以英国和法国为首的国际联盟理事会，只是象征性地进行了口头上的警告，并没有采取任何有实际效果的惩罚措施。但是，希特勒并不满足现在取得的成就。于是他又开始玩起了表面上谈和平、背地里谋划战争的拿手好戏。他想通过这种办法来麻痹英、法、美等国，减少他们对自己的警惕。此外，他还想看看自己能不能找到各大国之间的弱点，在他们之间挑起事端达到弱化其实力的目的。

1935年5月21日晚上，希特勒在国会发表了自己的"和平"演说。这次演讲可以说是希特勒最巧妙、最迷惑人心的演说之一。在整个演说中，希特勒没有对《凡尔赛和约》国家表示自己的谴责和不满，而是说了许多保证的话。他表示自己只想得到大家在公正的基础上的和平谅解，而不是刀兵相见。更指出了战争是没有意义的，毫无用处的，并且是深受世人极端憎恶的。他说："虽然在过去的300年中，欧洲大陆上发生了各种流血事件，但是除了对各国造成伤害之外，没有任何实际意义。最终我们看到法国还是法国、德国还是德国、波兰还是波兰，而意大利还是意大利。正是那些帝王的野心、政治欲望、爱国偏见，造成了大量流血事情的发生……假如这些国家都能理智地看待战争，那么无疑会取得比战争更大而且更永久的成就感。"

希特勒继续宣称，德国从来不会有要征服其他国家的念头。和平，是德国不曾改变的基本信念。他还指出一个简单而朴素的事实：欧洲的苦恼并不是靠某一次战争来解决，而正是战争让欧洲更加苦恼，因为在每一次战争背后付出的是各个国家的精华。他还声嘶力竭地喊道："德国需要和平，更向往和平！"

希特勒在最后，还冠冕堂皇地提出了维护和平的十三点建议，这些建议不仅在德国影响很大，而且也给欧洲其他国家留下了非常良好的印象。当然，希特勒所提出的十三点建议的内容是非常广泛的。因为国联如果不废除《凡尔赛和约》，德国就不能重新回到日内瓦。于是他暗示说，只有国联废除《凡尔赛和约》，才能保证各国都处于平等的地位，而那样德国也将会重新参加国联。希特勒还表示，德国将遵守莱茵兰的非军事化的规定，并愿意和所有邻邦签订互不侵犯的协议。

关于军备方面的问题，希特勒更是向大不列颠抛出了一个特别的诱饵。他表示德国愿意把自己的海军力量限制在只有英国海军力量的35%。当有人提出质疑说，这样的做法会不会只是德国开始提要求的开端时，希特勒回答说，"这样要求对于德国来说，是不会再改变的。"为了表示自己对"和平"是充满诚意的，希特勒在演讲结束时还说了这样一段话："不管任何人，如果想要在欧洲制造战争的话，他除遭到人们的重击之外将得不到任何东西。现在，我们要有理由相信，在我们的努力下只能是让西方走向复兴，而绝不是让西方走向衰亡。德国愿意为这项伟大的工作作出自己的贡献，如果能做到这一点，将是我们最引以为自豪的事情。这是我们永远不会动摇的信念。"

希特勒所说的话都是和平、理智与和解的甜言蜜语，这非常符合欧洲西方国家人民和政府的意愿和希望，所以他们非常爱听这样的话语。

希特勒的诱饵很快就让鱼儿上了钩，这真是一件令人难以相信的事情。里宾特洛甫作为希特勒的外交使者，在6月份应邀到伦敦进行关于海军问题的谈判。在会谈中，里宾特洛甫直接就对英国方面表示，希特勒希望得到英国方面关于解决海军问题提议的答复的愿望。结果英国政府毫不犹豫地接受了德国的请求。而且他们还沾沾自喜地认为，从中得到了的好处。两国谈判成功后，英国就着手取消《凡尔赛和约》对德国海军限制。而英国的这行为事先并没有和法国进行商量，也没有经国际联盟的同意。有了英国的支持，希特勒信心大增，他马上就敦促造船厂和钢铁厂开足马力，用最快的速度发展海军。正是英国的纵容，使德国拥有了足够数量的军舰和潜水艇，这也正是英国在第二次世界大战的头几年受到重大的损失重要原因。

墨索里尼对英国的背信弃义很快就觉察到了。在他看来英国能姑息希特勒破坏和约的行为，那么他也就没什么好顾忌的了。于是在1935年10月3日，墨索里尼完全把国际联盟的条约放到一边，公然派遣军队入侵古老的多山王国阿比西尼亚。

希特勒才是这一连串的事件中，得到的好处最大的一个人。

1935年冬天，希特勒如同一只饥饿的狼，一直在寻找自己的猎物。盟国那边，法国和英国正忙于制止意大利对阿比西尼亚的侵略，不过墨索里尼丝毫不惧怕盟国的制裁，反而更加肆无忌惮了。2月27日，法国与苏联签订的互助协定，为希特勒进军莱茵兰找了千载难逢的借口。3月7日，希特勒命令三个营的国防军，以奇袭的方式迅速进入了莱茵兰非军事区。接着，希特勒就在国会上宣布，法国和苏联签订了互助协定，致使《洛迦诺公约》业已失效。本着维护德国边界的安全和保障人民的根本权利的原则，从今天开始德国政府重新确立了德国在非军事区的不受任何限制的绝对主权！希特勒的话刚讲完，立马有600名议员，如同机器人一样站立了起来，他们把右臂举起做出纳粹式的敬礼，并大声高呼"万岁"！

德国的将军们被希特勒突如其来的冒险行动吓坏了，于是陆军首脑勃洛姆堡在约德尔和大多数高级军官的支持下，建议希特勒把已经越过莱茵河的三营军队撤回。正像约德尔在纽伦堡作证时所说的那样，"以我们当时的实力，如果法国部队要对我们进攻的话，我们是没有任何抵抗能力的"。不过，希特勒不相信法国人会对德军进行攻击，所以他拒绝了陆军司令部提出的让军队撤退的建议。虽然是早就看透了法国人的想法，可是希特勒当时的心里也是非常紧张的。他曾私下对施密特博士说："在我们的军队刚进入莱茵兰时，是我一生当中最为紧张的一个时刻了。假如法国人真的派出军队进阻止，我们一定会从那里撤退的，因为当时我们可以利用的军事力量实在是太少，完全没有能力与法军对抗。"虽然希特勒的心里也打着问号，可是他在那些动摇不定的将军们面前却夸口说："幸亏是我，如要是换个人是当时德国的领导人的话，情况将大不一样！在那种情况下，他一定会被吓破胆的。正是我无可动摇的顽强和惊人的沉着，挽救了所有人。"

德军进入莱茵兰非军事区

第五章 筹备扩军：废除公约，胆大妄为

不仅是法国人的踌躇不定帮助了希特勒，同样帮助他的还有法国的英国盟友。当法国外交部长皮埃尔·艾蒂尔·佛兰亭在3月11日飞往伦敦，请求英国政府对法国在莱茵兰采取的军事行动进行支持的时候，却遭到了盟友的拒绝。在英国看来，虽然盟国在军事力量上对德国有压倒性的优势，可是这样做有引起战争的危险。不过，根据《洛迦诺公约》的规定，如果德军进入莱茵兰非军事区采取军事行动的话法国是有权对其干预的，而且在这个条约里，同样要求英国有义务派军对法国进行支持。英国人的坐视不理，让希特勒的冒险侥幸得到了成功。

在希特勒成功占领莱茵兰之后，他还指派外长里宾特洛甫到国联反咬一口。这位只会鹦鹉学舌的外长，在把希特勒的指示逐字逐句传达完事后，还把希特勒在早些日子提出的关于裁军的建议讲述了一遍。他说："对于我们提出的各国都进行裁军的建议被人拒绝了。虽然我们做出了很多让步，可是最终还是没有得到承认……。而且1935年5月提出的全面解决欧洲问题的建议……现在也都成了泡影。因此，那些指控德国政府单方面破坏《洛迦诺公约》的谴责，也都是极为不公正的和毫无根据的。"

紧接着里宾特洛甫同样上演了希特勒的拿手好戏，那就是，对国联成

声名显赫的希特勒和狂热的德国民众

员，特别是英法代表们进行一番信誓旦旦的保证。于是来自德国的充满谎言的演说，又一次欺骗了当时的新闻界，而且昏庸腐败的英法当权派也对德国深信不疑。

莱茵兰的冒险成功所产生的连锁反应，是极其惊人和重要的。在国内，由于这次胜利使希特勒的声望和权力进一步得到了加强，达到了一个全新的高度。通过这次胜利，让那些高级将军们相信了希特勒在对外关系和军事指挥上，都要比他们高明。当然，最为重要的是，虽然占领莱茵兰只是一个很小的军事行动，但却像潘多拉的盒子一样为希特勒日后向外侵略扩张打开了道路。

希特勒在10年前就曾在《我的奋斗》中说过，如果德国想要拥有更大的生存空间，那么它必须选择使用武力。那时他的党派还处于被取缔将要灭亡之中，而他还是一名刚被释放囚犯。而如今，当他再一次说这句话的时候，他已经是国家元首和三军的最高统帅。于是，他命令最高统帅部和外交部按着自己的想法做好向外扩张的准备工作。希特勒的指示让这些将军们有些发愣，他们并不是不能接受元首的建议，只是他们觉得德国还没有能力去进行一场大战。而如果那样去做的话，可能会招致灭顶之灾的危险。

正是想到这些，武装部队总司令勃洛姆堡元帅、陆军司令弗立契将军、外交部长纽赖特和经济部长沙赫特博士共同向希特勒发出的指令进行了反对。可是最终的结果是，他们4个人都被罢了官职。更有16名高级将领也因为反对希特勒的计划而被勒令退休，其他一些指挥官则被指责对纳粹主义不够热心而调到更低级岗位。在强力处理掉这些反对他的人后，希特勒彻底走上了一条侵略者的道路。

为了更好地推行自己的侵略扩张计划，身为国家元首的希特勒亲自接管了勃洛姆堡总司令的职务，取消了原来的战争部，新设立了武装部队最高统帅部，使陆海空三军都归统帅部领导。这样希特勒就可以直接指挥整个军队了。

第三节
野心初露，占领奥地利

在完成了对军界和政界反对派的清洗后，希特勒便开始专心致志地推行自己的侵略扩张计划了，而他第一个要对准的目标就是自己的祖国奥地利。

进军奥地利是希特勒一直梦寐以求的目标。他曾在《我的奋斗》里写道，把奥地利和德国组合到一起"是我这一生穷尽各种方法要实现的主要任务"。早在希特勒成为总理之初，他就委派了国会议员西奥多·哈比希特前往奥地利开展纳粹活动。不久后，希特勒又成立了一个由几千人组成的奥地利军团，这个军团就驻扎在奥地利边界的巴伐利亚境内，如果需要的话，随时都能向奥地利发起进攻。

1934年7月25日，希特勒指示在维也纳的纳粹匪徒对奥地利总理陶尔斐斯进行暗杀。当天的中午，假办成奥地利军人的党卫队，强行闯入了联邦总理府，将陶尔斐斯用枪打死。而其他纳粹分子则迅速占领了广播电台，并在广播中播放了陶尔斐斯已辞职的消息。他们的目的很简单，就是要制造混乱、夺取政权。不过，这次纳粹暴动最后却以失败而告终了。政府部队在库特·冯·许士尼格博士的率领下，很快就把局势控制住了，暴动者全部遭到了逮捕。这件事发生后，作为奥地利保护人的墨索里尼，马上调集了四个师的兵力，驻扎在勃伦纳山口。墨索里尼的这一举动令柏林深感不安。见形势不容乐观，希特勒马上就停止了自己的计划，并对外宣称这起事件完全是奥地利的内政，还对残忍的暗杀行为表示遗憾和谴责。

而此前险些在清洗中被杀死的巴本，也被希特勒打发到维也纳去了，他将负责与奥地利恢复正常的友好邻邦关系。

此时，距离上次动乱已经过去4年的时间了，不管是国内还是国外的形势都发生了很大的变化。如今的纳粹德国军事力量大幅增强，而德意之间也结成了友好联盟，英法方面也因当权者的眼光短浅和软弱无能变得无动于衷。所以希特勒认为，现在正是进军奥地利的最好时机。在经过一系列的谋划后，希特勒决定先把奥地利总理库特·冯·许士尼格博士骗到伯希特斯加登进行会谈，并且在那里胁迫其同意将德奥进行合并。如果他不同意，就采用武力进取，占领奥地利。

在奥地利总理前往伯希特斯加登之前，他还得到了希特勒的特别保证：双方在1936年7月11日签订的协定保持不变。因为这个协定中写明了，德国必须尊重奥地利的独立和不干涉奥地利内政。41岁的许士尼格是一个性格软弱但举止文雅的人。在开始会谈前，他非常客气地谈论起风景和天气等无关的话题。不过希特勒却对他所谈论的东西毫无兴趣，他不客气地打断了他的话："我们不是请你到这里来谈论风景和天气的。"接着他的话就像炮弹似的向这位总理袭来，他说："如果奥地利政府不与德国保持友好关系，那么这就是一种叛逆卖国的行为。过去就是一直这样做的，现在也没有改变。现在到了必须解决这些问题的时候了，德国正处于历史上最伟大的一个时期，但凡对合并建议不赞成的人，都将被摧毁。"

在吃过午餐后，德国外交部长里宾特洛甫就给奥地利总理送来了一个文件，文件的内容是，必须在一个星期内把奥地利政府交给纳粹党进行统治，这可算是德国的最后通牒。在文件里还对具体内容进行了说明：取消奥地利对纳粹党的禁令，释放所有被关押的纳粹分子，内政部长要由亲纳粹的维也纳律师英夸特博士担任，并且还给他主管警察和保安事务的权力。而国防部长则要由亲纳粹的人霍尔斯特瑙担任，两国要加强军队的密切联系，并交换100名军官。在最后文件中还要求奥地利的经济体系也要同德国捆绑在一起。为了实现这个目的，德国要求亲纳粹党菲许包克博士出任财政部长。

许士尼格看过这个文件后，马上意识到，如果接受这个文件的话，那么奥地利就完全成了德国的附庸。于是，他又去和希特勒进行商谈。不过这个独裁者却粗暴地对他说，"对于这份文件是没有任何改变的余地了，我不会做出任何的让步，而你也必须原封不动地在这个文件上签字。从现在起给你三天的时间，如果三天以后你还不签字的话，我就会向奥地利进军。"

面对希特勒这个战争狂人，许士尼格回答说，按照奥地利的宪法规定，只有共和国的总统才有权力签署这样的文件。虽然他可以把意见向总统转达，不过却不能担保这事一定能够成功。

希特勒大声说道，"你必须保证！"

虽然说许士尼格也是一个经过政治动荡的老手，但是，在武力威胁面前，他不得不向希特勒屈服。

2月20日，希特勒在国会上又发表了一番演说。希特勒讲道：与德国接壤的两个国家里共居住着1000多万日耳曼人……这是任何人都否决不了的事实。所有的日耳曼人不应被政治上的因素而分开，他们应享有同等的权利。作为一个世界大国，我们不能忍受自己的同种族弟兄遭受残酷的折磨。对于给那些不能凭借自己的努力而获得政治上和精神上自由的日耳曼人民提供必要的保护，是德国义不容辞的职责。

这番演说非常明确地指出：对于居住在奥地利的700万日耳曼人和居住在捷克斯洛伐克苏台德区的300万日耳曼人的前途，是第三帝国要着手解决的事情。但是在2月24日，奥地利总理许士尼格在联邦会议上用一番演说对希特勒进行了答复。他表示，奥地利完全不能接受德国的要求，我们已经做出了最后的让步，而且不能再后退了。在结束演说时他还发出了一个激动人心的号召："红白红（奥地利国旗的颜色），誓死效忠！"

同时，他宣布将在3月13日，进行全民投票，要由选民们来决定奥地利的未来。

奥地利要举行公民投票的消息传到德国后，希特勒勃然大怒，他决定马上对奥地利采取军事行动。同时，他要求许士尼格辞去总理职务，任命赛斯·英夸特为总理。

奥地利总统威廉·米克拉斯虽然能力平庸，但却是一个极富有民族感的人。他在勉强接受许士尼格总理的辞呈之后，没有同意任命赛斯·英夸特为总理的要求。他说："对这样的要求我是坚决不能同意的，只有奥地利人才能决定谁才是真正的政府的首脑人选。"

此时，奥地利纳粹分子已经开始采取行动了，他们强行占领了街道和总理府。这些暴徒们还大声狂呼："胜利万岁！希特勒万岁！杀死许士尼格！……"而希特勒则以"应奥地利临时政府的紧急请求，需要德国派军队帮助维持秩序"的名义，向奥地利派驻了军队。

与此同时，希特勒还派黑森亲王菲利普作为他的特使，前往罗马会见了墨索里尼，并且获得了墨索里尼对德军入侵奥地利的默许。墨索里尼的不干预，让希特勒彻底放下心来，他非常兴奋。当黑森亲王给他打电话时，他表示："请转告他，我永远不会忘记他！在今后不管发生任何事情，我都会与他站在一起，患难与共！"

而在这紧要关头，英国、法国和国际联盟又在做些什么呢？他们会制止德国对邻邦的侵略吗？

此时，法国正处于无政府状态。3月10日，夏当总理和他的内阁宣布辞职，而直到13日德国宣布完成对奥地利的吞并后，由莱翁·勃鲁姆组成的法国政府才正式成立，可是结果已无法挽回。

在英国方面，外交大臣安东尼·艾登在2月20日因为首相张伯伦对墨索里尼姑息而宣布辞职。当希特勒对奥地利发出最后通牒时，张伯伦在下院发表演说表示，"德奥之间所发生的一切事情，都是为了改善两国之间关系的而制定的有效措施……由两国首脑之间所签订的协议，只是国与国之间最正常的变动而已"。而当得知德国已经进攻奥地利后，英国政府也只是发表一个措辞强烈的抗议。

最令希特勒担心的是捷克斯洛伐克的反应。不过，他的助手戈林却在3月11日的晚上给他带来一个好消息。在那天晚上，戈林与捷克驻柏林公使马斯特尼博士进行了会面，他以自己的名誉向这位大使提出保证说，捷克斯洛伐克没有必要担心德国会做出对邻国不友好的事情来。德国与奥地利之间的行为完全是二者之间的家务事，希特勒非常希望与布拉格改善彼此之间的关系。于是马斯特尼博士将情况向布拉格的外交部长进行了通报，最后回复戈林说，捷克斯洛伐克不会干涉奥地利所发生的事情。这才让戈林放下了心来。

在没有外力的援助之下，奥地利总统米克拉斯没有坚持多久就屈服了。被逼无奈之下他任命英夸特为总理，还同意了希特勒制定的内阁部长名单。事后他非常难过地说道，"我完全处在了孤立无援的地步了。"

3月14日下午，希特勒以一个胜利者的姿态进入他曾经流浪过的奥地利首都维也纳。之所以这么晚才来到维也纳，是因为希姆莱要求用一天的时间来完成安保工作。他需要确保希特勒在进入维也纳后没有任何危险发生。而德国装甲部队没有按规定时间赶到维也纳，也是希特勒推迟的原因。虽然希特勒对装甲部队的迟到大为生气，但是能够衣锦还乡，而且还

吞并奥地利后，希特勒在维也纳街头

是他曾经经过苦难的地方，他的精神还是非常亢奋的。他的这种狂热状态在此后四个星期中一直没有消失。他不停地在德国和奥地利的各地进行巡视，并用言语煽动群众要对未来的德奥合并充满信心，投赞成票。

在希特勒及其纳粹匪徒们的软硬兼施和威逼利诱之下，最终德奥合并按着希特勒的想法"圆满"地实现了。通过官方公布的数字可以看出，大德意志99.08%、奥地利99.75%的人都投下了赞成票。于是，曾经作为一个独立国家的奥地利，在这一刻从历史上暂时消失了，而抹掉它的正是那个存心报复它的奥地利人。

希特勒没有浪费一枪一弹，就为德国增加了700万的人口和大片的疆土。如今他的军队不仅在三面包围着捷克斯洛伐克，而维也纳还成了他进军东南欧的跳板。

在侵占奥地利以后，希特勒又开始大肆鼓吹自己的领导才能了。他再次强调只有他才能做出军事上和外交政策方面的完美决定，而陆军所要做的只是听从自己的指挥就可以了。

第四节
修订"绿色方案",迈开扩张脚步

奥地利吞并成功后,希特勒又将目光对准了捷克斯洛伐克,着手实施的"绿色方案"。

"绿色方案"是希特勒为了向捷克斯洛伐克发动突然进攻的行动代号,这个方案是在1937年6月24日制定的。很显然,在成功征服了奥地利后,"绿色方案"也必须要重新根据当前的形势加以修订。为此,希特勒在1938年4月21日召开武装部队高级长官会议共同研究修订事宜。第二天,新任命的元首军事副官鲁道夫·施蒙特,就根据前天会议讨论的相关细节,制定了在政治、军事和宣传方面向捷克斯洛伐克进攻的方案。

希特勒不赞成在没有借口或理由的情况下就发动战略进攻的建议,因为他十分在意外界舆论的看法。于是,他决定采取"制造一起偶然事件并以此为借口,向对方发动闪电进攻"的方案。他还强调,部队必须速战速决。

捷克斯洛伐克是法国在东欧的同盟体系的重要成员国之一,它与苏联之间也签订有互助条约。这个国家共计有1400万人口,其中日耳曼居民大约在350万人左右。这些日耳曼人主要居住在西部与德国接壤的边界山区——苏台德地区。虽然在德国并吞奥地利前,希特勒还承诺说要改善德捷之间的关系,但事实上希特勒早就谋划着要侵略这个国家了。

针对侵捷行动,希特勒进行了充分的前期准备活动。第一步,就是唆使自己在这个国家的代理人、苏台德区德意志人党头目康拉德·汉莱因,不断地向捷政府提出各种条件,并制造事端。

由汉莱因所领导的德意志人党早就成了德国法西斯在捷克斯洛伐克境

内的"第五纵队",是纳粹党在捷的一个分支。德国纳粹党每个月都要向这个组织发放 15 万马克的活动经费,而汉莱因则对希特勒言听计从,完全按着柏林方面的指令行事。

1938 年 3 月 28 日,希特勒特意把汉莱因叫到柏林,密令他在捷克斯洛伐克火速制造各种事端,配合德国采取进一步的军事行动。汉莱因对希特勒的意图心领神会,他把它总结为"我们所提出的必须是他们永远都无法满足的要求"。在希特勒看来,所谓捷克斯洛伐克境内日耳曼少数民族的困境,只不过是自己向外扩张的一个借口而已。而他的真实意图自始至终都没发生过改变,就是在 11 月 5 日向军事领袖们所做的演说和"绿色方案"中所制定的行动计划,即消灭捷克斯洛伐克。

虽然发生了奥地利事件,可是法国和英国的当权者并没有认识到希特勒的野心和真正的意图。他们害怕战争,害怕战争开始后有可能在国内爆发的布尔什维克革命,还有他们对当时社会主义苏联的仇视。正是在这些因素的影响下,捷克斯洛伐克被他们当成礼物送给了希特勒,而他们还在为自己推动德国法西斯向东反苏而沾沾自喜。

虽然在法国和捷克斯洛伐克之间订有同盟条约,如果一方的领土完整和独立受到威胁时,另一方有义务给予援助,但是这一同盟条约只是一纸空文,从没有真正实现过。达拉第政府虽然在很多场合表示自己将恪守承诺,可是却在背后与张伯伦大搞出卖捷克斯洛伐克的勾当。1938 年 4 月底,达拉第前往英国与张伯伦就此事进行磋商。张伯伦不但表示英国不会为捷克斯洛伐克派兵,而且还劝法国也作壁上观。张伯伦还说,希特勒之所以会进军捷克斯洛伐克,那是因为他想为自己的同胞"伸张正义"。在这次英法会谈之后,法国也通过密使向希特勒透露,法国方面不会受同盟条约的束缚而对捷克斯洛伐克尽自己的义务。

事实上也的确如此,在 5 月初,表态不会对捷援助的英国和法国反过来替德国政府向捷克斯洛伐克政府施加压力,他们要求捷政府给予苏台德日耳曼人再做出更大的让步。英法的做法,使希特勒和外长里宾特洛甫非常高兴,他们还致信英法政府对他的热心帮助表示感谢。

希特勒对捷采取行动的心情非常急迫。在5月19日，就有一家莱比锡报纸发表了一则德军开始调动的消息。而早在5月9日苏台德的纳粹头目汉莱因就对外宣称，自己与捷克政府之间的谈判已经宣告破裂，双方还在苏台德发生了小规模的枪战。在柏林，戈培尔开始为把捷克与苏台德日耳曼人之间的矛盾渲染成"恐怖行动"，故意造成局势非常紧张的表象，一场战争似乎正快速来临。

从5月20日起，危机终于来临了，历史上也把此次危机称为"五月危机"。这次危机是由于德军开始在德捷边境集结和德国进攻捷克斯洛伐克的新计划可能提前被泄漏出去而造成的。因为这个计划是德军最高统帅部制定的，并且在星期五向希特勒做了汇报。此计划的提前泄露，让布拉格和伦敦以及更多的人认为希特勒马上就要对捷克斯洛伐克宣战了。于是，引起了一连串的反应，捷克人马上在全国开始战前动员，而英国和法国政府也因德国入侵友邦之事顶不住国内外舆论压力，与苏联政府一起向德国进行谴责。

捷克在全国进行战前动员，让希特勒非常气恼。不但如此，外交部还送来国外发来的电报，这些电报的内容都是世界各国的警告之声，指出如果德国侵犯捷克斯洛伐克就意味着马上发生一场欧洲大战。出乎意料的局势变化，让希特勒措手不及，他决定立刻采取行动。于是，在5月30日签发"绿色方案"后，他又做出了新的指示："我已经下了最后的决心，那就是在最短的时间内用最快的军事行动攻破捷克斯洛伐克。"

他所说的最短时间，在凯特尔的一封随件附发的指示信中加以了说明："务须保证'绿色方案'最迟到1938年10月1日之前就能够付诸行动。"虽然有的将军对希特勒近似疯狂的侵略行动表示反对，可是希特勒听不进去他人的不同意见。而且当时在他的身边也有不少阿谀奉承的跟屁虫，这些人的奉承也令他的情绪非常高涨。于是在6月18日，他对"绿色方案"发出了一项新的原则性指示："德国发动先发制人的战争并没有任何的危险……因为我坚信……法国不会出兵，因此英国也不会，所以这个行动完全是可行的。"

与希特勒的顽固态度一样，贝克将军反对的决心也是相当坚决。7月16日，他给陆军司令勃劳希契书写了最后一个条陈。在条陈中他说："毫无疑问，这一行动所产生的后果是相当严重的，出于自己的责任，我认为自己必须向武装部队最高统帅迫切要求取消他对战争的准备，更不要去谋划用武力去解决捷克问题的意图，除非是世界形势发生了根本改变。可是就当前而言，我认为动用武力是最不明智的一种选择，而且是看不到希望的，我所说的意见也是参谋总部全体高级军官一致的看法。"

当贝克亲自把这个条陈向勃劳希契递交时，还在口头上补充了一项建议：假如希特勒继续坚持自己的意见，在战争这条路上一直走下去，那么高级将领应当集体辞职。在他的想法里，如果高级将领们都辞职了，这样军队就没有指挥，战争也就打不响了。

7月19日，贝克又一次前去面见勃劳希契，继续直陈自己的意见。他还提到，高级将领们不仅要阻止希特勒发动的战争，而且还应当齐心协力对第三帝国来一次清理，清除党卫队和纳粹党的恐怖压迫，这样才能使整个国家和社会恢复法治。为了达到自己的目标，他在8月4日召集高级将领举行了一次秘密会议。他还为这次会议准备了一篇措辞激烈，要求希特勒禁止使用武力的稿件。他想让陆军总司令来宣读，可是让贝克意外的是，勃劳希契竟然完全没有勇气来做这件事。于是无奈的贝克只好宣读了他自己在7月16日所写的条陈。虽然大部分将官都同意贝克的建议，但是这次德国陆军高级军官的会议并没有达到贝克所想达到的效果。因为所有的军官们都没有勇气采取更强烈的行动来要求希特勒悬崖勒马。

贝克认为，自己的行动之所以失败，主要是因为自己的袍泽弟兄们骨头太软。于是在8月18日，他辞去了陆军参谋总长职务。他还劝勃劳希契也辞职，可是这位陆军总司令没有接受他的劝说，继续听从希特勒的指挥。

在通常的情况下，如果一位德高望重的陆军参谋总长突然在国家用兵之际辞职隐退，势必会在军界引起强烈的震动，或是在国外都会引起热议。不过，希特勒没有让这件事情得以发酵。他在接受贝克辞呈的同时，严禁报纸以及政府和军方在官方公报中提起这件事情,并且强迫辞职的贝克和他的一些同僚们守口如瓶。他给出的理由是,在这个紧要的关头,不能让英法政府觉察到德国陆军首脑之间有任何的意见分歧。

事实上,对于爆发大战后可能发生的一切后果,看得更准确的人是希特勒,而不是那个刚刚辞职的参谋总长。即便贝克是一个很有学识、也很有历史眼光的欧洲军人,但他不懂得政治。希特勒早就摸清了各方面的态度,这段时期以来,他越来越相信自己的判断了:首先英国宁肯牺牲捷克也不会参与战争,而在英国的影响下,法国同样不会履行它对布拉格的条约义务。

在8月3日,张伯伦还派伦西曼勋爵,前往捷克斯洛伐克去充当苏台德危机的"调解人"。张伯伦说,他派伦西曼前往捷克是因为他接到捷克斯洛伐克政府的请求而做出的。而真实的情况是,张伯伦是强迫捷克政府同意伦西曼前去调解的。在整个调解过程中,伦西曼只不过是张伯伦派去为把苏台德区转交给希特勒而铺平道路的探路者而已。

1938年夏天,伦西曼不断地往返于苏台德区和布拉格之间。他不断对捷政府施压,要求他们满足苏台德地区日耳曼人的一切要求。伦西曼所扮演的为泛日耳曼主义服务的角色,深得希特勒的赞赏。同时,希特勒同样以战争进行威胁。8月10日,德国组织大量军队在捷克边境进行军事演习,而且还派飞机飞到捷克斯洛伐克的领空进行骚扰。8月23日,希特勒在基尔湾举行了海军演习,并邀请外国驻德武官参观,大肆炫耀自己的武力。戈林还请法国空军参谋长参观德国的飞机工厂和空军的飞行表演。德国空军所展现出来的实力,吓坏了这位患软骨症的参谋长,他还表示,"假如战争在9月底发生的话,法国空军无法做到与德国空军进行对抗"。

希特勒继续着自己的软硬兼施行为,他在以武力向英法展现自己实力的同时,非常伪善地宣称,假如捷克能满足德国的要求,自己绝对不会采取进一步的行动,并且德国还会与英国达成广泛的协议。希特勒的表态让张伯伦非常的满意,他还表示希望希特勒可以到英国一起与英王游览伦敦。就这样,英德之间对于肢解捷克斯洛伐克进行了罪恶的交易。张伯伦还表示，英国对于东欧没有任何兴趣，希特勒才是东欧真正的所有者。

希特勒在基尔湾举行海军演习时，还在"派特里亚"号邮船上接见了匈牙利的摄政霍尔蒂海军上将和其他官员。在会面中，希特勒向匈牙利表示，如果他们想要在肢解捷克的宴席上有所获益，那么他们必须拿出有效的行动才可以。而对于波兰的表现，德国则相当放心。因为整个夏天，驻华沙的冯·毛奇大使都在关注波兰的动态。他不断向柏林报告说，波兰不但禁止苏联的军队和飞机从自己的国家通过，而且波兰外交部长约瑟夫·贝克上校还对捷克的一块领土特青地区垂涎三尺，也有了动武的念头。

此时，最忙碌的是德军最高统帅和陆军总司令部，他们正夜以继日地为在10月1日入侵捷克斯洛伐克做着最后准备工作。形势越来越危急，终于，捷克的贝奈斯总统坐不住了。9月5日，贝奈斯总统在赫拉德欣宫召见了苏台德人的领袖孔特和西伯科夫斯基。他表示他们可以把自己的要求以书面的形式全部提出来，不管提出什么样的要求，他将全部接受。不过，捷克做出来的决定，正是苏台德的政客们和他们在柏林的主子们所不愿意见到的事情。因为他想要的是战争，而不是和平，于是在9月7日，汉莱因在接到德国方面的指示后，以捷克警察曾对他们有过过火行为为借口，单方面中断了与捷克政府的一切谈判。

9月10日，戈林在纽伦堡纳粹党大会上发表了一篇演说。他表示，捷克人正在压迫着另一个文明民族的自由，而他们的帮凶就是莫斯科和犹太鬼。

他的演说使形势变得更加的紧张，一时间德国与捷克剑拔弩张，战争一触即发。

可是在这个关键的时刻，英国首相张伯伦却被日渐逼近的战争吓破了胆，在9月13日当天晚上11点，他急电纳粹头子希特勒，表示愿意前往柏林与他商谈。他在电报中说："鉴于目前的局势错综复杂，我希望能和你面对面进行商谈，找到一条和平解决问题的办法。我将乘飞机前往柏林，并且我准备在明天就前往。请你告诉我什么时候与我见面，并且请定好会面的地点。盼尽早回复为感。"

· 第六章 ·

迈向战争：野心初露，"二战"爆发

第一节
四国齐聚慕尼黑

1938年9月15日中午,张伯伦的专机降落在了慕尼黑飞机场,然后他马上就坐着一辆敞篷汽车来到了火车站,然后又坐了三个小时的火车后赶到了伯希特斯加登。希特勒非常清楚,张伯伦的这次来访对他来说将是一个天赐的良机。因为德国驻英大使馆早就汇报过,英国人的底线是什么。张伯伦赶到伯希特斯加登后,希特勒就给了他一个下马威。他没有前去火车站进行迎接,只是在伯格霍夫高高的台阶上等候那位远道而来的贵宾。他的神态完全是一副不可一世的大国元首的架子。

希特勒对张伯伦是非常了解的,因为他早就对这位英国首相进行了长期的观察和调查研究。这次在伯希特斯加登举行的德英政府首脑会谈,作为东道主的希特勒,按着惯例首先进行了讲话。他的发言与往常的演说一样,在字里行间大肆地吹嘘他对德国人民、对国际和平、对英德亲善等方面所做出的卓越贡献。

希特勒的讲话一直没有停下来,这使张伯伦一直没有表达自

希特勒接见英国首相张伯伦

己观点的机会。虽说英国首相是一个非常有耐心的人，可是希特勒的表现实在让他难以忍受了。于是，他不得不打断了希特勒的讲话，他说道："假如元首早就决定要使用武力来解决这个问题，甚至就连我们之间进行讨论的机会都完全不必进行的话，那么你为什么还要答应让我到德国进行商谈呢？这让我浪费了很多的时间。"

德国的独裁者已经很久没有遇到过别人打断他说话的事情，因为自从当了元首之后就没有任何一个德国人敢这样面对他了。张伯伦的突然插话，让希特勒顿时停了下来。接着，他提出了一个问题：英国对割让苏台德区问题是支持还是反对？还是按民族自决的原则由日耳曼人自己做出选择？

希特勒的问题并没有使张伯伦感到突然和震惊。他回答说，在没有与政府内阁和法国人进行商量之前，还不能回答这个问题。不过，从他个人的角度来讲，他非常愿意苏台德区脱离捷克斯洛伐克而进行自治。他会把自己的态度和看法向英国政府进行报告的，并且争取得到政府的批准。

两人在会谈快要结束的时候，张伯伦总算从希特勒那里得到了一项保证：在下次会谈前，德国不会私自采取军事行动。张伯伦对希特勒的保证还是非常信任的，过后他曾在私人场合说道：虽然我从他的脸上可以看出这个人有着凶狠无情的一面，可是我觉得他完全是一个可以让人相信的人。

不管张伯伦的想法是怎样的，希特勒可没有时间理会这些，他早就把自己的全部心思用在了准备对捷克斯洛伐克进攻上了。

在柏林的鼓动下，9月21日，波兰政府要求捷克应该允许有大量波兰人居住的特青地区举行公民投票，并且把捷克的部队从这一地区撤离。9月22日，匈牙利政府也提出了与波兰政府一样的要求。而在同一天，苏台德自由团在德国党卫队的支援下，占领了捷克边境的两座小城——阿舍和埃格尔。

同样是在9月22日那天，为了"避免战祸"，张伯伦在当天的早晨再一次前往德国同希特勒进行会谈。会谈开始后，首先由张伯伦进行了发言。他先把自己在过去的一段时间内，为了争取到英法两国内阁同意希特勒提出的要求而做出的努力陈述了一番。他说不但英法同意了希特勒的要求，就连捷克政府也接受了希特勒提出的要求。他还详细地把实现这些要求的办法进行了一一的说明。在热爱和平的英国首相看来，自己做出的一切都是极简单、极合理、极合乎逻辑的。当他陈述完后，便以一种非常自信的心情停止了讲话，等候希特勒的反应。

"非常遗憾，"希特勒说，"在过去的一段时间内，国内外的形势都发生了变化，所以把苏台德区转交德国这个要求已经没有什么用处了。"

希特勒的话让张伯伦大吃一惊，他明白自己已无法说服希特勒，也无法判断这个战争狂人下一步会将枪口指向哪里。在当天晚上，他通过电话与自己的阁僚以及法国政府的官员们商量对策，但是他们几乎都没有什么好的办法来阻止希特勒的行动。无奈之下他们决定在第二天通知捷克政府：英法将不会再继续承担建议捷克政府不要进行战争动员的任何责任。

此时，希特勒还不愿与张伯伦完全决裂，为此他做出了一项看似让步的决定：把捷克人撤退的期限推迟在10月1日。希特勒卖乖地说："我是看在了张伯伦先生的面子，才愿意在日期上作一个让步。如果不是你出面的话，任何人都别想让我做出这样的决定。"说完这样的话，他还拿起笔来，在自己的备忘录上把日期改了一下。张伯伦随即表示，他会将德国的要求向捷克政府告知。

9月24日，张伯伦回到伦敦后，马上就展开了说服英国内阁接受希特勒新要求的工作。可是，这一次他却听到了众多反对的声音。不但内阁之内出现了分歧，在整个英国也现了要求张伯伦下台的声音，并且还发生了反对政府出卖捷克斯洛伐克的抗议运动。在张伯伦无法左右国内局势的同时，法国政府也在9月24日表示拒绝接受戈德斯堡备忘录。此时，捷克斯洛伐克政府也对纳粹的新要求表示愤然拒绝，而且还大量进行征召入伍士兵，征召了大约一百多万人。

日渐紧张的局势，让张伯伦十分焦急。于是，他急忙给希特勒写了一封信，并在 9 月 26 日下午，派他的心腹霍拉斯·威尔逊爵士乘专机赶到柏林，向希特勒转交。

在这封信中，张伯伦对希特勒说了很多讨好的话，他说道，捷克人已经表示愿意把苏台德区交给德国进行统治，双方应当立即派出代表进行协商来完成移交事宜。可是希特勒坚持称，捷克人必须要先接受戈德斯堡备忘录，而且同意德国在 10 月 1 日占领苏台德区，只有在这个基础上才可以进行谈判。希特勒还表示，他必须在 44 小时之内——即在 9 月 28 日下午 2 时以前得到肯定的答复。

在 9 月 27 日下午，也就是刚送走威尔逊之后，希特勒马上就发出了一个"绝密"的命令。他命令由七个师组成突袭进攻部队，从训练地区进驻捷克边境的出击点。

此时，也有不利的消息传来。布达佩斯报告说，南斯拉夫和罗马尼亚已经警告匈牙利政府，假如匈牙利要进攻捷克的话，它们就会对匈牙利发动军事攻击，由此就会把这场战争扩大到巴尔干地区。这样的事情显然不是希特勒愿意看到的。而法国也开始了动员活动，并且已经有 65 个师在向德国的边境进行集结。美国总统和瑞典国王也宣布反对战争，希望以和平方式解决问题。

这些不利情况让希特勒承受着巨大的压力，更重要的是他所发出的最后通牒马上就要到期了。此时，希特勒又想起了自己的"好友"张伯伦，他给他写信希望他能够继续努力，转变布拉格政府的态度。

在接到希特勒的信后，张伯伦在 9 月 27 日给贝奈斯发了一份电报。在电报中他警告说，假如明天（9 月 28 日）下午 2 点之前，捷克政府还对德国所提的条件不能全盘接受的话，德国军队将会发动军事攻击，这样就会让波希米亚在德国军队的蹂躏之下走向灭亡。在贝奈斯还没有来得及回复这份电报的内容时，他马上又收到了第二份电报。张伯伦继续威胁道，"如果不能按着德国的要求去做，捷克在遭受武力侵略与武力肢解以外，没有任何一条道路可走。"

当晚10点30分，希特勒终于等到了张伯伦的回信。张伯伦在信中说："在你给我的来信中，让我感受到了你不想通过战争来实现自己所有基本要求的愿望。我将再次前往柏林，同你以及捷克政府代表一起来讨论移交的问题。如果你同意，也可以让法意两国派代表来参加和谈。我非常希望，这个问题可以在一个星期之内达成协议。同时我相信，你肯定能够同意为了解决这个长期没有解决的问题而拖延上几天，因为你也不想承担让此事演变成一场世界大战的责任。"

张伯伦不但给希特勒写了信，还发电报给墨索里尼，请他出席这次正在筹划中的国际会议，还希望他能够敦促希特勒接受自己的建议。

法国也希望在慕尼黑会议上可以将苏台德问题解决，美国政府针对张伯伦的建议同样做出了积极的回应。美国总统为了防止战争突然爆发，决定对张伯伦和达拉第伸出援助之手，并在9月26日分别给希特勒和捷克斯洛伐克总统贝奈斯写了两封内容相同的信。而美国国务卿赫尔也在同一时间给张伯伦和达拉第发出两封同样的信，希望他们继续促进和谈，以便尽快解决德捷双方的问题。9月27日，美国总统又给墨索里尼发了一封秘密的信件，请求他"尽最大的努力，把双方拉到谈判桌上，用和平的手段而不是诉诸武力把问题解决掉"。在27日晚，罗斯福还单独给希特勒写了封信，他建议可以在欧洲某一中立国家举行一次会议，邀请在捷克斯洛伐克争端中有直接利害关系的国家参加。

于是，在各个国家各怀心思的政客们的精心策划之下，一个以牺牲捷克斯洛伐克为目标的阴谋会议就这样诞生了。9月29日，会议在慕尼黑举行。虽然美国没有派人参加，可是还是被认定是"未出席会议的参加国"。

正式会谈是12点45分在柯尼斯广场所谓的元首府里进行的。此次会谈只不过是整件事情高潮之后的尾声，大家仿佛就是来办理一个正式手续而已。正是带着这样一种心态，在会谈一开始会议就呈现出了一种普遍亲善的气氛。会议没有指定主席，整个进程也是相当随意。英国首相和法国总理不管希特勒提出怎样的建议，都一味地迎合。

墨索里尼是第三个发言的，他的讲话马上就触及了实质性问题。他说，他已经提出了一个明确的方案来解决这个实际的问题，并且这个方案将会以书面的形式向参会者进行展示。事实上，意大利独裁者所拿出来的方案完全是一个骗人的东西，这个方案是前一天在柏林德国外交部由戈林、纽赖特和威兹萨克共同草拟出来的。在得到希特勒的同意后，交由施密特博士译成法文然后送给意大利大使阿托利科，最后由阿托利科把这个方案用电话传到罗马。这个方案在意大利的独裁者将要登上火车赶赴慕尼黑时才刚刚收到。如此一来，这个出自德国人之手的所谓"意大利方案"不仅成为这次非正式会议需要讨论的东西，而且在后来还成了慕尼黑协定的基本条款。

这个方案的措辞与当初希特勒被戈德斯堡拒绝的要求相差无几，而且各个参会国的表现也差不多一致。法国总理"对意大利领袖所提的建议表示欢迎"，并说这个方案是本着客观和现实的精神制定出来的；英国首相非常赞同意大利领袖的建议，表示这与自己的想法非常的相似。而汉德逊大使，则认为墨索里尼非常智慧地把希特勒的建议和英法建议结合到了一起。大家对意大利所提出来的解决方案都表示了的热烈欢迎，那么接下来只要对相关细节问题再进行确认就可以了。商人出身而且又担任过财政大臣的张伯伦提出，如果苏台德区的公有财产转交给德国以后，那么捷克政府的损失由谁来赔偿？希特勒激动地回答说，根本就不存在赔偿的问题。希特勒提出，捷克人在迁出苏台德区时，不允许带走他们自己的牲畜。而张伯伦则反对说："被逐出去的农民，难道连带走他们的牲畜的权利都没有吗？"他的话让希特勒冒火三丈："在这些细枝末节的问题上，就不要浪费我们的时间了！"

虽然张伯伦曾坚持需要一名捷克代表出席，可是希特勒坚决不答应，他甚至不允许有任何捷克人在他面前出现。不过他还是做出了一个小小的让步，在张伯伦的建议下，可以有一位捷克代表在隔壁房间里等待，以便需要的时候随叫随到。

出席那次会议的两个捷克代表,一个是捷克驻柏林公使伏伊特赫·马斯特尼,另一个是布拉格外交部的休伯特·马萨里克博士。在各国代表开会的时候,他们就被带进了隔壁一个房间里,无人理睬。直到晚上十点多,这两个郁郁不乐的捷克人才和英国首相忠实的顾问霍拉斯·威尔逊爵士见了面。威尔逊代表张伯伦首相将此次会议上由四国共同签订的协议的要点通知了他们,并且把一张捷克人应立即撤出苏台德区的地图也放在了他们的面前。看到这份协议后,捷克代表也提出自己的抗议,但这位英国外交官却对他们的抗议丝毫不加理会,而是直接走出了房间。虽然两个捷克人继续向跟他们在一起的阿希东·格瓦特金表示抗议,可是起不到一点作用。

德军占领苏台德区,希特勒接收一个日耳曼小姑娘的祝贺

9月30日凌晨,希特勒、张伯伦、墨索里尼和达拉第分别在《慕尼黑协定》上签下了自己的名字。正如希特勒过去一再预言的那样,这个协定完全是按着德国的意愿来制定的:10月1日进军捷克斯洛伐克,并在10月10日彻底实现对苏台德区的占领。换句话说,希特勒终于如愿以偿了。

在以牺牲捷克的代价,签订完《慕尼黑协定》后,张伯伦带着一种恳求的心态前去与希特勒商谈所谓的世界和平问题。张伯伦还向希特勒建议道,英德两国可以在西班牙问题上进一步合作,以便帮助西班牙结束内战。他建议西班牙进行裁军,还谈到了促进世界经济繁荣以及加强欧洲政治和平等问题。最后,张伯伦从口袋里掏出一张纸来,在纸上早就写好了他希望两个人能在上面签字并且立即发表的内容：

"我们，德国元首兼总理和英国首相，在今天举行了一次会议，两国一致认为加强英德之间的合作对于两国和对于欧洲的和平发展都具有重大意义。昨夜签字的协议和英德海军的协定已经证实了我们两国人民再也不想彼此刀兵相见的迫切愿望。所以，我们决心以协商的办法共同处理事关任何涉及我们两个国家之间可能出现的问题，并且我们决心尽自己的努力，把分歧消除，从而为促进欧洲的和平做出自己的贡献。"

希特勒对宣言简单地看了看，然后很快就在上面签下了自己的名字。他的做法让张伯伦大为满意。可是这位英国首相还不知道，希特勒和墨索里尼早在这次慕尼黑会议之前就已经商量好了，只要时机一到，他们就将一起向英国开战。

蒙在鼓里的张伯伦怀着"胜利"的心态回到了伦敦，达拉第也同样回到了巴黎。而贝奈斯总统却还在赫拉德欣宫中同政界与军界的领袖们共同会商捷克的前途。如今，在英国和法国彻底把他们抛弃了，假如他再拒绝慕尼黑条件的话，那么希特勒使用武力进攻捷克将是不可避免的。被逼无奈的捷克斯洛伐克，在下午12点50分宣布接受四国协定。10月5日，贝奈斯总统在柏林方面的要求下被迫提出辞职，为了避免自己被暗杀，他躲到了英国，开始了自己的流亡生涯。

与此同时，波兰人和匈牙利人也同样在孤立无援的捷克斯洛伐克身上谋到自己想要的好处。他们就像饥饿的老鹰一样，在近乎死亡的捷克身上叨下了一块肥肉。而德国，不仅收获了苏台德地区，还进一步逼迫这个肢体残缺、防务荡然无存的国家成立一个具有法西斯倾向的亲德政府。

第二节
渐露野心，吞掉捷克斯洛伐克

根据《慕尼黑协定》，希特勒从捷克斯洛伐克那里得到了1.1万平方英里的土地，在这片土地上生活着280万苏台德日耳曼人和80万捷克人。而且在这个地区内还有捷克曾修建的大量防御工事。

相对于德国的鲸吞，捷克斯洛伐克损失惨重。根据德国相关部门的统计数据显示，捷克损失了66%的煤，80%的褐煤，86%的化学工业，80%的水泥工业和纺织工业，70%的钢铁工业和电力工业，40%的木材工业等等国家资源。在一夜之间，这个富庶繁荣的工业国便处在了破产和萧条之中。

但是，慕尼黑的巨大胜利并没有让希特勒感到满足。他认为，对奥地利与捷克斯洛伐克的胜利只不过是小试牛刀而已。在德军刚刚进占苏台德地区后不久，希特勒就开始着手为进一步吞并默默尔和残存的捷克斯洛伐克做准备了。

默默尔是波罗的海沿岸的一个港口，那里大约有4万人口居住，它原本是德国的领地，在《凡尔赛和约》以后被国际联盟划归给了立陶宛。作为比奥地利和捷克斯洛伐克还要小的国家，默默尔在强大的德国面前简直是不堪一击，如果德国军队想要占领它，实在是太轻松了。

不过，这一次的军事行动对于纳粹德国来说具有特殊的意义，因为这是希特勒第一次想动手征服非日耳曼人居住的地区。在《慕尼黑协定》还没有签订之前，他还一直向张伯伦保证，苏台德区是他在欧洲最后的领土要求。可是张伯伦显然没有读过这位元首的《我的奋斗》一书，因为他曾多次在书中以狂妄的口气宣扬德国的前途在于向东方征服生存空间。

10月14日，新任捷克外长弗朗吉席克·契瓦尔科夫斯基卑躬屈膝地来到慕尼黑拜见希特勒，他希望希特勒可以留一些残羹剩饭给捷克。当他询问及德国是否准备同英国和法国一起保证他的国家的安全时，希特勒非常鄙夷地回答说，"英国人和法国人的担保没有一点用处……只有德国才有资格为你们担保。"

不过一直到1939年初，捷克也没有得到希特勒的担保，道理非常简单，希特勒根本不想这样去做。因为很快捷克斯洛伐克就要不复存在了，还要担保干吗呢？而要实现自己的想法，首先就得把斯洛伐克从捷克之中分裂出去。

10月17日，戈林与两个斯洛伐克领袖斐迪南·杜尔坎斯基和马赫进行了会面，一起参加会谈的还有斯洛伐克境内日耳曼少数民族的领袖弗朗兹·卡马辛。杜尔坎斯基是刚刚取得自治地位的斯洛伐克的副总理，他向戈林保证，如果斯洛伐克获得了真正的完全独立后，将会与德国建立政治上、经济上和军事上十分紧密的联系。戈林表示，德国非常支持斯洛伐克的独立。他认为，"一个没有斯洛伐克的捷克国家，更可以受我们自由摆布。斯洛伐克境内的空军基地在对东方作战时十分重要"。

虽然捷克斯洛伐克亲德的新政府已经竭力讨好希特勒，不过当新的一年来临的时候，他们已经认识到这个国家的命运已经成定局了。

由于德国政府的恶意煽动，斯洛伐克和卢西尼亚都在进行分裂活动，并且已经闹到不可开交的地步了。如果让分裂活动长久地闹下去，捷克斯洛伐克必然会走向瓦解；而如果要进行镇压的话，希特勒肯定会以此为借口，向布拉格进军。

捷克政府在苦苦挣扎之后，最终因无法忍受分裂主义者的挑衅而采取了镇压行动。3月6日，捷克斯洛伐克总统哈查博士宣布解散卢西尼亚的自治政府。3月9日夜间，他又下令解散了斯洛伐克的自治政府，并于第二天下令逮捕了斯洛伐克总理提索神甫、都卡博士和杜尔坎斯基等人。同时，他还宣布在全捷克斯洛伐克实行戒严。可是捷克政府的勇敢反抗并没有持续多久，因为马上他们将迎来一场灭顶之灾。

哈查总统很快就任命斯洛伐克自治政府代表卡洛尔·西多尔代替提索出任斯洛伐克的新总理。西多尔是在3月11日回到斯洛伐克的首府布拉迪斯拉发，在当天晚上他就召集了新内阁会议。可是当会议进行到晚上十点多钟的时候，突然来了一群不速之客。奥地利的吉斯林、纳粹省长赛斯·英夸特和奥地利的纳粹党组织领袖约瑟夫·贝克尔，他们率领五名德军将领强行闯进了会场。他们要求阁员们立即宣布斯洛伐克独立，否则，希特勒将会采取军事行动占领捷克。

西多尔不同意他们所提出来的要求，所以迟迟不做决定。可是在第二天，提索神甫就从被受软禁的修道院里逃了出来。虽然他不再是阁员，但却以"总理"的身份要求立即召开内阁会议。很快，这位矮小圆胖的神甫就被德国人送上了开往柏林的飞机，前去接受希特勒的训示。希特勒非常愤怒地说，捷克斯洛伐克完全因有德国的保护才没有进一步分裂的，而今德国已经表现了最大程度的克制，但是捷克人却没有一点感恩戴德的意思。尤其是最近几个星期以来，越来越难以让人忍受了。希特勒要求斯洛伐克马宣布独立，并且德国将会对其加以保护，如若不然，德国就将动用武力解决，希望斯洛伐克马上就此做出决定。

提索毫不犹豫地对希特勒说，斯洛伐克人绝对不会辜负元首的恩惠的。德国外交部帮助提索起草了一份宣告斯洛伐克独立的电报。与此同时，里宾特洛甫还特别起草了一份斯洛伐克"独立"宣言，并且把它翻译成了斯洛伐克文。3月14日，提索就召开了内阁议会并宣读了这份宣言。虽然在会议上有少数议员提出了质疑，不过提索却警告说，如果再不按着希特勒的指示去做的话，德国军队马上就会攻打过来。最终，在德军武力的威胁面前，这些议员们也只好屈服了。

1939年3月14日，斯洛伐克终于宣布独立了。至此，马萨里克和贝奈斯缔造的捷克斯洛伐克共和国，正式宣告结束。

1939年3月15日，德国军队在希特勒的指示下占领了捷克重要的工业城市摩拉夫斯卡·俄斯特拉伐，而且还沿着波希米亚和摩拉维亚的边境摆好了阵势。希特勒的军队已经从三面对捷克斯洛伐克进行了包围。

被逼无奈的哈查总统，在希特勒威胁面前，不得不宣布捷克向德国投降。

随着德军彻底占领捷克斯洛伐克，希特勒马上对其展开疯狂的掠夺。金钱、步枪、机枪、飞机、大炮、高射炮、炮弹、辆坦克等等，只要是军事物资他全都不放过。德国的军事实力和战略地位在短时间内都得到了大大的增强。可是，让希特勒和其他一些纳粹头目们无法料到的是，捷克斯洛伐克的末日来临之际，也正是德国法西斯末日开始之时。因为从1939年3月15日的黎明开始，希特勒就把德国在一步一步地引向战争，引向失败，引向灾难。

第三节
奏响进攻波兰的序曲

在兵不血刃地占领了奥地利和捷克斯洛伐克之后,希特勒又将下一个目标对准了波兰。在他的精心策划之下,"白色方案"开始浮出水面。他认为,拿下许士尼格和贝奈斯自己没有花任何的力气,现在也应该是约瑟夫·贝克倒霉的时候了。

张伯伦在《慕尼黑协定》之后大肆宣传,我们赢得了世界的"和平",可是谁又看见了和平的曙光了呢?

在西方国家绥靖政策的帮忙下,希特勒几乎没有动用武力就占领了两个国家,而他付出的只是动动嘴皮和发布了几个恐吓声明。这让希特勒看准了西方国家还没有做好打仗的准备,并且也非常害怕打仗的弱点,所以他要继续发动自己的侵略。他对自己的纳粹同党说:"西方国家都是一群可怜的是小蛆虫,这一点慕尼黑我们就已经领教过了。"接下来,他决心以但泽自由市为借口,制造机会向波兰开刀。

波兰是由一群昏庸的军人进行统治的。因为这些军人们妄自尊大,在政治上没有长远目光,当希特勒入侵捷克时,他们还居然趁火打劫,伺机分割了捷克的一小块土地。但是他们没有想到,战争的阴云会这么快将自己的国家笼罩。1939年3月,当希特勒向波兰提出了割让但泽市和解决"走廊"问题时,波兰政府才惊慌失措。波兰认为德国所提出的要求是无理的,他们还向盟友法国和英国进行求援。

英国首相张伯伦对于德国在《慕尼黑协定》墨迹未干之时,就向波兰提出割让但泽市的要求，感到极大的震惊。而《慕尼黑协定》的宣告彻底破产，不仅在英国国内引起了一片指责之声，还让张伯伦颜面尽失。在这种内外交困的形势下，张伯伦不得不在下院发表演说，对希特勒的行为进行强烈的谴责。他还在讲话中表示，英国将全力支持并保证波兰的独立。在4月份，英国又宣布将对希腊、罗马尼亚、丹麦、荷兰等国家进行保护，并且还宣布了国民征兵法，加强军事战备等活动。法国也紧随英国作了相应的表态。但是由于英法与波兰相隔甚远，所以如果要实现支援波兰的目的，就必须借助苏联才可以完成，于是在5月份英法两国开始和苏联在莫斯科举行会谈。英法迅速宣布对波兰提供援助，说明希特勒的侵略让他们感到了强烈的威胁，西方国家特别是英国不得不改变对德的政策。

在英法的保证下，波兰态度日趋强硬。因此，希特勒在1939年4月3日下达秘密指令，他要求德国军队做好在9月1日以后开始向波兰发起进攻的准备。5月22日，德国和意大利两个法西斯国家缔结了军事同盟条约，结成了"钢铁同盟"。希特勒还不断地散发"布尔什维克才是资产阶级最大的敌人"的观点来恐吓西方国家，以图阻止欧洲集体安全体系的建立，并千方百计地破坏英法同苏联所进行的谈判。

希特勒与墨索里尼的联合让法西斯主义的威胁日益巨大，世界大战处在一触即发的边缘。在这种情况下，由斯大林领导的社会主义苏联对反对侵略和维护和平的立场和决心非常坚定。在国际会议上，他多次呼吁西方国家建立反法西斯统一战线，共同抵抗侵略者。在捷克斯洛伐克被德军占领后的第3天，苏联政府便建议召开一次六国会议，共同商讨防止希特勒进一步侵略的计划，但是英国首相张伯伦却以"时机还没有到"为借口否定了这个建议。4月16日，苏联外长李维诺夫在莫斯科会见了英国大使，他向英国大使提出，可以由英国、法国、苏联三国缔结三边互助条约。三个国家通过这个条约，对于中欧和东欧所有认为自己受到纳粹德国威胁的国家提供保护。丘吉尔非常赞同这个条约，并对英国政府一直不肯接受苏联的建议发表评论说："假如没有苏联的积极参与，是无法组成一条反对纳粹侵略的东方战线的。"但是在反苏反共的大环境下,英国一直想把苏联排除在欧洲大国集团之外。而那些顽固坚持反共的波兰人,也表示即使德国人已经到了华沙的大门口,也绝不会接受苏联的援助。

4月中旬,戈林专程就准备一场"全面战争"的问题来到了罗马,他同墨索里尼就举行了两次长谈。他们还谈到了在4月15日美国罗斯福总统分别给德国和意大利发来的一项呼吁。墨索里尼对罗斯福的讲话不屑一顾,而戈林则说根本不需要理会。

美国总统在给希特勒和墨索里尼的电报里,要求德意两国,不要用武装部队入侵英、法、波、苏等国在内的31个国家。罗斯福说,假如德意两国能做到这一点的话,美国将参加世界范围的谈判,并主动解除军备竞赛,还可以打开国际贸易的道路。

为了答复罗斯福的要求,德国外交部通过外交照会,向除了罗斯福所提出的31个国家当中的波兰、苏联、英国和法国四国以外的所有国家提出了两个问题:这些国家是否感到德国正对他们的安全产生威胁?而这些国家是否授权罗斯福做出了这一呼吁?对于德国的征询,只有南斯拉夫、比利时、丹麦、挪威、荷兰和卢森堡等国家作了肯定的答复,而其余国家则作了否定的答复。大多数国家否定德国对其产生了威胁,这让希特勒有了充足的理由来反驳来自罗斯福的提议,于是在4月28日的国会上,他进行两小时以上的"精彩"演说。

他在演说中首先表达了对英

希特勒发表演说

国的钦佩和友谊，然后突然话锋一转，开始大谈英国对自己不信任，对德国实行新的"包围政策"，同时他还宣布废除1935年英德签署的海军条约。同样，他还表示因为波兰已经同英国订立了军事协定，所以波兰完全背弃了波德互不侵犯条约。而且正是因为波兰单方面破坏了这个条约，所以从今天起波德互不侵犯条约正式失效。

希特勒接着把话题转向了罗斯福。对于罗斯福在电报中提出"一切国际问题都可以在会议桌上解决"的建议，希特勒就此回答说："如果所有的问题都能在会议桌上得到解决的话，我将非常高兴。可是，事情真是如此吗？我有确凿的事实可以证明，曾经最先表示对会议不信任的国家就是美国自己。因为国际联盟就是历史上最伟大的会议。"

对于罗斯福要求的德国保证不进攻31国中任何一国，希特勒反问道："罗斯福先生怎么知道有哪一个国家认为自己正在承受着来自德国威胁呢？而有没有国家认为自己正承受着来自美国的威胁呢？"希特勒还把德国向所有国家进行调查的结果大声地宣读了出来，以此来证实自己的疑问。

希特勒在国会对罗斯福的电报内容进行了尖锐的批驳之后，立即就把精力投入了加快进攻波兰的部署上来。

5月24日，最高统帅部经济与军备局局长格奥尔格·托马斯向希特勒汇报了德国扩军备战的详细情况。现在德国一共有51个师，其中有5个重装甲师，4个轻装甲师，一支任何其他国家都没有的现代摩托化师；海军拥有了一支2艘26万吨的战列舰、2艘重巡洋舰、17艘驱逐舰和47艘潜水艇的舰队，而且还有2艘3.5万吨的战斗舰、1艘航空母舰、4艘重型巡洋舰、5艘驱逐舰；另外还有7艘潜艇正在建设之中；空军目前拥有飞机中队21个、人员已经达到了26万人。而在军火工业的发展速度上，德国更是远远超过任何其他的国家。从这些数据可以看出，德国重整军备已经取得了巨大的成效，这也正是希特勒进行侵略的底气。

虽然德国的军事力量已经非常强大，可是这一切都是建立在希特勒对

纳粹元凶·希特勒·

希特勒与纳粹将领商讨入侵波兰

德国劳动人民敲骨吸髓，进行残酷剥削的基础之上的。一切为侵略战争服务，让"大炮代替黄油"，这是当时法西斯最臭名昭著的口号。

在6月15日，德国陆军司令冯·勃劳希契按着希特勒的指示，开始制订对波兰进行军事行动的计划。在勃劳希契的计划里，德国共组建了两个集团军。南路集团军包括第八军团、第十军团、第十四军团，由冯·伦斯德将军任指挥，他将率领军队从西里西亚对波兰发动进攻，"以华沙为总方向，击溃抗击的波兰军队，以尽可能强大的兵力迅速占领维斯杜拉河两岸的华沙，目标在于同北路集团军合作，歼灭波兰境内仍然在顽抗的波兰军队"。北路集团军由第三军团、第四军团组成，首要任务是打开走廊，"建立德国和东普鲁士之间的联系"。除了对两个集团军进行了具体的任务安排外，他们所属的各军团、空军及海军也都有详细具体的进攻目标。勃劳希契在计划中表示，在开战的第一天就必须把但泽市攻下。同时他还命令"白色方案"将于8月20日执行，所有准备工作必须在那一天完成。

对于这次侵略行动，希特勒所计划的是要打一次总体战，所以他不但要求在军事上进行动员，而且还要把整个国家都总动员起来。为此，戈林在6月23日召开了国防会议，他在会议上要求工业、农业、交通，全国各项事业都要为前线服务。同时，希特勒还征召了大约有700万人的劳动大军充实到这方面的工作中来。

第四节
绞尽脑汁为战争制造借口

为了"白色方案"能够顺利实施，希特勒一方面加紧在政治上、军事上、经济上做好的准备；另一方面，他也积极对西方联盟进行分化工作。为了实现对波兰进行孤立，他积极与英国、法国政府进行各种讨价还价活动。而在张伯伦、达拉第采取的"祸水东引"的战略下，苏联和德国之间也签订了互不侵犯条约。

苏联与波兰接壤，如果德国侵略波兰，将会直接对苏联的安全产生威胁。所以，苏联政府对德波关系的发展以及西方国家的态度时刻在高度的关注之中。张伯伦同希特勒在就捷克斯洛伐克危机谈判时，亲自出马，三番五次地前往德国，可是他在与苏联谈判时，却只派一个小角色进行敷衍。虽然英国对谈判漫不经心，可是苏联政府却对谈判非常重视。对于苏联提出的缔结英、法、苏三国互助条约和军事协定，以及保证从波罗的海到黑海的所有与苏联接壤国家的安全和独立的提议，英法政府并没加以理会。这主要是因为英法政府对苏联非常不信任，更不相信苏联具有保证这些国家安全的军事实力。于是，他们对苏联提出了许多单方面承担的义务，而没有承诺自己对苏联的安全承担任何的义务。

在与苏联进行谈判之时，英法也正同德国进行着秘密谈判。而苏联因为与西方国家建立反法西斯的统一战线没有成功，也迫使自己必须对西方国家的"祸水东引"政策百倍的警惕。所以在战争一触即发的紧迫形势下，苏联利用帝国主义之间存在着的不可调和的矛盾，与德国在1939年8

月 23 日签订了《苏德互不侵犯条约》。该条约的主要内容是：缔约双方互不使用武力，不直接或间接参加和反对他方的国家集团；如第三国对一方进行攻击时，另一方不得给第三国任何方面的支持；用和平的方法解决缔约国之间的一切争端；和约有效期为十年。

英法挑动苏德战争的阴谋，因为这一条约的签订，被彻底粉碎了。同时，这使苏联赢得了宝贵的时间来加强本国的战备，为进一步做好反侵略战争做好了充足的准备。

鉴定苏德条约是希特勒在综合分析德国局势所采取的一项策略。因为，希特勒已经看到英法对德国的态度正转向强硬，从而意识到与西方国家的战争将不可避免。但是为了避免在新的大战中防止出现在第一次大战时德军两线作战的不利情况出现，希特勒首先选择不与苏联这块硬骨头相碰，而是先把目标对准软弱且没有做战争准备的英法两国。这是他一手导演的"各个击破"的战争策略。

在不断与英法和苏联进行外交谈判的过程下，希特勒侵略波兰的步伐也没有停滞。

在 1939 年 8 月下半月，德国就开始全力准备着消灭波兰的计划，同时他们也对万一西方盟国要出兵干涉做足了充分的准备。由于备战，原定在 9 月份召开的一年一度的纽伦堡纳粹党代表大会也悄悄地取消了。德国新征召了 25 万人入伍，他们都被补充到西线的军队中去。陆军司令部正计划着把指挥部迁移到柏林东面的佐森，海军也把袖珍战斗舰"斯比伯爵"号和"德意志"号以及 21 艘潜水艇开始向大西洋防区进行调集。

为了给入侵波兰找一个合适的理由和借口，希特勒指示纳粹特务们，炮制了一个代号叫"希姆莱计划"的行动。这次行动其实很简单，图谋更是非常的明显，那就是组织和利用集中营的死囚穿着波兰陆军的制服对靠近波兰边境格莱维茨地方的德国广播电台发动假进攻。如此一来便可以以此为借口指责波兰对德国发动了进攻，进而向波兰发难。为了实施这个计划，在 8 月初，最高统帅部谍报局长卡纳里斯海军上将，按着希特勒指令，准备了150套波兰军服和若干波军小型武器。

执行这项计划的是党卫队一个年轻的特务名叫阿尔弗雷德·赫尔莫特·瑙约克斯。对于这样的任务他早已驾轻就熟了。因为在1939年3月，他就曾在捷克斯洛伐克制造过爆炸事件。他在1945年对进攻波兰时所制造的这起"事件"作了如下的交代："在1939年8月10日或者这一天前后，保安处处长海德里希亲自下令，指派我伪装成波兰士兵向格莱维茨电台进攻。海德里希还表示，对外国报界和德国的宣传来说，需要有足以证明是波兰人进行这次进攻的真凭实据。他还告诉在攻占广播电台后，要找一个能说波兰话的人广播完一篇波兰语的演说。于是我便来到了格莱维茨，在等候了14天后，我在奥普林见到了秘密警察头子海因里希·缪勒。他当着我的面与一个叫作梅尔霍恩的人讨论了制造另一个边境事件的计划，也是一起假扮波兰士兵进攻德国军队的事件。缪勒对我说，海德里希已经下达了命令，他会给我一些死囚来布置格莱维茨的事件，并且还提到这批死囚的代号是'罐头货'。"

在希姆莱、海德里希和缪勒准备利用这批"罐头货"为德国侵略波兰制造借口的同时，德国海军也做好了应付盟国干涉的准备。8月19日，希特勒命令德国海军的21艘潜水艇进入不列颠群岛以北和西北的阵地，"斯比伯爵"号开赴巴西沿岸海面，"德意志"号进驻能切断北大西洋英国海上航路的阵地。

为了配合希特勒的战争动员，戈培尔对纳粹的宣传机器进行着巧妙的操纵，不断地为侵略战争大造反革命舆论，欺骗不明真相的德国人民。德国的报纸、电台、通讯社等宣传工具全都是："小心波兰！""华沙将要对但泽轰炸"，"极端疯狂的波兰人对德发动了令人难以置信的挑衅"，等等。而到了8月26日，这个希特勒定下的进攻波兰的日子，戈培尔所发动的宣传攻势达到了顶峰。各大报纸全都是关于波兰发动战争的新闻，《柏林日报》报道："波兰正处于骚乱之中，所有日耳曼人家庭在逃亡，波兰军队正向德国国境推进！"《十二点钟报》报道："德国的三架客机受到波兰人的攻击，在走廊地带许多日耳曼人的农舍都陷入了一片火海之中，波兰人行动太过分了！"《人民观察家报》报道："波兰全国都处于动员当中，在狂热的战争思潮的影响下，150万人军队正源源运往边境！上西里西亚陷入混乱！"可是，没有任何一家报纸报道德国的动员情况。

可是，正当希特勒马上要采取行动的时候，情况又发生了变化。

由于英、波之间签订的军事条约，使希特勒的"钢铁盟友"墨索里尼的临阵胆怯，这一下子就打乱了希特勒的计划，不得不把开战日期推迟。

为了让希特勒明白英国反对对波兰动用武力的坚定立场，张伯伦以个人名义给希特勒写了一封信。他说，不管德苏之间作了怎样的协定，英国不会改变对波兰所承担的义务。如果波兰发生入侵事件的话，英国政府将毫不迟疑地使用所拥有的一切力量对波兰提供保护。同时他也再一次呼吁希特勒能通过和平途径来解决德国和波兰之间的分歧，并表示英国政府可以从中进行调和。

这封信是在8月30日下午1点过后转交到希特勒的手上的。希特勒看完信后，非常生气，他愤怒地表示，英国的行为助长了波兰的气焰，现在波兰国内正有数以万计的日耳曼族人生活在压迫之中。

两个小时后，希特勒给英国首相的来函做出了一个书面答复。他在答复函中表示，日耳曼族人正在波兰承受苦难，他不会等到自己老去的时候才去拯救他们。希特勒还说，请英国永远不要忘记，自己是一个上过前线的军人，对战争相当的熟悉。

通过德英两国首脑的函件来往，使双方都摸清了彼此的底细。英国一方已经做出保证，假如德国进攻波兰的话，英国将会投入战争；德国方面的回答是：不管英国是否介入，战争将不可避免。而此时，自己的盟友墨索里尼也以自己缺乏战争物资、没有做好战争准备为由，向希特勒来信表示自己对苏德条约的反对和对和平解决波兰问题的支持。

墨索里尼的临阵退缩，对希特勒的打击是沉重的。看完来这封信后，他愤慨地说道："意大利人又在玩弄他们在1914年所使用的那些手段了。"

在整个晚上，希特勒都在总理府内大声地咒骂这个"背信弃义的轴心伙伴"。可是，咒骂是解决不了眼前所发生的实际问题的，按着原定的计划，再过九小时德国的陆军就将对波兰开展猛烈的军事进攻了。此时，这位纳粹独裁者必须做出最终的抉择，是原订计划不变继续发动进攻，还是临时推迟或者干脆取消这次进攻。

处在墨索里尼和张伯伦双重压力之下的希特勒，经过一晚上的考虑后，最后不得不痛苦地决定："军队要立即停止行动。"

虽然希特勒对墨索里尼的行为非常恼火，但是他还是立即给他发去了一封短信，询问他，意大利"需要多少武器装备和原料，并且要在什么时候需要提供"才能够确保"参加一场大规模的欧洲冲突"。

在看过希特勒的回信后，8月26日上午，墨索里尼便在罗马召集意大利军方首脑开会，在会上他们拟订了一份用于12个月作战所需最低物资清单。这绝对是一狮子大开口的清单，清单主要物资有："700万吨石油、600万吨煤、200万吨钢、100万吨木材以及600吨辉钼矿、400吨钛和20吨锆等。除了这些物资之外，墨索里尼还希望德国送150门高射炮，以此来保护意大利北部距法国空军基地只有几分钟航程的工业区。"这封信是在8月26日中午转交到希特勒手中的。

很显然，墨索里尼正是想通过这样一种方式，来表明自己无法履行对德国所承担的义务。此外，墨索里尼仍然希望会能够有和平解决的办法，就像当初的《慕尼黑协定》一样。所以他在信上还特别地附上一段话，如果"元首"认为"还打算对通过政治对话和平解决这件事"，他会全力以赴，准备随时随地给予支持和帮助。

由于无法满足墨索里尼的要求，希特勒不得不另谋他法。希特勒随即与英国政府又进行了两次接触。第一次接触是通过英国大使汉德逊的官方接触，在8月26日（星期六）清晨，汉德逊带着希特勒的建议乘坐一架德国专机飞到了伦敦。而另一次则是非官方的秘密接触。这一次的中间人是戈林的瑞典朋友，大商人比尔格·达勒鲁斯。他是在8月25日带着这位德国空军司令给英国政府的一封信从柏林飞到了伦敦的。

戈林告诉达勒鲁斯，虽然德国与苏联签订了德苏条约，不过德国还是想同大不列颠达成一项"谅解"。他用自己的专机把这个瑞典人送到了伦敦，还让其把这件重要的事情转告给哈利法克斯勋爵。这位在一小时以前与波兰签订了英波互助协定的外交大臣，对达勒鲁斯的奔走相告表示感谢，同时对他说，汉德逊与希特勒在柏林进行了商谈，并且正带着元首的新建议返回伦敦。于是达勒鲁斯便把自己与哈利法克斯的会谈经过电话给戈林进行了报告，而戈林对他说，因为英波条约的签订，让局势出现了恶化，现在只有英、德两国代表通过会谈才能挽救和平。很显然戈林和墨索里尼的想法都是一样的，他们希望再来一次慕尼黑式的妥协。

在当天深夜里，达勒鲁斯便把戈林的意见通知给了英国外交部。第二天早晨，他与哈利法克斯又进行了一次会谈。他在谈话中表示，只有戈林才是唯一能够防止战争爆发的德国人，并且还说服这位外交大臣给戈林写了一封信。哈利法克斯的信很短而且措辞也很笼统。他在信中表达了英国对于达成和平解决的愿望，而且强调和解还需要几天时间才能办到。

虽然英国外交大臣的信没有明确的意见，不过戈林还是认为这封信极其重要。于是在8月26日晚达勒鲁斯将信送到后，两人立即直奔总理府。当时已经深夜了，希特勒早就上床睡觉了。不过戈林还是坚持向元首进行报告，但希特勒对这封信的内容根本不予重视。

希特勒只是与他们讨论了一下汉德逊提出的建议，最后还是决定让达勒鲁斯再一次到伦敦去，向英国政府转交自己的建议。这份建议一共有六点内容：

第一，德国希望同英国缔约，或者同英国结盟。

第二，英国要协助德国取得但泽和走廊；但是波兰可以在但泽拥有一个自由的港口，保留波罗的海上的格丁尼亚港和通往该港的走廊。

第三，德国将保证波兰的新国界。

第四，德国要收回自己的殖民地或者与此相当的土地。

第五，必须对波兰境内的日耳曼少数民族做出保证。

第六，德国方面将保证保卫英帝国。

达勒鲁斯是在8月27日上午飞往伦敦的。为了避免自己到来的消息被外界知道，他被悄悄地带到了张伯伦、哈利法克斯勋爵、霍拉斯·威尔逊爵士和亚历山大·贾德干爵士的面前。英国政府对这位瑞典信使非常重视。

当张伯伦和哈利法克斯详细阅读过达勒鲁斯带来的建议之后，立刻意识到，他们将会面临希特勒两套不同的建议。一套是由汉德逊带来的，一套是现在由达勒鲁斯带来的。在第一套建议里，希特勒表示在自己与波兰人解决好眼前的问题后，将保证英帝国的存在；而第二套建议则表示，希望能通过英国来进行谈判解决但泽和走廊的问题，并且保证波兰的新边界。在经过上一次捷克斯洛伐克问题上的欺骗后，张伯伦对达勒鲁斯转述的希特勒的建议并不敢轻信。他对达勒鲁斯说，自己还没有看到目前具备解决这个问题所需的必要条件，波兰人或许可以让出但泽来，不过他们宁可面临战争也不会放弃走廊。

最后经过众人讨论，大家同意让达勒鲁斯马上赶回柏林去，把他们初步的非正式的答复向希特勒进行汇报，而在由汉德逊明天晚上将正式答复带到柏林去以前，可以先把希特勒的看法告诉伦敦。

8月27日晚上，达勒鲁斯返回了柏林，并在将近午夜时见到了戈林。戈林对英国的答复表现得并不是很满意。不过当他在见过希特勒以后，在深夜一点钟的时候给达勒鲁斯打了一个电话，他说，假如汉德逊在星期一晚上所带来的正式答复与张伯伦所说的一致的话，总理将接受英国的立场。

对于希特勒的表态，戈林和达勒鲁斯都很高兴。于是达勒鲁斯在半夜两点钟时就把这个消息通知给了英国大使馆的参赞乔治·奥吉尔维·福比斯爵士。在这个影响世界历史的危急关头，由这位瑞典人临时客串的外交家，的确成了柏林同伦敦之间的枢纽人物。哈利法克斯在接到了英国大使馆和达勒鲁斯本人所转达的紧急意见后，马上通过电报命令英国驻华沙大使霍华德·肯纳德爵士迅速与波兰外交部长贝克会谈，敦促贝克授权英国政府就波兰问题与德国展开外交磋商。8月28日，贝克根据英国的要求同意授权，英国外交部把这一点立即就列入了给德国进行回复的复照中。

8月28日晚间汉德逊带着这个复照返回了柏林。希特勒连夜对复照进行了阅读。在照会上，英国政府表示非常同意希特勒的主张，认为解决德波之间的分歧是势在必行的了。照会认为，在下一步德波两国政府之间应该马上展开直接磋商，但是前提必须要保证波兰的根本利益不受侵犯。对于这一点，英国政府已经收到了来自波兰政府的明确保证，他们同意在此基础上进行磋商，而英国政府也希望德国政府能够赞同这一方针。在最后照会强调，德波问题能够以和平的方式解决，将会为世界和平开辟道路。假如和解失败的话，德国和英国之间取得谅解的希望就会彻底消失，两国将不可避免地发生冲突，而由此可能会使双方处于战争之中。

希特勒在看完照会之后，表示在与戈林进行会商后，将在8月29日给英国做出书面答复。

8月29日凌晨1点30分，达勒鲁斯接到了元帅的一个副官从总理府打来的电话。电话的内容大概是，在汉德逊走后，希特勒、里宾特洛甫和戈林三人一起对英国的复照进行了研究。这个副官告诉达勒鲁斯，他所听到的消息是，元首对英国的答复非常满意。

于是，在当天早晨，达勒鲁斯就用长途电话把自己听到的这个消息通知了英国外交部。他对哈利法克斯说，"希特勒和戈林都对和平解决抱有很大的希望"。在上午10点50分，达勒鲁斯见到了戈林，戈林很热情地与他打招呼，还用力地握着他的手说："要和平了！和平保住了！"听到这样令人惊喜的保证，达勒鲁斯马上就赶到了英国大使馆，把这个特大的喜讯告诉给了一直没有谋过面的汉德逊。达勒鲁斯对他说，元首准备采取一种非常讲道理的态度与波兰人进行谈判。

但汉德逊大使并不相信希特勒所说的话，就连戈林的话也是不值得信任的，因为他们已经对英国大使说过了无数次的谎话。汉德逊一直认为，希特勒一直在不停地玩弄一套背信弃义的把戏。8月29日晚上7点15分，汉德逊到总理府前去听取希特勒的正式答复。事情终于变得很清楚了，这个瑞典人空欢喜了一场。德国在给予英国的正式书面照会中指出："虽然德国与英国之间有很深厚的友谊，但是德国不可能牺牲自己的根本利益来换取这种友谊。"接着就是一些对波兰人的指责，说波兰人在对德国进行不断的挑衅，他们的行为是让人难以容忍的野蛮行径。希特勒在照会里还第一次用书面形式正式提出：归还但泽和走廊，保护波兰境内的日耳曼人。照会还表示，对于英国的看法德国并不表示认同。不过，为了使英国政府满意，并且维护英德之间的友谊，德国准备接受英国所提出的建议，与波兰进行直接谈判。但是波兰方面必须在1939年8月30日与德国展开会谈，而德国政府也将会起草一个自己所能接受的解决方案，并且在与波兰进行谈判之前把方案转交给英国政府。

希特勒在照会中所提出的要求，分明是带有一种玩弄波兰的心态。他要求波兰参加谈判的全权特使在第二天就出现在柏林的做法，显然还是采用对待奥地利总理和捷克斯洛伐克总统的那一套办法，如果波兰不能派来谈判代表，而且又拒绝接受希特勒的条件的话，那么他就会把拒绝"和平解决"的罪名安在波兰头上。

果不其然，波兰在约定的时间内并没有派人前来，而事件发展到现在其实已经很明了了，希特勒所做的一切只不过是装装样子而已，他根本就没有进行和谈的打算，更不想让和谈成为现实。正如希特勒对自己的亲信所说的那样："我所需要的只不过是一个借口，通过这个借口才能向德国人民表明，我正在努力地维护着和平而且已经尽了一切努力。"

第五节
闪击波兰，"二战"爆发

最终，在精心谋划之下，8月31日中午希特勒做出了发动战争的最后决定，"白色方案"终于得以实施。

8月31日傍晚，欧洲大地正处于夜幕笼罩之中，而早就接到命令的150万德国法西斯军队已经进入到波兰边境的前沿阵地，他们在等待次日拂晓的来临。而此时的希特勒也在紧锣密鼓地用宣传机器对国内人民进行动员，他要让德国人民在战争打响之前有着充足的精神准备。

当天晚上9点钟，德国所有的电台都开始广播希特勒对波兰的"和平建议"。在广播中希特勒大言不惭地说这一建议是如何的诚恳、公道及切实可行，不过最终还是被野蛮的波兰人粗暴地拒绝了。希特勒深深明白，要想获得更好的宣传效果，仅仅依靠直白的话语是远远不够的，必须有实际行动才能让人民深信不疑。而他为此制造入侵波兰的行动借口，早就委派给了党卫队的流氓特务瑙约克斯去执行了。在当天晚上8点钟，与波兰边境相邻的德国格莱维茨电台一场伪装波兰军队向德国发动进攻的闹剧正在上演。那些穿着波兰陆军制服的党卫队人员不断地向电台进行射击，而那些事先被麻醉的代号为"罐头货"的集中营囚徒则躺在地上，冒充电台里面被打得奄奄一息的"伤员"。通过这一手段，希特勒成功地制造了德国是被逼向波兰进行回击的一幅场景，战争就这样开始了。

1939年9月1日4点45分，德国军队从北、南、西三路大举冲过波兰国境向华沙进军。在天空中，密集的德国机群发出轰鸣声向自己的目标飞去，波兰的部队、军火库、桥梁、铁路以及不设防的城市都成了飞机蹂躏的对象。只用了短短几分钟的时间，波兰人就受到了一次极为严重的攻击，成片的房屋倒塌，大量的人员死亡，一片毁灭的景象。

9月1日夜晚，德国军队继续向波兰境内深入，而德国空军也没有停止自己的轰炸行动。此时，意大利盟友已经被突如其来的战争吓坏了，它非常惧怕英法的海陆空军会根据条约对意大利进行攻击。于是意大利政府向驻罗马的英、法两国大使提出，如果两国政府同意，墨索里尼愿意邀请德国在9月5日来举行一次会谈，以便结束当前即将爆发的世界大战。

9月2日，墨索里尼在写给希特勒的照会中，提出了和谈条件：第一，双方军队马上停火并留在原地；第二，谈判尽快在两三天内举行；第三，和平解决德波争端。

但是英国方面表示，除非德国军队撤出波兰，否则英国不可能接受墨索里尼关于会谈的建议。而意大利的外交大臣知道，希特勒对这个条件是绝对不会接受的，他在自己的日记里写道，"现在任何想法都是徒劳的了"。避免第二次世界大战的最后一点点希望，就这样破灭了。

1939年9月3日，英国大使馆收到了哈利法克斯勋爵发给汉德逊的一份电报，他在电报中要求汉德逊要想尽办法与德国外交部长在上午9点举行一次会晤，并把英国政府的照会递给他。

张伯伦政府期望用和平解决一切的道路已经走到尽头了。对于英国"假如德国军队不从波兰撤出，英国就将宣战"的要求，德国一直没有答复，这样英国政府不得不履行自己的诺言。

而早就四分五裂的法国内阁在经过了重重难关后，才勉强做出要履行法国对波兰所承担的义务的决定。9月2日，当英国人催促法国人当天夜里就向希特勒提出最后通牒的时候，甘末林将军和法国总参谋部还在深深的踌躇之中。他们认为，假如德国人在西线发动战争的话，到时法国不得不孤军作战，英国的军队不可能会支援他们。所以总参谋部表示要等48

小时之后再向德国提出最后通牒，因为法国需要进行动员。

法国的态度让英国政府很是为难。当张伯伦在下院开始讲话的时候，很多议员，不管是哪个党派的，都对英国方面迟迟不履行自己对波兰的义务表示愤怒。他们几乎对张伯伦的发言达到了忍无可忍的地步。随着波兰战事的继续进行，英国下院再也不能接受这种拖延的策略了。议员们纷纷要求政府必须采取行动，而工党临时议会领袖阿瑟·格林伍德更是非常愤慨地说道："绝对不能再这样沉默下去了，英国及全人类的文明都在遭受着威胁，我们还在犹豫什么呢？我们应当和法国人并肩向德国人进行反击。"

可是，现在最大的问题是，要想推动法国与英国并肩作战是很困难的一件事。针对议员们的同声指责，张伯伦在没有办法的情况下选择了英国"单独行动"。随后，英国在9月3日上午9点把本国通牒递交给德国政府。这份通牒指出："如果在今天9月3日上午11点以前，德国政府还不能对9月1日英国所提出的要求，给予满意的保证，那么从该时起，两国将处于战争状态。"

英国的通牒传到正在开会的纳粹头目们的耳朵里时，他们表现出了惊恐不安。而希特勒则坐在那里一动不动，还瞪起两只眼睛望着头上的天花板。戈林表示："假如我们不能在这场战争中取胜，那么只能靠上帝对我们发慈悲了！"而戈培尔则垂头丧气地独自站在一个角落里发愣。整个会议室里的人都表现出一副忧心忡忡的样子。

在英国发出最后通牒后，法国政府也终于在9月3日上午10点20分向德国政府递交了与英国内容大致相似的最后通牒。随着英法两国表态，希特勒想通过外交手腕让英、法置身战争之外的计划彻底失败了。而在当天下午，希特勒发布了"第二号绝密作战指令"，同时命令德国工业全部转入"战时经济轨道"。

于是，9月3日，英法在两国人民的诉求之下，根据法波盟约和英波互助条约被迫在匆忙之中对德宣战。至此，第二次世界大战彻底爆发了。

在战争爆发之初,德国估计波兰大概能够抵挡数周之久,法国也非常乐观地认为波兰可以支持到1940年春,而波兰更是对自己盲目自信。可是随着德军突如其来的攻势,在装甲部队与空军配合的"闪电战"中,波兰军队猝不及防,空军都没有来得及起飞,就全部被摧毁。在这种攻势之下,德军很快就占领了波兰的主要工业区,波军也被分割包围。到9月17日,波兰军队全线崩溃已经成为定局。

海因兹·古德里安将军所率领的坦克部队在这次"闪电战"中表现得非常惊人。他的坦克部队在飞机的掩护下势如破竹,一天可以推进三四十英里;而能够迅速开炮的摩托化重炮,也能够在坎坷不平的道路上以每小时40英里的速度快速向前挺进。德军150万人的大部队,乘坐着机动车辆,通过无线电、电话和电报网所组成的指挥系统,行动非常快速,这是人类历史上第一次出现的机械化大屠杀。

在德军的猛烈攻击下,波兰政府被迫逃亡,而华沙的居民们则自觉

德国装甲部队与空军配合袭击波兰的"闪电战"

组织起来誓死保卫首都，英勇地同德军进行战斗。不过，由于实力对比悬殊，在 9 月 27 日这座孤立无援的城市还是被攻陷了。随后纳粹军队便对华沙人民，特别是居住在城市里的犹太人，进行了惨绝人性的大屠杀。

希特勒军队快速占领波兰，这让西方国家大为震惊，同时也让苏联政府极为警惕。为了防止德军把波兰的所有领土吞并，在 9 月 17 日，苏联红军通过西部国境，进入了波兰的东部地区、西乌克兰和西白俄罗斯。9 月 29 日，苏德两国通过缔约划定了两国占领地区的边界线，随即，苏联很快就在西部边界建立了一条"东方战线"。

在被德军占领后，波兰在英国组织了流亡政府，而波兰人民则继续在国内对德国进行游击战争，不断地对侵略者进行反击。1942 年，波兰工人党成立，他们在苏联境内组成了波兰军团，从而进一步加强了对法西斯的武装斗争。

第六节
大战前的最后一刻平静

虽然英法两国已经正式对德国宣战，可是在德国军队肆意践踏波兰国土，对波兰人进行残酷屠杀的时候，他们却都按兵不动。西线战场上处于一片寂静之中，西方国家的人民都开玩笑地把这场战争称为"静坐战争"。正像一位名叫富勒的英国将军所说的那样，"称之为世界上最强大的法国陆军，在与26个德国师进行对峙的过程中，却躲在牢固的工事里面静静地坐着，在他的眼皮底下漠视自己的盟友被希特勒给消灭了"。

相反，德国人早就料到了这种情况，所以当这一幕出现的时候并没有感到意外。德国陆军参谋长哈尔德在8月中旬的时候就曾对德国进攻波兰时西线方面将会出现哪些状况有过假想。他认为，如果战争爆发，法国向德国进攻的可能性不大。9月7日晚上，希特勒也与自己的陆军司令勃劳希契对目前的战争形势进行了细致的分析。最后他们认为，虽然西方军队的动向并不十分明了，可是根据他们的反应来看，英、法并没有真的想要打一场大仗的想法。"法国内阁没有足够发动战争的气魄，英国方面更把战争挂在嘴上迟迟不采取行动。"正是在这样的推测之下，希特勒在两天后就发出了自己的第三号作战指令，他命令早就做好准备的陆、空军部队从波兰向西线推进。他要求部队严阵以待，做好随时迎接战斗的准备，如果遇到英国和法国进行挑衅，"不管是地面部队或飞机，必须在我的明确命令之下才能进行还击"。

那么，为什么法军在占有压倒性优势的情况下，没有对德军发动进攻呢？最主要的原因是，法国最高统帅部和法国政府当权派普遍有一种害怕失败的情绪在作怪，他们从心底对德国武器和空中优势有一种恐惧感，更是在纳粹匪徒疯狂进攻面前失去敢于作战的勇气。因此，法国政府在制订计划时就坚决要求英国空军避开德国境内的目标，害怕因此会引起德国对法国工厂进行报复性的打击。而事实上，就德国而言，其工业中心鲁尔也正是希特勒所担心的弱点之处，如果对其进行全力轰炸，这将让德国失去工业对军事的有力支持。

对于法国为什么没有在9月期间对德国发动进攻这个问题，丘吉尔在他的《第二次世界大战回忆录》中也进行了深入的剖析。他在书中写道："在这场战争还没有开始的时候，就已经输掉了。"因为在1935年至1938年，这几年的时间里德国先后不顾《凡尔赛和约》，宣布实行征兵制，重新占领莱茵兰以及签订《慕尼黑协定》，在发生这一切的时候，就注定盟国要输掉这场战争了。这正是盟国方面，在三番五次畏缩妥协后，而不得不付出的代价。可是现在巴黎和伦敦却以为只要坐在这里一动不动，就会完全把战争躲过去。这样的想法真是太可笑了。

虽然英国和法国对外高挂免战牌，可德国海军却没有丝毫停战的意思，希特勒也没有对海军下达禁令。于是，在英国对德在宣战的第一个星期，就把英国11艘船舰击沉了，而在整个9月英国共计有26艘船舰被击沉，使英国海军损失惨重。

在波兰军队都基本被消灭之后，希特勒一方面加紧对西方入侵的准备，另一方面又开始大声吆喝着"和平"。9月19日，他在国会上说："我并没有想要与英国和法国作战的想法，对于在前线上的法国士兵我很是同情的，因为他们根本不知道自己在为什么而战斗。"

9月26日，就在华沙即将被攻陷的前一天，希特勒又在德国的报纸和电台之中极力表达了"德国对西方没有任何无野心"的想法。而就在同一天，希特勒又与对和平一直没有放弃努力的达勒鲁斯进行了一次长谈。在与希特勒会谈中，达勒鲁斯报告说，在上次与自己的老朋友英国驻挪威参赞福比斯会谈时他曾经说过，英国政府在不断地追求和平。可是，他们唯一需要解决的问题是：到底如何做才能保全英国人的面子？

"如果英国人真的希望和平，"希特勒回答说，"在两星期内他们的想法就会实现，而更不会因此而丧失面子。"但是他们必须要承认一个事实："波兰是绝对不能再以一个国家的形式出现了。"如果英国能承认这一点，他将保证"对于欧洲的现状都不会改变，包括保证英国、法国以及低地国家荷兰、比利时、卢森堡的安全"。希特勒还建议可以由墨索里尼出面进行调和，而达勒鲁斯则认为，荷兰女王可能是一个更好的人选。一起参加会谈的戈林也建议，英德两国代表可以先在荷兰进行一次秘密会见，如果达成了某种共识，然后再由女王出面正式邀请其余两国参加停战谈判。

"如果英国人真的希望和平，那么我可以实现他们的希望，"在达勒鲁斯临走时希特勒对他说道，"不过，他们必须尽快。"9月27日，在达勒鲁斯正准备同英国讲和的第二天，希特勒在总理府召集武装部队的司令官们开会，他决定趁英法还处于准备之中时，马上在西线发动进攻。不过，在命令进攻的同时，希特勒继续玩弄自己明里一套暗地里一套的把戏。为了欺骗本国人民和麻痹自己的对手，10月6日中午，希特勒又以一种非常诚挚的态度，向各方提出"和平"的建议。

10月7日，达拉第对希特勒表示，法国在没有得到关于"真正的和平与普遍的安全"的确实保证之前，不会放下武器。但是，希特勒对如何答复这位法国总理并不关心，他更看重张伯伦的反应。可是，张伯伦在10月12日的回答，让希特勒心头一凉。英国首相在下院发表了一篇演说，在演说他指出希特勒的建议是"含糊而不可靠的"，他的建议没有提到德国将如何纠正对捷克斯洛伐克和波兰所犯下的错误问题。更指出，德国政府所作出的承诺是不可信赖的，假如希特勒真的想要和平的话，就必须在行动上有所表现，不是把和平挂在嘴上。他要求希特勒必须用令人信服的行动来表明自己对和平的诚意。

10月13日，德国正式发表了一份声明，扭曲事实，宣布张伯伦对希特勒提出的"和平建议"予以拒绝。

而事实上，就在国会上提出"和平建议"的第四天，希特勒就召集高级将领举行会议。在这次会议上他根本就没有征询任何人的意见，就发布了军队西进的绝密的第六号作战指令。

希特勒命令部队尽快做好进攻卢森堡、比利时和荷兰的准备工作，当向目标开始进攻后必须全歼法国作战部队以及与其并肩作战的其他国家的部队。要迅速占领荷兰、比利时以及法国北部尽可能多的土地，这样才能在将来对英国进行作战时建立起空战和海战的基地。希特勒还要求三军司令尽快根据自己的指令制订出详细的作战计划，并且要把相关情况随时向他进行报告。

希特勒手下的将领们对在西线如此急于发动进攻，都表示反对。不过希特勒却对他们讲，我们现在是与时间在赛跑，如果再晚一点敌人就会缓过神来，那时一切就都晚了。他还说，对波兰的战争之所以能够取得胜利，就是因为德国主要的对手只有波兰而已。但是如今这种状况马上就会发生改变，而且时间不会太久。

在对进攻的时间安排上，希特勒还告诉那些对此事不理解的将领们说："虽然不能立即发动进攻，但是也不能太晚，今年秋天必须把战争打响。"

德国海军将领们的想法明显与陆军将领们有所不同，虽然他们在实力上没有英国舰队强大，不过他们总是主动对敌人展开进攻，这方面是无需希特勒进行催促的。而早在9月末至10月初的时候，雷德尔就急切地向元首提出解除对海军活动的限制。

虽然希特勒非常想尽快对西线发动进攻，可是在各种各样的原因影响之下他的计划还是被迫推迟了。希特勒发布推迟进攻的命令有来自政治方面的影响，也有来自意外事件的干扰。

11月8日晚间，为纪念1923年啤酒馆政变，希特勒在慕尼黑的贝格勃劳凯勒酒馆里对党内"老卫队"战友发表每年一度的演说。不过当天他的演说很短，就在他演讲完过了12分钟之后，一枚预先安置在讲坛后面的柱子内的炸弹爆炸了，当场就有70多人死伤。所有的纳粹要人都跟着希特勒匆匆地离开了会场。在第二天早晨，《人民观察家报》独家刊登了一则谋刺"元首"的新闻。在报纸上，他们把这起爆炸事件安在了英国特务的身上，认为这是张伯伦指使人干的。

在慕尼黑爆炸事件发生后一两个小时，党卫队和秘密警察头子海因里希·希姆莱，就打电话给一个名叫瓦尔特·施伦堡的年轻特务，命令这个年轻特务在第二天越过荷兰边境，把两个同施伦堡保持联系的英国特工人员奥斯特和卡纳里斯抓过来，并把贝格勃劳凯勒酒馆爆炸案的罪名加在他们身上！

11月21日，希姆莱对外宣布，发生在贝格勃劳凯勒酒馆对元首的谋杀阴谋案，现已告破。指使这起事件的是英国谍报局，而执行这起暗杀事件的两个英国人，已经在爆炸发生后的第二天在荷德边境上被捕。

而在爆炸中逃过一劫的希特勒，却通过这一事件成功地把反对西线计划的将领们镇压了下去。接下来，他就要实施自己的计划了。早在11月20日，他就传达了第八号作战指令，命令西线部分保持"戒备状态"，还制定了入侵荷兰、比利时的作战方案。11月23日中午，希特勒把一些担负指挥的将领和参谋总部的人员召集到总理府来开会。他在会上表示，"我的决心是不会再改变了，必须利用最短的时间对英法进行攻击。不要考虑比利时和荷兰的中立关系，只要我们取得了胜利，任何人都不会提出这样的问题。"

在最后，希特勒要求全体将士都要鼓起勇气来。他说："我们所做出的选择都是命运所要求的，德国历代伟人们也正是这样走过来的。只要我还有一口气在，我就会为德国的胜利着想。任何困难都不能使我退缩，一切反对我的人都将被我消灭！"

希特勒对将领们所发表的这篇气势汹汹的演说，使试图推翻其独裁统治的反对派们震颤不已，尤其是哈尔德和勃劳希契。此后没多久，他们就完全变成了对希特勒言听计从的奴才了。

第七节
攻克挪威和丹麦

德国的铁矿砂主要从瑞典进口。在战争期间德国每年要消耗1500万吨铁矿砂，而其中有1100万吨要从瑞典进口。如果在夏秋之季，铁矿砂还可以从瑞典北部经波的尼亚湾越过波罗的海运到德国。可是到了冬天，由于那条海道运输线结了厚冰，船只无法通行，这就不得不从瑞典改由铁道运到挪威港口纳尔维克，然后再用船沿挪威海岸运到德国。所以，运送铁矿砂的整个航行路线都在挪威领海以内，英国海军舰艇和轰炸机非常轻松地就能对德国船只发动进攻，从而破坏运输航线。

英国当时的海军大臣丘吉尔就发现了这一关键之处。于是在战争爆发后的几周中，他曾经试图说服内阁批准他在挪威领海内布雷，以便阻止德国运输铁矿砂船只的往来。不过张伯伦和哈利法克斯不愿对中立中的挪威进行侵犯，所以这个建议就暂时被搁起来了。

为了顺利实施自己征服挪威的计划，希特勒还是故伎重施。他在挪威找到了一个叫作维德孔·阿伯拉罕·劳里茨·吉斯林的内奸。吉斯林是和德国纳粹运动的官方哲学家罗森堡首先建立联系的。罗森堡曾担任过许多职务，其中一个就是纳粹党的外交事务办公室主任。从1939年开始，他就一直保持着和吉斯林之间的联系，并且不断地给吉斯林灌输了纳粹的荒谬的哲学理论。之后，吉斯林就经常来往于奥斯陆和柏林之间，为希特勒征服北欧出谋划策。

在反复对北欧的形势进行研究之后，希特勒在1940年1月27日命令最高统帅部成立了一个由海陆空三军各派一名代表组成的工作小组。针对挪威开展一个代号名为"威塞演习"的军事行动计划，委任曾在北欧作过战的福肯霍斯特将军为这个计划的执行总司令。希特勒告诉他说，自己将会把陆军的五个师交给他进行指挥，而唯一任务就是占领挪威的几个主要港口。

当所有东西都准备就绪之后，希特勒在3月1日发出"威塞演习"的正式绝密指令："鉴于斯堪的纳维亚局势的发展，现在要求作好占领丹麦和挪威的一切准备。我们的这次行动，是为了防止英国对斯堪的纳维亚和波罗的海的侵犯。除此之外，它还可以保证我们从瑞典运送足够的铁矿砂，更重要的是当与英国的战事爆发后，可以为我们的海军和空军提供更为广阔的出发线……通过我们与斯堪的纳维亚各国的军事、政治力量的对比来看，这次'威塞演习'中所使用的兵力越少越好。不要惧怕数量上的弱点，而是大胆地采取行动和利用出奇制胜来弥补。"

早在3月份的时候，挪威政府就已经从驻柏林公使馆和瑞典人那里接到关于德国军队和海军舰艇在北海和波罗的海港口集中的警告。而到了4月5日更是从柏林传来了德国人即将在挪威南部海岸登陆的消息。虽然战争即将来临的消息不断地传来，可奥斯陆麻痹自满的内阁还没有给予足够的重视。

英国也在4月1日得到了德国即将行动的消息。4月3日，英国战时内阁对最新的情报进行了讨论，不过对于这条消息并没有引起足够的重视。

据丘吉尔回忆说，英国政府当时以为，德国人之所以会在波罗的海和北海港口内增加兵力，只是为了扰乱盟军的防御计划，而没有考虑到希特勒的真正目标是挪威。

1940年4月9日上午5时20分，德国驻哥本哈根和奥斯陆的公使便向丹麦和挪威政府分别递送了德国的最后通牒，要求两国必须接受"需要德国进行的保护"的建议。

德国的期望在丹麦得到了实现，可是挪威却没有理会德国的保证。挪威政府复电柏林说："我们不会不战而屈服的，让战斗随时来临吧。"

挪威的态度，让傲慢自大的里宾特洛甫非常生气。在当天的10点55分，他给驻奥斯陆的公使库特·勃劳耶拍了一封特急电报："你应该再一次对挪威政府进行劝阻和说服，挪威所做出的抵抗是毫无意义的。"可是德国公使并没有把这句话转达到，因为此时挪威国王、政府和议会议员都已经从首都撤离了。他们都迁至于北方的山区去了。不管发生了什么事情，他们抵抗下去的决心都已经下定。

相对于更加弱小的丹麦则是深陷于更为绝望的境地。这个国家不仅太小，地势也是非常的平坦，更为主要的是，此时的政府和王室都处于一片混乱之中，早就没有了在强大的敌人面前进行反抗的勇气。虽然陆军总司令普莱奥尔将军主张抵抗，可是国王和首相否定了他的建议。最终，国王听从了政府的劝告，选择了投降，还下达了停止任何抵抗的命令。就这样没有浪费一枪一炮丹麦就被征服了。

虽然挪威对德国的进攻进行了抵抗，不过驻守在瑞典铁矿砂运输铁道线终点纳尔维克港口的司令官康拉德·逊德洛上校是吉斯林的人，当德国海军到达时，他没有放一枪一炮就投降了。但是挪威海军指挥官却不甘心投降，在十艘德国驱逐舰迫近港口时，停泊在港内的两艘古老的装甲舰之一"艾得斯伏尔德"号向德国军舰发射炮弹进行警告。德国驱逐舰的指挥官是弗里茨·邦迪海军少将，他先派遣一名军官乘着汽艇向挪威舰艇进行招降。当汽艇上的纳粹军官用信号向德国海军少将表示，挪威人不会投降并将抵抗到底时，邦迪立即命德舰向"艾得斯伏尔德"号发射鱼雷，把它炸毁了。虽然第二艘挪威装甲舰"挪奇"号也向德军进行了还击，不过没过多久就被击沉了。在德军猛烈的炮火之下，这两艘军舰上的300多名挪威水兵，几乎全部阵亡。在上午8点多，纳尔维克就被德军攻下。

在南部海岸的克里斯蒂安桑，德军也遇到了相当顽强的抵抗。海岸上的大炮先后两次击退了"卡尔斯卢合"号的进攻。但是在德国空军的支援下，那些炮台很快地就被炸毁了。由于没有炮火支持，港口在午后3时左

德国海军与挪威军队在纳尔维克展开激战

右就陷落了。不过，当"卡尔斯卢合"号在当天晚上离开港口的时候，却被英国潜艇的鱼雷击中，因损伤严重而彻底沉没。

紧接着，挪威西海岸中部的特隆赫姆与奥斯陆有铁路相通的第二大港口卑尔根，西南海岸的斯塔瓦格尔港都被德军占领了。随之，沿着挪威西部和南部海岸，从斯卡格拉克到北极圈长达1500英里地区的五个主要城市和一个大机场，也相继被德国人攻陷。

不过对于进攻主要目标奥斯陆，希特勒在军事上和外交上都遭受到了很大的困难。德国军舰在50英里长的奥斯陆峡湾入口的地方遭到了挪威布雷舰"奥拉夫·特里格佛逊"号的阻击。挪威军舰击沉了一艘德国鱼雷艇，并对轻巡洋舰"埃姆登"号给予了重创。德国军舰在遭受重创后，没有完成在指定时间到达挪威首都的任务。

最终攻陷奥斯陆的是一支空降到当地的德军部队。这支由纳粹伞兵和空运步兵临时拼凑的军队，是在中午开进挪威首都的。挪威王室、政府和议会议员早就在上午9点的时候就匆匆坐上专车撤到奥斯陆以北80英里的哈马尔。与他们一同撤离的还有20辆载着挪威银行黄金和3辆载着外交部秘密文件的卡车。

挪威国王被迫从首都撤离后，希特勒命令德国空军武官斯比勒上尉率兵进行追击，企图把国王和政府要员们全部俘虏。德国军队认为，抓住正在逃跑中的国王将是一件非常轻而易举的事。不过让他们意想不到的是，他们却在哈马尔附近遭到了国王护卫队的强烈抵抗，而斯比勒本人也在战斗中受了的重伤。最终德军没有把国王抓获，在经受严重打击后，狼狈地退回到奥斯陆。

4月10日，德国公使勃劳耶博士带着希特勒的指示，一个人前去会见挪威国王。他对国王说，德国想保留王朝，不过挪威武装部队必须要放下武器。还威胁说，如果继续对德国军队进行抵抗，绝对是一种愚蠢的选择，那样会让更多的挪威人死于非命。他还要求国王批准由吉斯林组成的政府，并且回到奥斯陆去。

但是，挪威国王哈康是个意志非常坚定的人，他没有畏惧德国的恐吓，这一点与他天生胆小的哥哥——丹麦国王克里斯蒂安迥然不同。对于德国要求任命组成以吉斯林为首的政府，他给予了严厉的拒绝，认为这完全是无理的。并且在当天晚上，他还用一个电力微弱的小电台向全世界发出了挪威政府对强大的纳粹德国的挑战宣言。国王在宣告中表示，挪威不会接受德国的任何要求，还号召全体挪威人民行动起来共同抵抗侵略。

4月11日早晨，吉斯林根据希特勒的指示又派伊尔根斯上尉为密使，前去劝说国王返回首都。伊尔根斯向国王表示，吉斯林今后会对国王绝对忠诚。对于他的建议国王以一种轻蔑的态度拒绝了。

在当天下午，勃劳耶也发来了一份急电，要求与国王会谈，以达成"某些建议"。不过挪威外交大臣科特博士在请示国王以后回答说，假如想要达成什么建议的话，用电报沟通就可以了。

在屡次劝降失败后，希特勒恼羞成怒，他决定彻底摧毁流亡在外的挪威政府。在4月11日夜晚，德国空军便奉命对挪威政府隐藏的纽伯格宋村进行轰炸。德国的飞行员先用炸弹和燃烧弹炸毁了该村，接着又使用机枪向那些企图从烈焰中逃生的人进行扫射。虽然纽伯格村几乎被夷为平地，可是国王和政府人员却没有受到伤害。因为当德国飞机来临的时候，他们就已经躲到附近的森林里了。村庄被炸毁后，他们毅然决定沿着崎岖的古德勃兰德斯山谷北上。他们经过了哈马尔和利勒哈默尔，越过了重重高山峻岭才到达西北海岸的昂达尔斯内斯，这里距离特隆赫姆西南有100英里。在逃亡的路途中，他们不断地把那些失散了的、茫然不知所措的军队组织起来，带领着他们继续抗战。

尽管挪威终究无法战胜强大的德国，可是此役希特勒也付出了沉重的代价。在这次战争中，他们一共有10艘驱逐舰被击沉，3艘巡洋舰被毁灭，而主力巡洋舰"夏恩霍尔斯特"号和"格奈斯瑙"号及袖珍战舰"卢佐夫"号也受到了不同程度的重伤。虽然海军所受的损失严重，希特勒还是向外宣称他们取得了一个"重大的胜利"。

随着挪威的被野蛮占领，一种严重的失败主义情绪在西方上层人士中开始蔓延，他们在残酷的法西斯面前，不知所措，无所作为。他们甚至还哀叹道："未来一定是属于希特勒和纳粹主义了。"不过，与上层人士的悲观失望不同，真正的力量还是掌握在广大人民的手中，当人民彻底觉醒的时候，属于人民的力量才是不可战胜的！

第八节
如愿以偿，取得西线的胜利

在占领了北方之后，希特勒再次把精力转向入侵西方的问题上。他首先把目光对准了两个具有重要战略意义的中立小国荷兰和比利时。

在挪威战役快结束时，德军已经在西线集结了136个师。1940年5月10日清晨，驻柏林的比利时大使和荷兰公使就被召到了外交部。里宾特洛甫通知他们，德国部队即将开入他们的国家，对他们进行"保护"，以防止英法即将开始的"进攻"。德国为此还发出一份正式的最后通牒，要求两国政府不要进行武力抵抗。如果不配合德军行动的话，将会遭到镇压和打击，而因此出现的流血事件完全要由比利时王国和荷兰王国政府负责。

德国使节分别在布鲁塞尔和海牙将两份内容基本一致的电报交给了两国的外交部。而此时德国的空军早就开始了轰炸任务。在布鲁塞尔，当德国大使贝劳·许汪特踏进外交大臣的办公室的时候，德国的轰炸机正从这个城市呼啸而过，炸弹把窗口震得咯咯作响。在他刚要从自己的衣袋里掏出通牒时，保罗·亨利·斯巴克马上阻止了他。"请你原谅，大使先生，还是让我先来说吧！"斯巴克愤怒地说道，"德国军队正在向我们的国家进攻，对信守中立的比利时进行罪恶的侵略，这在过去的25年里，已经发生过一次了。现在所发生的事情，比1914年的侵略还要更加可恶。在没有任何的通牒、照会或是抗议的情况就对比利时进攻，德国已经违反了它自己承担的义务……历史将追究德国的责任。比利时将会下定决心保卫自己的国家。"

对于这两个中立的低地小国,德国曾经作过无数次的保证。可是那些都是希特勒挂在口头上的话语,他从来也没有打算履行自己的诺言。他始终没有停止要求德国三军尽快做好"通过卢森堡、比利时和荷兰发动进攻的准备",时刻都在想要夺取荷兰、比利时和法国北部的广大地区。

在5月10日这天,希特勒在凯特尔、约德尔和最高统帅部其他人员的陪同下,来到了缪恩施特莱菲尔附近,一个被他称为"鹰巢"的大本营。而此刻在西面距离此地25英里外,他的部队正在冲过比、荷、卢三国的边境。他的空军遮黑了天空——为此次进攻,他集中了2500架飞机,比盟军能派上天空的飞机总数还要多。没用多时,德军就在从北海到马其诺防线之间的175英里战线上,突破了三个中立小国荷兰、比利时和卢森堡的边境。

德军突然采取的行动,让英法两国大吃一惊。他们之所以会有如此吃惊的表现,还是在于他们没有对希特勒产生足够的重视,思想上过于麻痹,更是缺乏战备观念。当希特勒在磨刀霍霍的时候,英国和法国却在蒙头大睡。两国的总参谋部更是对布鲁塞尔、海牙或自己的情报专家所提出的警告置之不理。而当时英国正忙于应付自己的内阁危机,到5月10日晚英政府才确定由丘吉尔接替张伯伦出任首相。

法国对突如其来的战争也是在仓促之下才去应战的。虽然法国是航空事业的鼻祖,汽车产量每年都在30万辆以上,可是等到战争发生时,他们的飞机和坦克数量明显不足,其他武器更是异常缺乏。法国统治阶级还天真地认为自己的避让政策能够收得成效,以德国不会与法国刀兵相见。

英国对大战也没有足够的心理准备。陆军数量少得可怜,装甲师还处于筹建之中。在第一次世界大战时,英国可以派到欧洲大陆上作战的部队多达85个师,可是现在,它所能派出的部队只有10个师。虽然拥有1800多架飞机,可是绝大部分都要用于进行防御,根本无法外出作战。

相比较军事上的准备不足，在战略计划上的失算更是西方国家被动的主因。当时英法两国认为，德国有可能像第一次世界大战时那样，会经过比利时而发动进攻，所以他们把主力都部署在色当以西的法比边境上。在这条防线上，盟国从西北到东南部署了大量的兵力，依次是法国第七集团军、比军、英国远征军、法国第一集团军和第九集团军，还有一部分法国军队被部署在面对瑞士、莱茵河和马其诺防线的背后。他们根本想不到德国庞大的坦克部队会从马其诺防线北端绕过去，从法、比边境的阿登山区突破。而希特勒的这一举动，让马其诺防线形同虚设，成了一个笑谈。

进攻荷兰、比利时、卢森堡，既是希特勒称霸欧洲计划中的一部分，又为进攻英法拉开了序幕。其实早在5月7、8、9日这三天，英国的下院就对英军在挪威战争中的失败展开了激烈的辩论，不仅反对派对张伯伦政府进行了批评，就连保守党人也对他进行抨击。而在5月10日，当希特勒在西线发动进攻的消息传到伦敦时，英国人民更加愤怒，终于在一片抗议声中，张伯伦政府最后走向了垮台。一贯主张对德国采取强硬路线的保守党人、原海军大臣温斯顿·丘吉尔临危受命组成了保守党、工党、自由党等的联合政府。

1940年5月13日，丘吉尔在下院发表演说，以表明自己对英国的忠诚和把反法西斯战争进行到胜利结束的决心。他讲道："我没有任何东西可以贡献给大家，只有把自己的热血、辛劳、眼泪和汗水奉献出来。你们问：我们会采取什么样的政策？我说：我们的政策就是用我们全部的能力和力量在海上、陆地上和空中与德国人进行战争；你们问：我们会达到什么样的目标？我可以用一个词来答复你们：胜利，用尽一切代价去获得正义的胜利！"

虽然丘吉尔在态度上表现出了无比的坚决，可是英法政府在长期奉行的反动的绥靖政策影响之下，军队素质和战斗力量大幅下滑，根本就阻挡不住德国法西斯军队的强大冲击。英法空军没有坚持多久就遭到严重的损失，而且陆军也被德国的坦克部队追得四处逃窜。在强大的武力面前，比利时国王正急于考虑着投降，英国远征军总司令戈特也准备赶紧登船撤退，而法国魏刚将军则想通过谈判来停战，荷兰军队更是在第五天就乖乖地投降了。

在5月15日清早，从巴黎打来的长途电话把丘吉尔从梦中吵醒。"我们被打败了！"法国总理雷诺喊道，"我们打输了！"丘吉尔不敢相信，盟国的军队竟如此不堪一击。

其实在整个西线的战役之中，希特勒只用了一个师的兵力便把荷兰征服了。随着荷兰的投降，比利时和法国以及英国远征军的命运也同样危在旦夕。5月13日的晚上，德军夺取了迪囊到色当之间的缪斯河对岸的四个桥头堡，并且攻克了色当。

在5月14日，德军大规模的攻击开始了。德国组成了一支数量庞大、集中程度高、机动性灵活、打击力量强大的坦克部队，这支部队从德国边境的阿登森林出发，兵分三路，队伍长达100英里。这支强大的坦克

德军的坦克部队正在迅速推进

部队很快就突破了法国第九军团和第二军团的防线，迅速向在比利时盟军背后的英吉利海峡推进。

虽然比利时的军队还在他们的东北边境沿线上进行英勇顽强的抵抗，可是他们也没有坚持太久。与北面的荷兰人一样，他们在面对德国钢铁洪流时表现得束手无策。在这里，德国军队还是用了在荷兰战场上一样的方法，派遣经过特殊训练的小股部队，在天还没有完全放亮时，由滑翔机带着他们悄悄地着陆，然后突然夺取重要的桥梁。他们就是用这种方法连续夺得了马斯特里赫特后面的艾伯特运河上的三座桥梁，有的守军连扳动电钮炸掉桥梁都来不及。

5月19日，德军一支由七个装甲师组成的强大楔形队伍，快速地向索姆河北挺进，并在离英吉利海峡只有50英里的地方驻扎下来。5月20日晚上，德军第二装甲师也已经来到索姆河口的阿布维尔了。此时，在敦刻尔克一块很小的三角地带里大约有40万英法联军龟缩在一起，这些军队陷入了德军的包围之中。在他的前面是波涛汹涌的大海，而后面则是如狼似虎的纳粹匪徒。

德军最高统帅部把所有的步兵都投入了战场上，5月24日，从阿布维尔向英吉利海峡推进的古德里安坦克部队，分别占领了布伦和加莱这两个主要的港口，并向格腊夫林进军，而这里与敦刻尔克只有20英里的距离了。从敦刻尔克撤离正是英法盟军最后的希望，但现在这一希望看起来是那样的渺茫。

很快，敦刻尔克就出现在了德国装甲部队视线之中，他们在格腊夫林和圣奥麦尔之间摆好了阵势，准备一举把这个城市攻克。但就在这个时候，进攻部队接到一个奇怪的命令，要求部队停止前进，这让在前线的官兵们十分不解。这道命令，是第二次世界大战中希特勒所犯的一个指挥上的大错误。这道停止进攻的命令，给盟军，尤其是英军，一个意外的喘息机会，没有被德军消灭。

可是比利时军队并没有这么好运。5月27日下午5时，比利时国王利奥波德三世派遣比利时副总参谋长德若萨斯将军到德军那里请求双方休战，并进行和谈。随后，这位将军带回了德军的条件："希特勒要求比利时无条件放下武器。"于是，在5月28日清晨，比利时国王利奥波德三世宣布投降。

第九节
征服法兰西帝国

因希特勒的错误决定，导致英国部队成功从敦刻尔克突围。但是丘吉尔在6月4日对下院议员们表示："撤退不能换来战争的胜利。"

此时，英国的处境是非常困难的，它的本岛没有足够的陆军进行保卫，而空军力量又在法国战场受到很大的削弱。现在能指望的只有海军，可是挪威战役已经表明，英国的大型战舰很容易遭到以陆地为基地的空军的攻击。

丘吉尔在下院发表自己强硬的宣言时，这些残酷的事实就像一块石头一样压在他的心头。也就是在此时，他发表了著名战斗宣言："现在，虽然有欧洲大片大片的土地和许多古老著名的国家，都在纳粹德国的疯狂入侵之下已经陷入或可能陷入他们的魔掌之中，不过我们决不不能因暂时的失败而气馁或是认输。我们将会战斗到底，在法国、在空中、在海洋上都是我们与敌人战斗的地方，在战斗中我们将不断增长必胜的信心和强大的力量。不管将来我们付出多大的代价，我们誓死都要保卫我们的国家，在海滩上、在登陆地点、在农田和街道上、在山林之中都将看到我们战斗的身影。即使绝大部分的土地都已被敌人征服，即使我们处于挨冻受饿之中，我们也绝不会选择投降。对于这一点我是深信不疑的。我们英国舰队也会与所有人一起战斗下去，在危机的关头挺身而出，直到把敌人完全消灭为止。"

丘吉尔的战斗宣言，并没有使希特勒感到任何的不安。他认为，只要他先把法国干掉以后，英国一定会改变自己的主意的，所以现在他就要向法国进军了。

6月5日，德国军队刚把敦刻尔克占领后，第二早晨他们就在索姆河上发动了大规模的进攻。德军以压倒性的力量从阿布维尔到莱茵河上游400英里宽的横贯法国的战线上像潮水一样冲去。

6月10日，在巴黎，绝望的雷诺向罗斯福呼吁，请派"足以遮天蔽日的机群来"，可是随后法国政府便匆忙地撤离巴黎。德军于14日上午开始进入巴黎。德军B集团军司令冯·包克将军，乘坐联络飞机来到巴黎的凯旋门时，刚好赶上接受首批尖兵的敬礼。在现代战争史上，战役的指挥官赶在部队前头，先行抵达目的地的情形不多，这次便是其中之一。德军进入巴黎，说是战斗不如说是游行。包克竟然有空去拜谒拿破仑墓。在里茨吃完午饭后，他还去商店买了点东西。

6月16日，已经逃到波尔多的法国雷诺总理宣布辞职，由贝当接任总理。而就在贝当接任总理的第二天，他便通过西班牙大使向德国表示可以进行停战谈判。

希特勒和法国的停战谈判，是三天后在贡比涅森林中的一块小小的空

德军占领法国后，希特勒在巴黎埃菲尔铁塔前拍照

地上举行的，这个地方就是1918年11月11日德意志帝国向法国及其盟国投降的地方。这是个报复的行为，也是个有历史意义的选择。铁路上等待着的是那辆恺撒的代表投降时使用过的著名的木制餐车。人们将它从博物馆里吊起，通过倒塌的墙壁，放在原处。下午3时15分，元首的车队抵达了。希特勒面孔严肃，迈着轻快的步伐，朝餐车走去。他在一块花岗石前停住了脚步，那上面写道：1918年11月11日，日耳曼帝国被它试图奴役的自由人民摧毁，其罪恶之骄傲在此地屈服。

威廉·夏伊勒用双筒望远镜注视着希特勒的表情。他写道："在他生平的许多重大的时刻，我都看到过那张面孔。但在今天，它冒着鄙视、慷慨、仇恨、复仇和凯旋的烈火。"林格回忆说，当时，希特勒口中念念有词，听来像是"我们必将把能引起人们回忆起1918年那个耻辱的日子的一切东西全部毁灭"。

之后，希特勒便与随行人员走进停战谈判的车厢，他坐在1918年福煦坐过的那把椅子上。几分钟后，以查理·亨茨格将军为首的法国代表团进来了。代表团成员还包括一名海军上将、一名空军将军和一名文职人员，共4人。他们的脸上看起来都精神颓丧，但还保持着一种悲惨的尊严。他们事先并不知道会把他们带到这个法国人引为骄傲的圣地来受这种屈辱，不过他们的这种震惊，正是希特勒所期望看到的。

希特勒和他的属下们站起来后一句话也没有说，彼此鞠躬过后又坐下。首先由凯特尔宣读希特勒起草的停战协定的序言。从当时情形看，希特勒似乎是在对英国而不是对法国讲话。条文提出，德国愿意放弃对英国的海上霸权进行挑战的企图以为日后新的"和平"创造条件。凯特尔宣布：德国不会将法国海军舰只拿来供自己在战争中使用，也不使用法国的海军装备……希特勒在作这一承诺时，德国海军是不同意的，因为在与法国海军的一役中，德国海军损失惨重，他们拟用法国海军装备进行弥补。但希特勒直截了当地拒绝了这一建议，他希望通过自己的退让能与英国达成新的协议：英国继续统治海洋，而日耳曼帝国则移向东方，谋取生存空间。

凯特尔读完条款本后，希特勒立刻起身，带着大部分人马离开了会场，由凯特尔和施密特继续谈判工作。接着，约德尔和另外几个德国将领便进来了。法国代表审阅了停战条款后，坚持要将此文本交给设在波尔多的法国政府。"这样做绝对不可以！"凯特尔说，"你们必须马上进行签字。"

由于双方各执一词，谈判也没有最终结果，于是在第二日上午继续进行，但仍然没有任何进展。在下午6时，凯特尔完全失去了耐心，他派施密特前去找法国代表团下最后通牒："1小时内若不能取得协议，谈判便告破裂，法国代表团将被押回法军阵地。"

别无选择了。下午6时50分，在与波尔多多次通话后，亨茨格将军终于在停战协定上签了字。

作为一个曾经拥有300万大军、号称欧洲头等陆军大国，在第一次世界大战中坚持四年之久而的法兰西，在这次战争爆发仅六周之后就宣布投降了。这绝对是难以想象的事情。

在成功征服法国之后，希特勒更是对自己未来征服欧洲及至世界产生无比的自信。现在欧洲的大部分地区，从北极圈内的北角到波尔多，从英吉利海峡到波兰东边的布格河，都有德国军队在驻守，希特勒正一步步将魔爪伸向更为广阔的地区。

第十节
宣告失败的"海狮"计划

法国投降以后，阻碍希特勒称霸欧洲的下一个敌人就是英国了，可是希特勒似乎还没有确定入侵英伦三岛的计划。因为在西线的胜利来得实在是太快了，他还来不及为渡过英吉利海峡做好准备工作。特别是登陆艇和驳船，现在一艘都没有。而他似乎在等待英国提出求和，希特勒估计"英国一定会急于求和的"。带着这样的想法，希特勒对英国展开了"和平攻势"。他表示，只要英国把殖民地的统治权归还给德国，允许德国军队在欧洲大陆上自由行动，那么可以与英国进行和谈。

希特勒还想通过外交上对英国施加压力，他指令德国驻美大使馆代办汉斯·汤姆森在美国进行活动，大肆收买一些美国亲近法西斯人士，然后利用他们去影响孤立主义者，制造和平舆论，散布纳粹主义。这样一来，就可以分散美国的注意力，使美国没有精力参与到欧洲战场上来。没有美国的援助，英国就会失去抵抗的信心。希特勒还通过当时中立的瑞典国王和梵蒂冈的罗马教皇对伦敦进行试探，诱使英国进行和谈。不过因为希特勒称霸欧洲的野心早就暴露无遗，他的暴行已掀起了全世界人民仇恨法西斯的浪潮；加之英国人民对英国政府曾经所采取的绥靖政策深恶痛绝，对法西斯的侵略一致要求坚决反击，而且以丘吉尔为首的英国政府也出于自身安全的考虑，最终希特勒假和谈的阴谋没有得逞。

眼看诱降不成，7月16日，希特勒终于发布了入侵英国的专门指示。入侵的目的在于消灭作为对德作战的基地的英国。并且如有必要，将它全部占领。他为这次的对英行动取了一个具有想象力的代号——"海狮"，并要求相关准备工作要在8月中旬完成。

此后的一个月内，德军在欧洲北海沿岸集结了168艘运输舰、1910艘驳船、419艘拖轮和1600艘汽艇，并且有13个师的兵力在英吉利海峡沿岸集结完毕，还进行了登陆演习。

为了制造最后令英国投降的必要条件，希特勒的指示戈林对英国采用大规模空中攻势的"老鹰计划"。这次空袭计划主要目的是想把英国空军彻底消灭，使英国失去制空权。

"老鹰计划"在8月13日下令开始执行。在13日和14日两天，德国人共出动了1500架飞机，主要对英国空军的战斗机机场进行袭击。但由于英国的雷达及时发现了德国空军，作了充分的准备，所以英军的损失极其轻微，而德军的损失却相当惨重。德国空军损失了45架，而英国皇家空军才损失13架。这样的结果，让戈林非常失望。15日，德空军3个大队全部出动。"二战"后最大的一次空战爆发了。由于掌握准确了情报，英国皇家空军能将有限的歼击机组集中起来，派往准确的地点和高度，有效地将德国机群分割，使德国的每个机群都遭到最顽强的抵抗。在这次空战中，皇家空军击落敌机75架，自己损机34架。17日，双方的损机比例更高达70∶25。这天，戈林未让飞行缓慢的"斯图卡"俯冲轰炸机——这些飞机曾把法国炸得一塌糊涂——参战，因为它们根本不是"喷火"式的对手。

8月23日，德机又飞过海峡，进行大规模空袭。一队轰炸机搞错了方向，将原计划要投放在伦敦城外的飞机制造厂和油库的炸弹，投进了城内。8名市民被炸死。英空军认为这是德空军的蓄意而为，便于次日晚轰炸柏林，作为报复。这次远程空袭让柏林人大惊失色。"他们料不到会挨炸"。夏伊勒在他的日记中写道："战争开始时，戈林曾向他们保证，柏林是不会挨炸的……他们相信了他。所以，他们的震动很大。你只要看看他们的脸色便可以看得出来。"

德军对英国伦敦展开大规模空袭

3天后的夜晚，英机再次前来空袭，这次炸死市民7人，炸伤29人。希特勒大怒。9月4日下午，他在体育馆临时发表演说，扬言要进行报复。他说："他们若宣布增加对我们的城市的进攻，我们便把他们的城市夷为平地。我们一定要阻止这些空中强盗的所作所为，让上帝保佑！我们两国总有一国被打得粉碎，但这绝不会是国家社会主义的德国！"

两天后，海军上将雷德尔到总理府向希特勒汇报。两人小心谨慎地讨论了"海狮"计划。末了，雷德尔提出：万一"海狮"计划无法顺利进行，我将如何行动？

从总理府出来后，雷德尔对他的同事们说，"元首关于在英国登陆的决定还不是最后的，因为他认为：就是不进行登陆，英国也可能投降。与先前一样，从各个方面看，元首把登陆看作是结束战争的一种打击性的手段。如果风险太大，元首便不会进行登陆。"很明显，"海狮"计划若败北，希特勒是不能容忍的，因为这肯定会提高英国的威信。他要的是能一举结束战争的成功的闪电战——没有风险的闪电战。

而入侵能否成功，英国能否投降，这全要以空袭情况如何而定。于是，在与雷德尔单独会面后次日，希特勒便批准对伦敦进行大规模空袭。一队又一队的德机飞往英国。当天下午晚些时候，320架轰炸机，在僚机的重重保护下，从戈林的头上飞过——他在开普布朗内的悬崖上观察机群。密集的机群像蜜蜂似的飞过英吉利海峡，朝泰晤士河飞去，轰炸伍尔维奇兵工厂、发电站和码头。当戈林听到最后一个目标已成"一片火海"的消息后，便急忙走至麦克风前，向听众广播说，伦敦正被毁灭，我们的计划是要"击中敌人的心脏"。这次毁灭性的进攻一直延续至拂晓。在这次袭击中，共有842名伦敦人被炸死。9月15日，希特勒批准对伦敦进行一次更大规模的空袭，妄图消灭皇家空军。这次空袭也成为整个英德战役的转折点，正如后来丘吉尔后来所评价的，这天是整个英德战役的"关键"。

在这次大规模空袭中，德军又损失了60架飞机，而英国只损失了26架。不得已，希特勒只好面对现实。在17日，他承认，通过空袭恐怕永远都无法令英国投降。接着，他便简明扼要地宣布：由于无法取得空中优势，"海狮"计划延期，何时发动，另行通知。这就意味着"海狮"计划将被取消，而入侵英国也成了一纸空谈。

英国在与德国较量的中取得了胜利，虽然英国的政府首脑们在过去做了种种的蠢事，不过在紧要关头总算有少数几个人及时地站了出来，并带领英国人民走向胜利。丘吉尔也曾在一次总结性的演说里对下院议员说，"在人类战争领域里，从来没有像现在这样，那么多的人的生存全靠那么少的人。"

· 第七章 ·

命运转折：侵苏遇挫，四面楚歌

第一节
筹谋"巴巴罗萨"计划

"海狮"计划的严重受挫,让希特勒不仅没有取得征服英国的最终胜利,更让他失去了在地中海给英国以致命打击的机会。

在过完圣诞节两天后,雷德尔海军元帅来到柏林会见希特勒。他对希特勒说道,现在我们对英国已经没有任何的威胁了,在地中海、近东和北非更无法采取任何行动。

1940年9月,雷德尔曾经屡次向希特勒建议希望能扩大对英国打击的范围。在9月26日所召开的第二次军事会议上,雷德尔还与希特勒进行了单独的密谈。这一次,他向元首详细地叙述了海军的战略和在英吉利海峡以外的地方打击英国的重要性。

雷德尔表示,地中海在英国人的心目中有着非常重要的位置,他们把它当作世界范围的帝国中枢。所以他建议,德国必须赶在美国进行干预之前,运用一切可以运用的手段果断地向英国进行打击。

为此,这位海军元帅给出的具体方案是:占领直布罗陀;空军占领加那利群岛;占领苏伊士运河;从苏伊士通过巴勒斯坦和叙利亚向前推进,远至土耳其。如果这些目标都能够达到,那么土耳其以及苏联都将会落入德国的手掌之中了。

他还预言说,英国在美国和戴高乐部队的支持下,将在西北非洲获得一个立足点,那里将成为轴心国在今后进行战争的一个基地。为了不让英国实现这个战略意图,他提出德国可以先把这个战略上的重要地区予以占领。据雷德尔事后回忆说，希特勒对他的想法很是赞同，不过他表示，在执行这个行动之前他必须与墨索里尼、佛朗哥和贝当来就这个问题进行协商。他计划在10月23日与西班牙独裁者见面，在第二天与贝当见面，然后再与墨索里尼会谈。

会晤的地点设在城外法国窄轨铁路与西班牙宽轨铁路交轨处。希特勒的火车按时抵达，赶上了下午两点要举行的会晤。但在邻近的月台上却不见西班牙人的火车。一小时后，西班牙人的火车终于出现在横跨在比达索阿河上的国际大桥上。西班牙人的姗姗来迟是蓄意为之的。"这是我一生中最重要的一次会晤，"佛朗哥对一个军官说，"我必须设法用计——这就是其中之一。我若让希特勒等我，在心理上从一开始他便处于不利的地位。"佛朗哥身材矮胖，长着一双乌黑的锐眼。当他走下列车时，军号高奏，铜鼓齐鸣。在检阅完仪仗队之后，接着就开始了那个"至关重要"的会谈。

希特勒一开始便对德国取得的"胜利"洋洋得意地大吹了一通。"英国早就被我们打得没有任何还手的能力了，只不过英国现在还不承认这一事实而已。"然后，他讲到了核心问题——直布罗陀。希特勒强调说，只要这个地方被占领，那么英国在地中海和非洲就没有立足之地了。他还提议德国与西班牙缔结1941年1月参战的协议。这样直布罗陀就会成为德

希特勒与西班牙独裁者佛朗哥会晤

西两军的囊中之物了。

为了吊足佛朗哥的胃口，希特勒提出，拿下直布罗陀后可以归西班牙，并且还含蓄地表示，西班牙如果对法国在非洲的殖民地感兴趣也可以如其所愿。希特勒还特意把"可以"两个字拉得很长，表现了他非常勉强的心态。

佛朗哥蜷缩着身子坐在椅子上，脸上毫无表情。后来，他终于开口了。他讲得很慢，也很小心谨慎。他的讲话让希特勒越听越失望。终于，希特勒唰地站起身来，脱口说道，再讲下去也徒劳。说完，他又立即坐下。似乎对自己的冲动觉得后悔，他再次劝佛朗哥签订条约。"当然！"佛朗哥说，"还有什么比这更合乎逻辑的呢？只要德国供应粮食和武器，条约当然签。同时，还要给西班牙决定何时参战最适宜的权力。"

会谈整整持续了9个小时，最终佛朗哥也没有确定是否参加战争。

相对于西班牙人的模棱两可，希特勒第二天在蒙特瓦尔与贝当会晤的情况也不乐观。老迈的贝当元帅，穿着一身漂亮的制服前来，在车站的进口处受到了凯特尔的迎接。贝当回了礼，挺着腰板，双目注视着前方，检阅了德国的仪仗队。跟在他后边的是里宾特洛甫和法国人赖伐尔。他们默默地沿着月台朝元首的列车走去。众人领着这位老元帅进了秘密车厢。他

希特勒与法国总理贝当会晤

笔直地端坐着，注视着希特勒，专心听着施密特的译文——为了让老人能听清，施密特的声音特别响亮。

在用温和的语调历数了法国的罪恶后，希特勒将对佛朗哥讲过的话重述了一遍。"我们已赢得了战争。英国已战败；它迟早总要承认这点。"还有，他意味深长地补充说，战争打输了，总得有人为它付出代价，"不是法国便是英国。如果这个代价由英国承担，那么，法国便可在欧洲谋求一个位置，保持其殖民大国的全部地位"。为此，法国当然要保护其海外殖民地，使之不受侵犯；此外，法国还需重行征服中非的殖民地，因为它们已投靠戴高乐。说到这里，他委婉地建议让法国参与反对英国的战争。他问贝当，假若英国像在梅塞尔克贝尔以及几星期后在达喀尔一样继续进攻他的军舰，法国将怎么办？

贝当承认，这两次进攻冒犯了大多数法国人，但他的国家无力再发动另一次战争。他反而请求签订一项终极的和平条约，"这样，法国便能确知它的命运，两百万法国战俘也能尽早回来与家人团聚"。希特勒将这个问题支吾过去，而法国人也对法国是否参与反英战争未作回应。双方各自心怀鬼胎。贝当虽然对元首表示钦佩，似乎对元首的许多意见都表示同意，但他说话言简意赅，令施密特觉得他是在公开拒绝。"希特勒下的一笔大赌注，"这位翻译回忆说，"由于贝当和赖伐尔的小心谨慎而输光了。"在他看来，法国这两位代表在蒙特瓦尔的表现，并未使法国丢脸。

尽管贝当作了相当大的让步，可是希特勒都没有达到自己预期的目的。据施密特博士说，他更想要的是法国积极参加对英国的战争。在回慕尼黑的旅途中，这位翻译官发现希特勒对此行的结果感到失望和沮丧。

不过希特勒并没有按照原计划返回柏林，而是让火车开往慕尼黑，在那里稍作休息后为仓促提前的意大利之行做好准备。10月27日下午，正当他要乘火车南下时，德国驻罗马大使馆传来消息说，得到确切的消息，墨索里尼将于次日清早向希腊进攻。听到这一消息，希特勒表现得极为愤怒。

10月28日上午10时，在赶往意大利的途中，希特勒听到意大利的军队已经开进希腊。据当时在场的恩格尔回忆，希特勒听到这个消息后，便破口大骂。不过他首先骂的不是墨索里尼，而是德国的大使馆官员和联络官，希特勒说他们"多次坏了自己的好事"。不久之后，他又改口痛骂意大利人口是心非。他骂道："他们这是在为挪威和法国报仇！"在发泄了一通后，希特勒开始冷静下来分析形势。他分析说，意大利进攻希腊的主要目的，是想要阻止德国对巴尔干半岛产生越来越大的影响。他还非常担心地说，意大利的入侵有可能会给英国在巴尔干半岛建立空军基地以良机。

在一小时之后，火车慢慢开进了佛罗伦萨火车站。墨索里尼满面春风，大步流星前去拥抱他的盟友。"元首！"他喊道，"我们正在进军！"希特勒控制住了自己的情绪，不过他的问候还是显得有些傲慢。

在会谈中，希特勒对希腊之事没有一点埋怨的表现。他把自己与贝当和赖伐尔会见的情形对墨索里尼述说了一遍。他说贝当的表现给自己留下了深刻的印象，又把与佛朗哥的会谈说成是个酷刑，表示如果要自己再与他会谈的，"还不如拔掉自己的三四颗牙齿"。

通过长时间的会谈后，两人之间又取得了表面上的谅解。希特勒还重复了在勃伦纳山口所做的保证，他说，自己"不管怎样都不会与法国签订和约，任何时候都以意大利的要求为主"。而墨索里尼则表示，德意两国自始至终都有着相同的想法和一致的目标。

不过在坐上返回的火车后，希特勒便开始对墨索里尼的"冒险"进行大肆批评，他说到最后的结果只能是个军事灾难。他还大喊道，墨索里尼为什么不对马耳他或克里特进行攻击？这样做才能体现他们与英国在地中海的战争中的重要意义。

果然，在希特勒刚刚回到柏林后，就传来了墨索里尼的军队在希腊遭到挫败的消息。

11月4日，希特勒在总理府里召开了高级军事会议，经过一番讨论，德国决定不派任何军队到利比亚前去支援鲁道弗·格拉齐亚尼所领导的意大利军队，仅仅派少量的俯冲轰炸机前往埃及，对亚历山大港的英国舰队和苏伊士运河进行轰炸。

在谈到希腊的问题时，希特勒说，意大利所采取的进攻是一个非常令人遗憾的错误，它对德国在巴尔干的地位产生了威胁。因为英国人通过占领克里特和莱莫斯而有了自己的空军基地，这使英国空军作战能力得到了加强。为了消除这个危险，希特勒指示陆军立即制订一个作战计划，准备至少10个师的兵力通过保加利亚向希腊入侵。

除此之外，希特勒还打算在地中海西部采取军事行动。他把占领直布罗陀、西班牙的加那里群岛和葡萄牙的佛德角群岛的军事行动以代号"菲立克斯"统称。同时，他还命令海军研究占领葡萄牙的马德拉和亚速尔群岛的可能性，以及对葡萄牙的军事进攻，这个行动的代号是"伊莎贝拉计划"。为此，希特勒命令德军的3个师集结在西班牙、葡萄牙边界，用来执行这个计划。

最后，希特勒还要求法国海军调集几只军舰和一些部队，以防止法国在西北非的属地遭到英国和戴高乐的进攻。

可是能否进入直布罗陀，使英国舰队不能进入地中海，佛朗哥是关键。于是希特勒打算再次说服佛朗哥，促使他早日采取行动。1941年2月6日，希特勒给西班牙独裁者写了一封长信，他在信中说，"领袖，现在必须对你澄清一件事情：我们正面临着一场生死的斗争……西班牙的命运与德国和意大利是捆绑在一起的，只有我们获得胜利了，你的政权才会长久地存在下去。"

不过，凑巧的是，当佛朗哥收到这封信的时候，正好是意大利格拉齐亚尼元帅在昔兰尼加的残部于本加济以南被英军消灭。在这一天英军已经越过了昔兰尼加，在突进了500英里后，把意大利在利比亚的整整10个师的军队予以消灭，另外还俘虏了13万人，缴获了1240门大炮，500辆坦克。

这次失败，让希特勒所受到的打击非常之巨大。他在写给墨索里尼的信中说，"正因为西班牙迟迟不肯参战才导致目前的不利局面"。

1941年1月8日至9日，在伯希特斯加登山上的伯格霍夫，希特勒举行了一次军事会议。在这次会议上，他承认，在德国没有绝对的空中优势之前，占领英国的举动是行不通的，除非英国的内部产生巨大的变化。他还表示说，要想战胜英国，海军和空军必须集中力量对英国海上运输线进行攻击，这样就会断绝它的海上物资供应。希特勒还命令把一些反坦克部队和德国空军中队派往利比亚，对节节败退的意大利军队进行支援。与此同时，入侵希腊的"玛丽塔计划"必须加紧执行。为此，他命令德军从罗马尼亚向保加利亚进行集结，以便在3月26日开始执行"玛丽塔计划"。

在这次军事会议上，希特勒还正式提出了入侵苏联的"巴巴罗萨"计划。他说："假如俄国被消灭了，那么日本的压力就大大减少了，更重要的是美国将会受到前所未有的威胁。"

"巴巴罗萨"为红胡子的意思，是中世纪德皇腓特烈一世的外号。他曾经不断地发动战争，企图以血腥的方式征服周围的国家，进而称霸欧洲。希特勒以此为代号，就是要决心继承德皇腓特烈的衣钵，但他的目标不仅是要称霸欧洲，更要称霸世界。

为了更好地实施自己的闪电战术，希特勒继续玩弄"海狮"骗局，以达到混淆视线、麻痹苏联的目的。他采用了各种各样的伪装和欺骗的手法，用以掩饰自己的真实意图。他在英吉利海峡和加莱海峡沿岸，集结了大量的渡海和登陆船只、器材；在海岸上装配了大量的假火箭；军队频繁地进行登陆演习；甚至将在苏联边境集结的大批的德军，说成是为了进攻英国而来到东方休整。在战争即将打响之前，德军在宣传上还一反常态，各种舆论停止了对苏联的攻击，而把火力全都对准了英国。于是德国在"海狮"计划的掩盖下，悄悄地做着攻打苏联的准备。希特勒要求所有的准备工作都要在1941年5月15日以前完成。甚至希特勒还狂妄地表示，在"巴巴罗萨"计划开始的那一刻，将使全世界都为之震惊。

希特勒还打算，在"巴巴罗萨"计划执行之前，先把位于巴尔干的南翼掌握在自己的手中，并把那里的军事力量再进一步加强。于是在1941年2月，希特勒在罗马尼亚集结了一支68万人的大军，准备通过保加利亚对希腊开始大规模的进攻。而保加利亚政府对希特勒打赢这场战争非常有信心，并且还得到了希特勒把一条通向爱琴海的通道送给保加利亚的保证，所以它同意参加"玛丽塔行动"，允许德国过境向希腊进攻。2月28日晚上，德国陆军部队从罗马尼亚渡过了多瑙河，进入保加利亚，保加利亚在第二天就参加了三国条约。

不过，强悍的南斯拉夫人并不是那么容易就听从摆布的。希特勒为了把他们拉进自己的阵营花费了许多心思。3月4日到5日，希特勒就与南斯拉夫摄政王保罗亲王在伯格霍夫进行了秘密会面，3月25日，南斯拉夫首相德拉吉沙·斯维特科维奇和外相亚历山大·辛卡尔·马科维奇来到了维也纳，他们代表南斯拉夫在三国条约签了字。但是，在3月26日夜里，一些军官领导的群众起义就把他们的政府给推翻了。王太子彼得被宣布为国王。领导新政权的杜森·西莫维奇将军很快就表示愿意与德国签订互不侵犯条约，但是希特勒明白南斯拉夫不会成为德国的傀儡。条约签订之后，南斯拉夫在共产党的领导下，在首都贝尔格莱德和其他许多城市都进行了声势浩大的反法西斯游行示威。他们向德国公使的汽车吐唾沫，并高呼："宁死不做亡隶！""打倒卖国贼！"等口号，充分表达了其捍卫国家主权的决心。

贝尔格莱德所发生的政变让希特勒勃然大怒，他决心对南斯拉夫进行军事打击。4月6日，希特勒命令德军向南斯拉夫和希腊攻去，德国空军也对贝尔格莱德展开了狂轰滥炸。4月13日，德国军队和匈牙利军队攻占了贝尔格莱德。17日，残余的南斯拉夫陆军在萨腊耶伏被迫投降，新的国王和首相则乘飞机逃到了希腊。南斯拉夫陷落后，以铁托为首的南斯拉夫共产党人开始领导人民进行了艰苦卓绝的反法西斯游击战争。

其后，希腊军队也节节败退。此时，英国迅速从利比亚调遣大约4个师，共53000人，对希腊进行支援。但是，他们也同样在德国的装甲部队和空军的猛烈轰炸下没有还手之力。4月23日，北部的希腊残余部队向德军投降。四天后，德国坦克开进了雅典，德国的卐字旗高高挂在了卫城阿克罗波利斯。

又一次尝到了败果的丘吉尔，继续号召英国人民不要悲观失望，希望全体人民克服困难，一起坚持斗争，争取走向胜利。

希特勒不仅仅在巴尔干帮助自己昏庸无能的盟友摆脱了困境，在利比亚当意大利的军队再次被歼灭之后，希特勒也同样派遣了一个轻装甲师和一些空军部队前往北非进行救援。他命令埃尔温·隆美尔负责全面指挥意大利和德国部队。隆美尔是一个足智多谋的将军，有"沙漠之狐"的称号。他所指挥的军队在战斗中表现得非常勇猛和顽强，只用了12天便收服了昔兰尼加，包围了托卜鲁克，并且占领了离埃及边境只有几英里的巴尔迪亚，进而暂时扭转了德意军队在北非的不利局面。

接二连三的胜利，使希特勒的野心膨胀了起来，他乐观地认为入侵苏联的时机已经成熟了。于是，他命令"巴巴罗萨"计划要在1941年6月22日开始实施。

第二节
深陷对苏作战的泥潭

1941年6月22日凌晨3点半，希特勒继续采取了自己那套不宣而战的卑鄙伎俩，对苏联发动了突然进攻。几分钟之内，硝烟便弥漫了整条东线，炮弹的闪光把夜空照得如同白昼。希特勒一直筹划的"巴巴罗萨"计划，现在终于得已实现了。不过此时的希特勒却开始有些许不安起来。因为南斯拉夫事件让"巴巴罗萨"推迟了大约5个星期左右，而这一推迟将带来许多无法预判的后果。对历史有着偏爱的希特勒，或许想不到，在129年前的6月的同一天，同样有征世界欲望的拿破仑，也是跨过了涅曼河向莫斯科进军的。

向苏联进攻的法西斯侵略军来势非常凶猛，德联军共出动了190个师的兵力，其中德国出动了153个步兵师、19个装甲师和14个摩托化师，3700多辆坦克、4900多架飞机、47000多门大炮和193艘舰艇。在北起波罗的海、南至黑海的2000多公里的战线上，希特勒向苏联发起了大规模的进攻。德军还是继续采用惯用的闪电战术，企图以迅雷不及掩耳的速度打败苏联，在冬季到来之前结束这场战争。

在战争初期，德国拥有巨大的优势。通过对占领国家的掠夺，德国拥有了极为雄厚的物资和战略储备，同时德军的武器装备十分精良，而且通过长期的对外侵略战争，积累了丰富的作战经验，战斗力极强。而苏联方面，由于最高当局对德国发动侵苏战争的时间和规模严重估计不足，在各个方面都与准备充分的德军有着明显的差别，这就造成了苏军在战争初期的严重失利，节节败退。以至于在1941年初秋，希特勒认为苏联马上就要完蛋了。9月18日，他就对军队下达命令说："绝不接受列宁格勒或莫斯科方面提出的投降，我们要让列宁格勒从地球上彻底消除。"

10月8日，德军攻下了莫斯科南方重镇奥勒尔，于是希特勒命令他的新闻发布官奥托·狄特里希向世界各大报纸的新闻记者宣布：德军已经包围了守卫在莫斯科的提莫申科元帅所率的苏联最后一支完整的部队，现在他们已经逃不脱被德军消灭的命运了；布琼尼元帅所率领的南方部队也被打得处于溃散的边缘；而伏罗希洛夫元帅则被围困在列宁格勒，他所率领的六七十个师的部队无处可逃。狄特里希最后还洋洋自得地表示，从军事的角度上看，苏联已经失去了最后挣扎的能力了，强大的苏俄已经被打垮了，而英国所梦想的两线作战计划也破灭了。

不过，希特勒和狄特里希断言太早了。虽然说苏联因突然袭击，使部队和装备都受到了重大的损失，但是自从7月份起，苏军便展开了顽强的抵抗和猛烈的反击。在苏联军民的殊死抵抗和反攻中，德军也遭到了不同程度的损失。

德军还对苏联拥有T34型坦克感到惊讶不已，他们在事前毫无所知，更是缺乏应对手段。T34型坦克装甲很厚，德国的反坦克炮弹无法对它形成有效的攻击。勃鲁门特里在事后表示，正是由于这种装甲的出现，标志所谓"恐怖坦克"的时代开始了。在战争爆发之初，德国的空军在保护地面部队和进行战前侦察等方面优势明显，因为苏联的战斗机和机场在第一天就被德军给轰炸得七零八落了。不过，苏联空军表现得与他们的陆军一样顽强，依然不断地给德军制造威胁。

在7月下旬时候，德军最高统帅之间因主攻苏联的哪个方向，产生了严重分歧。以勃劳希契和哈尔德为首的陆军总司令部，主张向莫斯科全力进攻。不过希特勒却对此有不同的看法，他希望军队早日占领乌克兰的盛产粮食地区和工业地区以及位于高加索的俄国油田。而且他还认为，通过向这些地区进攻，还可以引蛇出洞，为歼灭仍坚守在基辅东面、第聂伯河东岸的布

希特勒正与德军众将领一起研究作战图

琼尼部队。除此之外，希特勒还希望能先打下列宁格勒，在北面与芬兰军队会师。可是要想达到这两个目的，中央集团军必须要将步兵师和装甲师分裂开来，分别向北路和南路进军。同时，希特勒还决定暂缓对莫斯科的进攻。为此，在8月下旬，希特勒还严厉批评了那些不能赞同他的战略天才的陆军元帅和将军们，并且痛骂他们的脑袋已经被那些过时的理论弄得陈腐不堪了。

伦斯德所率领的南路大军，由于得到了从中路抽调出来的古德里安的装甲部队和步兵师的增援，实力再次得到了加强，于是对基辅发动了猛攻，并在9月19日把其完全占领。基辅的陷落让希特勒兴奋不已，他认为这是一次"世界上史无前例的最大胜利"。不过，这样的胜利并没有消除部分将领对整个战略计划的质疑。

在中路，因为包克的装甲部队去驰援了南路和北路，所以他的集团军不得不在斯摩棱斯克东面不远的杰斯纳河一带停滞了两个月之久。

北路方面，希特勒命令冯·李勃元帅指挥32个步兵师、4个摩托化师、4个坦克师和1个骑兵旅的兵力，同时还配备了6000门大炮、4500门迫击炮和1000多架飞机，对列宁格勒发动猛烈的进攻。希特勒下令，必须在9月1日前占领列宁格勒。

8月底，德军迅速地占领了列宁格勒东南方向的托斯纳、姆加等地，进而沿着涅瓦河左岸向拉多加湖推进，企图从东面包围列宁格勒。到了9月8日，德军通过了拉多加湖南岸，攻克了什利谢尔堡，封锁了列宁格勒的陆地交通。从这天起，苏联红军开始了长达900天的保卫列宁格勒的英勇战斗。

希特勒在还打算在攻陷列宁格勒以后，集结所有的兵力从东北迂回，对莫斯科展开进攻，但是苏军的顽强抵抗下，列宁格勒并没有陷落。这让希特勒的如意算盘难以实现，苏联人民的顽强抵抗，使德军不得不暂时放弃占领列宁格勒的计划，转而对莫斯科发起进攻。

9月30日，希特勒的中央集团军群以"台风"为代号，再次集中了74个师和1700辆坦克、1390架飞机、14000多门大炮和迫击炮，从莫斯科的南面开始向其进攻。10月2日，德军突破了苏军坚固的防线，莫斯科岌岌可危。

不过，在这紧要的关口，希特勒狂妄自大的毛病又一次爆发了。他不能满足在冬季到来之前仅仅就攻克苏联的首都，所以他下令北路的陆军元帅冯·李勃必须迅速加强对列宁格勒的进攻，争取早日与北面的芬兰军队会师，然后切断摩尔曼斯克铁路。同时，他还命令伦斯德元帅在同一时间扫清黑海沿岸，占领罗斯托夫，夺取迈高普油田，入侵伏尔加河岸的斯大林格勒，以便切断斯大林格勒与高加索地区之间的联系。对于希特勒的计划，伦斯德提出了疑义，他表示，如果这样做的话德军将深入第聂伯河400多英里，军队的左翼将会彻底暴露在敌人面前，这是非常危险的。不过希特勒却对他说，南路的苏军已经没有威胁德军的实力了。

德军进军莫斯科的路线正是拿破仑曾经所走过的那条老路。在10月上旬，德军便把维亚兹马和勃良斯克之间的两支苏联部队给包围了，并使他们遭到了严重的损失。10月20日，德国装甲部队就已攻到了离莫斯科只有40英里的地方。感到危机的苏联核心机关和外国的使馆，都急忙撤退到了伏尔加河上的古比雪夫城。此时，德军的所有将领们都认为在冬天到来之前肯定能拿下莫斯科。而柏林的广播电台也开始吹嘘说，德军已经做好了进入莫斯科的准备。

但是，整个德国从希特勒到下层军官都没有预料到天气所带来的严重影响。此时，正是苏联的秋雨期。绵绵的秋雨下了许多天，地面由于受到雨水的长时间浸泡，已经变成一摊稀泥。德军的重型坦克无法展开行动，而苏军的T34型克由于性能良好，更适应当地实际，仍然能够自由行动。它们四处出击，给入侵者以沉重的打击。以往德军经常运用闪电战给入侵国家以迅猛攻击，但现在，飞机由于能见度差无法给地面部队以掩护和进行远程攻击，而地面部队也深陷泥潭，无法动弹。德军的优势已荡然无存。

更糟糕的是，秋雨一结束，严冬马上就来了，可是此时德军连冬衣的影子还没有见到。他们不仅在前方承受着苏联红军的英勇反抗，而且在后方的广大森林沼泽地带，运输车队常常遭到游击队的袭击。曾经不可一世的法西斯军队，开始出现怀疑、甚至绝望的情绪。

与此同时南方也出现了一次危机，与中路大军的失败遥相呼应。冯·伦斯德元帅被迫撤离一星期前攻陷的、通往高加索的大门罗斯托夫。罗斯托夫的撤退，是希特勒侵苏过程中一个小小的转折点。因为这是德国军队第一次遭受如此重大的挫折。古德里安后来对此评论说："正是从罗斯托夫撤退开始，我们的灾难才不断的来临。"

罗斯托夫的撤退，让希特勒非常生气，于是他电告伦斯德必须原地固守待命。可是伦斯德立即复电称："试图固守是疯狂之举。首先，部队无法这样做。第二，部队若不后撤必被消灭。我再重复说明，此令必须撤销，否则请换别人。"

电文是由一个下级军官起草的，最后一句才是伦斯德亲自加上去的。结果，正是最后的那句话激怒了希特勒。他在没有与陆军总司令磋商的情况下，于当天晚便做了如下答复："本人接受你的请求。请交出你的指挥权。"最后，冯·莱希瑙元帅接替了伦斯德的职务。

但是很快，更不利的消息又来了。向莫斯科发动的全面进攻失败了。12月初，一支步兵侦察队摸到了莫斯科的边沿并看见了克里姆林宫的尖塔，但他们被数辆红军的坦克和工厂工人组成的紧急部队驱散，患着严重胃病的冯·包克元帅在电话里向勃劳希契承认，整个进攻都缺乏深度，部队的体力已消耗殆尽。12月3日，包克打电话给哈尔德，此次通话表现得更加悲观。当包克建议采取守势时，哈尔德不痛不痒地用一句人们常说的话打发了他，"最好的防御就是坚持进攻"。

次日，古德里安报告说，气温已下降到零下31度。因为天冷，坦克需在发动机下用火烤才能发动，望远镜里的图像也看不清楚了。更糟的是，冬大衣和长筒毛袜还未运来，士兵们苦不堪言。12月5日，气温又下降5度，古德里安不但中止了进攻，而且将前边的部队撤回防线。

12月6日，刚刚上任苏联红军中路战线司令的格奥尔基·朱可夫将军，对德军发动了总反攻。在莫斯科前沿200英里长的战线上，他的七个军团和两个骑兵军，共计110万人、7652门火炮、774辆坦克、1000多架飞机，全线出击。这支由步兵、炮兵、坦克兵、骑兵、空军组成的强大部队，彻底扭转了战局，德军防线接连被突破，正如130年前拿破仑的大军一样，纳粹侵略军迅速冰消瓦解了。

希特勒简直无法相信，曾经不堪一击的俄国军队如今却变成了猛虎。这是怎么回事？最终意志消沉的希特勒不得不承认，"胜利再也无法取得了"。希特勒没有实现他在六个星期之内，就把苏联军队彻底打败的梦想。

连遭失败的希特勒，把怒火全都转向了陆军的将军们。他解除了伦斯德元帅南路司令官的职务，陆军元帅冯·包克的职务也被冯·克鲁格元帅接替。曾经表现得十分英勇善战、首先采用大规模装甲战而革新了现代战争的古德里安将军，也因擅自下了撤退命令而在圣诞节被解除职务。率领坦克部队取得惊人战绩的司令官霍普纳将军，也以同样的罪名被希特勒突然撤职，还被褫夺了军阶。12月19日，陆军元帅冯·勃劳希契也被希特勒获准免去了陆军总司令的职务。

因找不到合适的人选，希特勒不得不自己亲自掌管陆军事务。可是，不利的战局依然在持续，原定要在莫斯科庆祝圣诞节的德国军队，如今在这个可怕的冬天，却被苏军迅速地击退。到 2 月底，德军已退到离莫斯科 75 英里到 200 英里的地方。

第三节
珍珠港事件爆发，德国对美宣战

1941年12月7日，日本联合舰队的356架飞机，从6艘航空母舰上起飞，向美国太平洋上最大的海军基地珍珠港发动了突然袭击。这次突然袭击，是继第二次世界大战中希特勒突然对苏联发动进攻之后的又一次举世震惊的举动。日本的闪电袭击使美国太平洋舰队损失惨重，8艘战列舰中被炸沉4艘，重创4艘，还有3艘轻巡洋舰和3艘驱逐舰被炸沉，炸毁300多架飞机，死伤海军和陆军官兵4000多人。

罗斯福在提起珍珠港时说道，珍珠港事件对日本来说，是孤注一掷的军事大赌博；而对于美国人来说，则是一个永远无法忘却的奇耻大辱！

对于日本发动的对珍珠港美国太平洋舰队的突然袭击，希特勒也感到非常的震惊。虽然希特勒曾经对日本外相松冈许下口头诺言，德国将与日本一起对付美国，里宾特洛甫也曾对大岛大使作过保证。可是这种保证是没有任何协议来约束的口头承诺，而且日本在袭击珍珠港之前也丝毫没有向德国人透露过一点风声。

12月8日下午1时，日本驻柏林大使大岛来到威廉街会见里宾特洛甫，他还要求德国履行承诺马上对美国进行宣战。

里宾特洛甫回答说，希特勒此时正在前线指挥战斗，他表示会把日方的要求尽快向元首转达，还说自己将会尽一切力量促使其迅速实现。

可是，希特勒在12月9日夜间回到柏林后，对于是否要与美国进行宣战他思虑了很久。最终，他决定下令对美宣战。因为在他看来，拥有世界上最强大海军的日本在太平洋上收拾了英美之后，便会掉过头来把火力对准苏联，这样就可以帮助他完成征服东方的大业。后来，希特勒在一次会议上对部下说："日本人选择的时间事实上正是俄国寒冬的意外困难使我军士气遭到严重挫伤的时候，而且我们也一直担心美国会介入战争中来。因此从我们的立场上看，日本此时对美宣战是再及时不过的事情了。"希特勒还表示，日本所采用的突然袭击这种办法宣战，做得相当正确，没有比这更好的办法了。

其实，妄图征服世界的希特勒，很早就清楚德国与美国之间必有一战，可是他认为这是在打败英国和苏联之后才需要考虑的问题。到那时候，他将在日本和意大利的帮助之下，共同对付美国人。胜利了的轴心国家将轻而易举地使孤立无援的美国人屈服在他们的淫威之下。

所以，希特勒一直都非常小心地避免与美国发生对抗，不让美国过早地卷入战争。所以在罗斯福不断增加对英国的援助面前，希特勒始终在竭力控制自己的情绪。他虽然看不起美国人，但他不得不承认美国的工业力量是强大的。正是在这种想法之下，他极力使美国保持中立——直到他做好对付他们的准备为止。

虽然战争物资被源源不断地从美国运往英伦三岛，但为了既定计划，希特勒禁止攻击美国海军舰只和商船。他下令："只有在美国船只首先开第一炮的情况下方可使用武器。"但是，罗斯福对德军与苏联发生的战争所作出的急速反应改变了希特勒对美国的耐心。6月22日，就是希特勒进攻苏联的第二天，罗斯福总统授权代理国务卿塞姆纳尔·威尔斯发表一项声明。声明宣称，即使意味着要给另一个与自己相对国家提供援助，也必须阻止希特勒。首先，美国将冻结的约4000万美元的苏联资产解冻，然后宣布《中立法案》的规定不适用于苏联——这样，港口符拉迪沃斯托克便可向美国船只开放了。

这一宣言主要是针对苏联发布的。7月中，希特勒向大岛大使提出一项建议，将双方先前的约定中日本方面的任务，即将日本的任务局限在抵抗英国、使美国中立，来了个彻底改变。

但日本早已决定不从东面配合德国进攻俄国，而是南下印度支那。

罗斯福于7月26日做出了迅速的反应，他接受了哈罗德·伊克斯等人的劝告（他们长期以来就敦促罗斯福对所有侵略者采取强有力的行动），下令将日本在美国的资产冻结。这个行动剥夺了日本获得石油的主要经济来源。一个月后，美国总统与丘吉尔在纽芬兰外海会晤，签订《大西洋宪章》——这是英美两国关于战争目标的联合声明。

10月31日，美国驱逐舰"卢本·詹姆士"号在为一商船队护航时，在冰岛以西600英里海面被鱼雷击中，100余名美国人沉入海底。11月8日，希特勒在慕尼黑发表了一篇讲话极力为"卢本·詹姆士"号的沉没开脱。他喊道："我已向德国舰只下令，不要看见美国船只就开火。只有遭受攻击，才可以自卫。"至此，希特勒仍不希望将美国过早拉入战争中来，因为美国强大的工业力量，是希特勒当前最不愿意面对的。

可是现在珍珠港事件爆发了，德国已然被日本逼到了墙角之下，希特勒只好横下一条心，对美国宣战。可是前景会怎么样呢？吉凶难料。

第四节
斯大林格勒的惨败

1941年冬德军进攻莫斯科遭遇挫败后，苏德双方开始进入短暂的休整期。双方都在积蓄力量准备给对方致命一击。因此，从1942年3月起，希特勒就已经开始忙于制订夏季攻势的计划了。他集结了266个师，其中有193个德国师，准备对苏联发动一次空前规模的夏季攻势。德军统帅部的计划是：集中兵力于南线，东断伏尔加河，拿下斯大林格勒；南取苏联高加索的油田，切断苏联经高加索与英美等盟国联系的物资供应线。希特勒要求他的AB两个集团军群，在同一时间向高加索和斯大林格勒发动进攻。

斯大林格勒位于伏尔加河弯曲部分的西岸，城市沿河约18英里长，是南俄的工业重镇，守卫着伏尔加河的门户。若希特勒占领这个城市，就可以封锁住通过黑海和伏尔加河向苏联中部运送粮食和石油的主要路线。

在没有对高加索和斯大林格勒开始进攻以前，法西斯军队在北非战场上已暂时取得较大进展。1942年5月27日，隆美尔指挥军队在沙漠地区重新展开攻势，将英国沙漠部队逼退到离埃及边境不远的地方。6月21日，他又率军攻陷了英军防守的重镇托布鲁克，并在两天以后攻入了埃及。6月底，法西斯侵略军已攻到离亚历山大港和尼罗河三角洲65英里的阿拉曼。在同一时间，德国潜水艇也先后在大西洋击沉了70万吨的英美船只。

德国空军轰炸斯大林格勒

德军在南线攻占克里木和哈尔科等地后，7月中旬，几十万大军开始向斯大林格勒进逼。8月23日，德国第六军团抵达斯大林格勒正北的伏尔加河一带。8月25日，克莱施特的坦克部队已进驻莫兹多克，距格罗兹尼四周的苏联最大产油中心只有50英里，距里海也只有100英里。8月31日，希特勒催促高加索方面的司令李斯特陆军元帅集结所有可以调集的力量向格罗兹尼作最后进攻，要求他尽快地拿下这一产油地区。

但在此时，希特勒又做出了一个愚蠢的决定：在继续进军高加索的同时，向伏尔加河上的工业重镇斯大林格勒发动大规模进攻。哈尔德曾公开抱怨，同时攻占斯大林格勒和高加索是不可能的，建议集中力量攻占前者。但希特勒仍坚信俄国人已经"完蛋"，没有采纳这一建议。希特勒对他的贴身副官说："如果我再听哈尔德的意见，我自己都会变成和平主义者了！"但是此时，苏联已在伏尔加河前方集结了足以抵御任何进攻的兵力。

8月下旬，战斗打到了斯大林格勒北郊。德军的狂轰滥炸业已使全城大火熊熊，苏军的通信系统被破坏了，无法与外界联系。但德军的情况也不容乐观。这时分兵两路进攻斯大林格勒和高加索的德军，受到苏军的顽强抵抗，阻滞不前。尽管德军每天出动上千架次的飞机，对这座城市投下100多万颗炸弹（其重量约10万吨），但是坚守斯大林格勒的苏军，在全国人民的支援和配合下，誓死不退，对侵略者进行了坚决的打击。9月中，德军从西南方向突破苏军防线，先头部队进逼伏尔加河畔；10月，纳粹军队攻入城市的大部分，将连接城市与对岸的一切渡口置于大炮火力轰击之下。城内进行着最激烈的巷战，苏军每天要打退敌人一二十次的冲锋，每一条街，每一幢房屋，都变成了阻击敌人的碉堡，每一寸土地都进行着殊死的战斗。

与此同时，为解斯大林格勒之围，苏军统帅部从东部增援了大量部队，经过周密的部署，在这座英雄城市的两翼集中了11个集团军，包括装备有中型和重型坦克的庞大的坦克部队，对德军进行反包围。

1942年11月19日，苏军以100万兵力、13500门大炮、900辆坦克和1400架飞机的强大战斗力，向德军展开猛烈反攻。几个小时以后，消息传到伯希特斯加登，这时希特勒和最高统帅部的将领们正在阿尔卑斯山上流连忘返。留在拉斯登堡的新任陆军参谋总长蔡茨勒收到了在最高统帅部的大事日记中所称的"紧急消息"。进攻开始的最初几小时中，占压倒优势的一支苏联装甲部队，在斯大林格勒西北的顿河沿岸谢拉菲莫维奇和克列茨卡亚之间，全面突破罗马尼亚第三军团的阵线。同时，在斯大林格勒的南面，另一支强大的苏联部队正在猛攻德国第四装甲军团和罗马尼亚第四军团，眼看就要突破他们的阵线了。

蔡茨勒建议希特勒，同意第六军团从斯大林格勒撤退到顿河河曲一带，恢复被突破了的阵线。但这么一个建议竟惹得希特勒大发了一顿脾气。"我决不离开伏尔加！我决不从伏尔加后退！"他大声叫喊，并亲自下令第六军团坚守斯大林格勒周围阵地。

希特勒及其随行人员于11月22日回到大本营。这天已是苏军发动进攻的第四天。前方传来的消息愈来愈使希特勒坐卧不安。南北两面的苏军已在斯大林格勒西面40英里顿河河曲上的卡拉赫会师。当晚，第六军团司令保罗斯将军发来一份电报，证实他的部队已被包围。希特勒立即回电，指示保罗斯把他的司令部迁入城内，布置困守，部队解围前的给养将由空运解决。按照保罗斯来电要求,每天空运的军需物资至少须750吨,但是德国空军缺少足够的运输机,远不能满足这种要求,而且即使有足够的运输机,在这样风雪交加的天气中,面对苏联战斗机的阻截,依靠空运保证供给也是难以做到的。

11月25日,希特勒把有"天才"之称的战地指挥官冯·曼施坦因元帅从列宁格勒前线调回来,委派他担任新建的顿河集团军司令。他的任务是从斯大林格勒西南向前推进,杀开一条血路,为第六军团解围。起初,德军进攻还算顺利,但在12月21日,当霍特将军所率的第四装甲军团前进到离城30英里时,再向前推进就十分困难了。第三天,曼施坦因打电话给霍特,命令他所率领的三个装甲师中的一个师到北面的顿河前线,他自己则率其余部队就地死守。营救第六军团的计划就这样失败了。

曼施坦因之所以给霍特发来这项命令,是因为他在12月17日得到一个紧急的消息。这天早晨,一支苏联军队在顿河上游地区的博古查尔突破了意大利第八军团的防线,到了晚上,已打开一道27英里宽的缺口。三天以后,缺口扩大到90英里,意大利部队仓皇溃逃。南边的罗马尼亚的第三军团,在11月19日苏军发动攻势的第一天就已受了严重的打击,现在已趋于崩溃。因此曼施坦因必须调出霍特的一部分装甲部队来协助堵住这个缺口。

此时,不仅顿河方面的部队向后撤退,已经进到离斯大林格勒这样近的霍特部队也后撤了,而这些撤退又转过来使高加索方面的德军受到威胁。一旦苏军打到亚速海附近的罗斯托夫,高加索方面的德军将被切断。圣诞节后一两天,蔡茨勒向希特勒指出:"如果你再不下令立即撤出高加索,我们就要碰到第二个斯大林格勒了。"没办法,希特勒被迫同意了蔡茨勒的建议。

高加索和顿河地区的德国部队,在1943年元旦以后一直在后撤,离斯大林格勒前线越来越远。现在是苏联红军聚歼斯大林格勒纳粹军队的时候了。1月10日早晨,苏军以5000门大炮强轰猛炸,展开了斯大林格勒战役的最后阶段。

6天之中，德军的袋形阵地已缩小了一半，只剩下一块15英里长、9英里宽的地方。1月24日，阵地又给一劈两半，最后一条小型的临时飞机跑道也失去了。

1月28日，残留的纳粹军队被分割在三小块袋形阵地之中。保罗斯将军的司令部在南面的一块，设在一片废墟的中心百货公司的地下室里。据一个目击者说，总司令坐在黑暗的角落里的行军床上，样子万分颓丧。

1月31日晚，保罗斯向总部发出最后一份电报："第六军团忠实于自己的誓言并认识到自己所负的极为重大的使命，为了元首和祖国，已坚守自己的岗位，打到最后一兵一卒一枪一弹。"

下午7点45分，第六军团司令部的发报员发出了最后一份电报："俄军已到了我们地下室的门口。我们正在捣毁器材。"最后写上"CL"，这是国际无线电码，表示"本台停止发报"。随后，有一个班的苏联红军战士冲进来要他们投降，第六军团的参谋长施密特将军接受了要求。保罗斯瘫软无力地坐在行军床上。施密特问他："请问陆军元帅，还有什么话要说吗？"保罗斯连吭一声的力气都没有了。

北面的一个德军袋形阵地中是两个装甲师和四个步兵师的残部，坚守在一座拖拉机工厂的废墟中。2月1日夜间，部队接到总部发来的一个电报。

"德国人民期望你们与守卫南面堡垒的部队一样，履行你

德国第六军团总司令保罗斯元帅（左一）投降

们的职责。你们继续多坚持一天，多坚持一小时，都有利于建立一条新的战线。"但到2月2日快到中午时分，这支部队也投降了。

冰天雪地、血肉模糊的战地，终于沉寂下来了。2月2日下午两点46分，一架德国侦察机在城市高空飞过，发回电报说："斯大林格勒已无战斗迹象。"

这时，第六军团残存的9万人，包括军团总司令保罗斯元帅和23名将军，都当了俘虏。此役中，纳粹德军在顿河、伏尔加河、斯大林格勒地区损失兵力共达150万人左右。

斯大林格勒战役，是希特勒发动侵略战争以来遇到的最大的一次失败。希特勒对保罗斯恨之入骨，一再咒骂他不为元首杀身成仁。但为了装点门面，这位纳粹独裁者还在1943年2月3日发表了一项特别公报，全文如下：

"斯大林格勒战役已经结束。第六集团军在保罗斯元帅的卓越领导下，忠实地履行了他们打到最后一息的誓言，为优势的敌人和不利我军的条件所压倒。"

同时，希特勒还下令全国致哀四天，停止一切娱乐活动，并叫嚷"从此以后他再也不任命陆军元帅了"。但是，战争形势已经开始发生逆转，这仅仅是德国法西斯灭亡的开始！

第五节
死亡工厂，纳粹集中营

希特勒一直在鼓噪要建立一个"新秩序"，而他所谓的"新秩序"就是要在欧洲建立一个以日耳曼人为主宰的大帝国。德国可以横加掠夺其他国家的资源，可以对犹太人、斯拉夫人和其他民族肆意杀戮和处置。

希特勒一直都认为，犹太人是一个劣等的民族，他们在世界上根本就不需要话语权；而斯拉夫人则天生是奴隶的命，他们可以耕耕地、开开矿，除此之外再也没有其他用处了。而东方的几个大城市，如莫斯科、列宁格勒和华沙，都将要从地球上彻底铲除掉才可以，苏联人、波兰人和其他斯拉夫人的文化不可以进行宣扬和传播，那些让他憎恨的国家的人民都无须得到正常的教育。其他国家的发达的工业设备都要加以拆除，然后运到德国。那些国家的人民只去从事一些农业就可以，他们种出来的粮食以供应德国的需求，他们只需要勉强维持自己的生命就可以了。那些纳粹的头目们甚至认为，欧洲最好没有一个犹太人才可以。

为了让灭绝犹太人的罪恶计划得以扩大发展，海德里希还在1942年1月20日于柏林郊区的汪西湖召开了一次专门的种族灭绝会议。前来开会的都是政府各部和党卫队保安处各机构的代表。虽然当时德军在苏联的侵略战争正处于非常困难的时期，不过纳粹官员们还是认为胜利已经触手可及。通过这次大会，海德里希又制订了比较详细的残害犹太人的计划。

在欧洲纳粹占领区的犹太人，首先将被送到被征服的东方，然后劳动致死，活下来的少数体格健壮的人则干脆直接处死。而对于那些原来就住在东方，已在德国统治之下的几百万犹太人，又该如何去处理呢？代表波兰总督辖区的国务秘书约瑟夫·贝勒博士提出了一项极为残忍的处理方案。他说，波兰的犹太人将近250万，这些人对德国统治构成了极大的威胁。他们身上带有传染性疾病，还有一部分是黑市的经营者，最好把他们就地解决掉。

德国法西斯设立的30多个集中营全都是死亡营。据估计，德国所抓的782万囚徒中大概有712万人死于非命。曾有一个时期，在纳粹党卫队领导人之间，还就对于采用什么毒气处死犹太人效率最高，展开了激烈的竞争。在奥斯威辛就曾创造过一天毒死6000人的纪录。据相关资料记载，德国商人为了争夺屠杀和处理尸体的新设备，和供应一种致人死命的蓝色

惨遭纳粹屠戮的犹太人尸体遍地

结晶药物，彼此之间还展开了激烈的竞争。那些在集中营所能找到的档案表明，许多德国企业家都是参与残害犹太人的同谋犯，其中不仅包括克虏伯和法本化学托拉斯的董事，而且还包括许多较小的企业家，他们帮助纳粹匪徒杀害了千千万万的犹太人和苏联红军的战俘，犯下了不可饶恕的累累罪行。

纳粹匪徒们不但对杀人感兴趣，更对他们的财物进行着肆意的掠夺。如果死者镶有假牙，他们就把镶牙的金子拔出来。未被拔掉的，尸体被焚毁后，假牙上镶的金子还留存，就从尸灰中拣出来。这些金子被熔化以后，同其他从罹难的犹太人身上搜到的贵重物品一起运到德国国家银行。根据希姆莱和银行总裁瓦尔特·丰克博士签订的一个秘密协定，这些东西都存在党卫队账上，账户用的一个假名代替。除了牙齿上的黄金以外，还有金表、耳环、手镯、戒指、项链，甚至还有眼镜框子，只要是值钱的东西党卫队就一件都不会放过。

不过，并不是所有的犹太人都这么乖乖地听党卫队处置。1943年春天，被圈禁在华沙犹太人隔离区中的6万犹太人，就曾经与纳粹刽子手们进行了英勇的反抗和斗争。这6万人是1940年像牲畜一样被赶进这个区域的40万人中的残存者。

在德国征服波兰一年以后的1940年秋末，党卫队便把约有40万犹太人赶到一起，用一堵高墙把他们圈禁在隔离区里。隔离区的周围将近2英里半长，1英里宽，同华沙其他区域隔绝。如果在正常的情况下，这样大的地方也就能住16万人，因此当40万犹太人聚在一起的时候，就显得特别的拥挤。不过，拥挤还不算是最严重的问题，因为管理他们的总督弗朗克连仅够勉强维持一半人活命的食物也拒绝发给他们。如果有犹太人离开这个封锁区，一旦被发现，立即在当场就会被处死。

7月22日，大规模的重新安置行动开始了。自那天起，这些犹太人就不断地运往灭绝营被杀害了。不过希姆莱并没有感到满足。掉1943年1月，他在到华沙进行视察时，发现在犹太人隔离区中还有6万人活着，于

纳粹匪徒放火烧毁犹太区的大部分房屋

是他下令，要求在 2 月 15 日以前把这些人全部杀掉。可是因为冬天的气候非常严寒，而且当时德军已在斯大林格勒遭到重大惨败，德国军队在苏联南部正节节后退，他们更需要运输工具，所以党卫队一时无法找到转移这批人的火车车皮。于是，党卫队决定立马采取连续三天的特别行动把犹太人从隔离区清洗干净。

在 1943 年 4 月 19 日早晨，党卫队的施特鲁普开始指挥他的坦克、大炮、火焰喷射器和爆破队对集中展开屠杀。面对死亡的威胁，不甘受死的犹太人把这些隔离区当成了他们的防守据点。虽然他们只有一些手枪、步枪以及偷偷运来的一二十挺机枪和土制的手榴弹，但他们依然决定抗争到底。

这场战斗一直持续到了第五天，怒气冲冲的希姆莱命令施特鲁普用最严酷手段扫荡隔离区。于是，纳粹匪徒采用烧光所有房子的办法把整个隔离区摧毁。虽然有时刻被活活烧死的危险，可是犹太人却毫不退缩，他们宁愿死在枪口下，也不愿在毒气室中送命。最后大部分犹太人光荣战死，而那些活着的被俘者则又被送到毒气室活活地给毒死了。这就是震惊世界的波兰犹太人的狱中暴动。

在对占领区的人民的奴役和掠夺上，纳粹德国也表现得极为疯狂。1941年7月16日，希特勒召集戈林、凯特尔、罗森堡、鲍曼和拉麦斯（帝国总理府长官）到位于东普鲁士大本营开会，再次说明他对新征服区的计划。希特勒在会上恶狠狠地说："我们现在必须面对这样的任务，即按照我们的需要来切开这块蛋糕，以便能够：第一，统治它；第二，管理它；第三，榨取它。"当时，德国对苏联发动进攻还不到一个月，但已经有大片领土落入德军手中。希特勒在《我的奋斗》中曾很明白地表示，德国要从俄国和东欧取得广大的生存空间，现在这个目标终于即将达到了。他命令纳粹匪徒们疯狂掠夺和攫取被占领国家的一切资源，为其雄心勃勃的侵略计划服务。

至于纳粹匪徒们究竟掠走了多少财富？这个谜团一直没有解开。此外，希特勒还要求那些被侵略的国家交纳数量庞大的"占领费"。据德国财政部长施维林·冯·克罗西克伯爵计算，截至1944年2月底，德国一共收到占领费共计480亿马克左右。而当战争结束时征收的占领费估计约为600亿马克。

德国不仅对被占领区人民的物质财富横加掠夺，而且还对被占领区人民肆意奴役和虐杀。截至1944年9月底，共有750万外国平民为德国做着免费的苦工，他们都是在德国的威逼压迫进行的。此外，德国还抓捕了200万左右的战俘。他们被装在铁篷货车上运到德国，途中常常吃不上，喝不上，连拉屎撒尿的地方也没有。到了德国以后，这些人就被派到工厂、田间、矿山从事劳动。他们不仅劳役繁重，而且还遭到侮辱、殴打和挨饿，常常因为缺衣、缺食、没有住所以致冻饿而死。

纳粹匪徒们不但做出了惨无人道的大规模屠杀，而且他们还把囚犯当成纳粹的医学试验品。这些囚犯被注射致命的斑疹伤寒和黄疸病毒，被浸在冰水中作"冷冻"试验，还被用来进行毒药弹和糜烂性毒气的试验，等等。在几个集中营，他们还用各种不同的方法大规模地对男女犯人进行绝育试验，正像一个党卫队的医生阿道夫·波科尔尼有一次在给希姆莱的信中所说的那样："我们不仅要征服敌人，而且还要把他们灭绝掉，永远都不能再次生育。"

纳粹的残暴无道，也引起了被占领区人民的激烈反抗，如保安警察和党卫队保安处处长、秘密警察的副首领、38岁的莱因哈德·海德里希就遭到了暗杀。

那是在1942年5月29日的早晨，当他乘坐敞篷汽车，从乡村别墅驶往布拉格的古堡时，一颗英制炸弹向他投来。他的汽车被炸得粉碎，脊椎骨也给炸断了。制造这起报复事件的是两个捷克人，他们一个叫扬·库比斯，一个叫约瑟夫·加拜克。完成后，他们在布拉格的卡尔·波洛梅斯教堂神甫们的掩护下，顺利逃脱。

身受重伤的海德里希在6月4日不治而死，紧接着德国人便进行了野蛮的报复，一场毁灭性的大屠杀开始了。根据秘密警察提交的报告，大概有1331名捷克人，其中包括201名妇女，被立即处死。隐藏在卡尔·波洛梅斯教堂的120个捷克抵抗运动的成员，被党卫队包围起来，全部杀死。然而，在反抗行动过程中受害最深的还是犹太人。他们之中有3000人被赶出特莱西恩施塔特的犹太人隔离区，然后被运往东方杀死。在爆炸的当天，戈培尔就在柏林的少数尚未被捕的犹太人中逮捕了500人；在海德里希死去的那天，枪决了其中的152人，以示报复。

在希特勒所大肆宣扬的建立欧洲"新秩序"的过程中，有千千万万人惨遭杀害，所采用的暴行更是闻所未闻。不过对于人类来说，非常幸运的是，这个罪恶的"新秩序"，没有用多长时间，就被世界人民反法西斯侵略的铁拳给摧毁了。因为自1943年起，苏联红军便开始进入了反攻之中，而世界上所有反法西斯力量也在逐步地走向联合。希特勒和墨索里尼的末日即将来临了。

· 第八章 ·

坠入深渊：穷途末路，饮弹身亡

第一节
针对希特勒的暗杀行动

1943年，形势对法西斯轴心国已非常不利，希特勒内外交困，他就像一个站在悬崖上搏命的狂徒。在这一年，希特勒遭到六次暗杀事件，其中有一次，密谋分子在希特勒乘飞机巡视苏德战场后方的时候，把一颗定时炸弹放在他的座机里，但不幸的是这颗炸弹却没有爆炸。

1942年11月，在斯摩棱斯克森林中举行的一次秘密会议上，抵抗分子中的核心政治人物戈台勒，曾经亲自劝说东线中央集团军司令克鲁格陆军元帅积极参加清除希特勒的行动。但这位动摇不定的将军刚接受了希特勒的一笔厚礼。在他60岁生日时，希特勒送给他一张25万马克的支票。所以在当时，他虽勉强答应了戈台勒的请求，但过了没有几天就又胆怯起来了。他写信给在柏林的贝克将军（也是密谋分子的主事者之一），要求别把他算在他们里面。

几个星期之后，密谋分子又想劝保罗斯将军。当时，这位将军所率领的第六军团正被围在斯大林格勒，他们估计他对希特勒一定极度失望，因为造成这种局面的正是希特勒本人。他们想让他发表一个告全军官兵书，号召他们推翻这个把30多万德国士兵置于死地的专制魔王。贝克将军亲自写了一封呼吁他这样做的信，由一个空军军官乘飞机把信送进这个被围的城市。但是，保罗斯的回答是向希特勒发出了雪片似的表示效忠的无线电报。直到他成为苏军的俘虏到了莫斯科之后，他才有所觉悟。

对保罗斯的希望破灭以后，密谋分子又把希望寄托在克鲁格和曼施坦因身上。这两个人在斯大林格勒战役惨败之后,飞到拉斯登堡,据说是去要求希特勒把苏联战线的指挥权交付给他们。这一步如果成功,就成为在柏林发动政变的一个信号。但这些密谋分子的主观愿望又一次落空了。这两位陆军元帅确实飞到了希特勒的大本营,但只是去重申他们对最高统帅的忠诚。

"我们被抛弃了。"贝克愤恨地抱怨道。

对贝克和他的朋友们说来,这一点已很明显:他们不能期望从前方的高级指挥官那里得到实际的帮助。在绝望之余,他们将目标转向剩下的军事力量的来源——国内驻防军,或称补充军。严格说来,国内驻防军根本不能说是一支军队,只是正在训练的新兵和在国内执行警卫任务的超龄部队的大杂烩。但那些人至少都有武装。在正规化的部队和武装党卫队远在前线的情况下,当希特勒遭受暗杀的时候,这支军队也许可以帮助密谋分子占领柏林和其他一些重要城市。

密谋分子计划在1943年3月份发动政变,这个计划被称作"闪电计划",是由陆军办公厅主任弗雷德里希·奥尔布里希特将军和克鲁格率领下在苏联作战的中央集团军参谋长冯·特莱斯科夫将军两人在1月和2月间筹划的。

2月末,奥尔布里希特对特莱斯科夫参谋部中一个低级军官、年轻的费边·冯·施拉勃伦道夫说:"我们已经准备好了,是'闪电'的时候了。"3月初,密谋分子在中央集团军总部所在地斯摩棱斯克举行最后一次会议。谍报局局长卡纳里斯海军上将虽然没有参加行动,但他是知道这件事情的,而且还为这次会议作了安排。他同他手下的汉斯·冯·杜那尼和埃尔温·拉豪森将军一起飞到斯摩棱斯克,表面上是召开一次武装部队谍报军官会议。拉豪森随身还带了几颗炸弹。

施拉勃伦道夫和特莱斯科夫在经过多次试验之后,发现德国炸弹不适合他们行动的要求。据这个年轻军官后来解释,这些德国炸弹要用一根信管引发,但信管点燃时会发出一种不大的嘶嘶的声音,这样就会被别提前发现。他们认为英国炸弹好一些，施拉勃伦道夫说，"在爆炸之前，它们没有任何声响。"英国皇家空军曾经在欧洲的德国占领区空投过许多这样的武器，供盟国特工人员进行破坏之用。谍报局收集到一些，后来转到密谋分子手中。

斯摩棱斯克会议订出的计划是诱使希特勒到这个集团军总部来，在那里把他干掉。这将是在柏林发动政变的讯号。

希特勒现在对绝大多数将领都有戒心，所以要诱使他进圈套不是一件容易的事情。但是特莱斯科夫说服了自己一个做过希特勒副官的老朋友施蒙特，要他对希特勒做工作。在经过一阵犹疑和几次改期之后，希特勒终于同意在1943年3月13日到斯摩棱斯克来。施蒙特本人对这个阴谋是完全不知情的。

在这期间，特莱斯科夫又重新努力使他的上司克鲁格来领头杀死希特勒。他向这位陆军元帅建议，准许指挥集团军司令部骑兵部队的陆军中校冯·波斯拉格在希特勒和他的卫队到达时，将他们消灭。波斯拉格是非常同意执行这一任务的。他所需要的只是陆军元帅的一道命令。但是这位动摇不定的司令官没有敢下这道命令。特莱斯科夫和施拉勃伦道夫于是决定亲自动手。

在3月13日希特勒到达后的下午和晚上，这两个反纳粹的军官曾经两度准备改变计划。他们先是想在希特勒同集团军高级将领开会的克鲁格私人寓所里让炸弹爆炸；后来又想在这群人吃晚饭的军官食堂里爆炸。但是，这样做将会炸死一些将领，而密谋分子正是指望着这些将领，在他们摆脱个人对希特勒效忠誓言的约束之后，帮助他们在德意志帝国接管权力的。

施拉勃伦道夫把他称作"两个爆炸包"的东西装置好，而且把它们扎在一起，像是两瓶白兰地酒。在进餐的时候，特莱斯科夫做出很自然的样子，问希特勒随行人员之一、陆军参谋总部一个名叫海因兹·勃兰特的上校，能不能帮忙把他的一份礼物——两瓶白兰地酒带给他的老朋友、陆军总司令部组织处处长赫尔莫特·斯蒂夫将军。勃兰特根本没有想到会有什么问题,就答应说,他乐于帮忙。

在飞机场上,施拉勃伦道夫紧张地用手指从他那个包裹的一个小小的开口处伸进去,开启了定时炸弹的装置,然后在勃兰特走上希特勒座机的时候,把这个包裹交给了他。这是一个构造精巧的武器。它没有那种使人生疑的钟表装置。当这个青年军官按了一个按钮之后,一个小瓶子被打破,流出一种腐蚀性的化学品,把一根拉住弹簧的金属线慢慢腐蚀掉。这根线蚀尽之后,弹簧就把撞针一推,打着雷管,使炸弹爆炸。

施拉勃伦道夫说,他们预计希特勒的飞机从斯摩棱斯克起飞之后约30分钟,刚过明斯克不久,就会出事。他兴奋至极,打电话给柏林,用密码通知那里的密谋分子,"闪电"已经开始。然后,他同特莱斯科夫怀着怦怦跳动的心,等待着惊人的消息。他们预期,最早的消息将来自护送希特勒座机的战斗机的无线电报告。他们一分钟一分钟地数着,20分、30分、40分、一个小时……还是没有消息。过了两个多小时,消息来了。那是一个平安无事的电报,希特勒已在拉斯登堡降落了。

炸弹没有被发现。当天夜里,特莱斯科夫打电话给勃兰特上校,随意地问起他是不是已经抽空把他的包裹送给斯蒂夫将军。勃兰特说,他还没有工夫办这件事情。特莱斯科夫就叫他别送去了,因为瓶子弄错了,施拉勃伦道夫明天有点公事到那里去,他将托他把想送给斯蒂夫的真正好白兰地捎去。

施拉勃伦道夫以令人难以置信的勇气飞到希特勒的大本营,用两瓶白兰地酒换出了那个炸弹。然后,他从那里搭夜车去柏林。在卧车厢里,他关起门来,一个人把炸弹拆开。他发现:炸弹的装置是完好的,小瓶子破了,腐蚀性的液体蚀尽了金属线,撞针也向前撞过了,但雷管没爆炸。

柏林的密谋分子决定对暗杀希特勒再来一次尝试。很快就有一个好机会:希特勒将由戈林、希姆莱和凯特尔陪同,出席3月21日在柏林举行的阵亡将士纪念日的纪念仪式。这是一个不仅可以杀死希特勒而且可以杀死他的主要同伙的好机会。特莱斯科夫选定格斯道夫上校来执行任务。这是一次要同归于尽的行动。计划是这样的：上校把两颗炸弹藏在大衣口袋里，点上信管，在仪式中尽量靠近希特勒站着，把希特勒和他的随从全部送上西天。格斯道夫以惊人的勇气，毫不犹豫地接受了这一任务。

3月20日晚上，格斯道夫在柏林艾登饭店的房间里同施拉勃伦道夫见面。施拉勃伦道夫带来了两颗炸弹，用的都是可以点燃10分钟的信管。但因为军械库内玻璃顶的院子里气温接近零度，所以这些武器爆炸之前可能需要15分钟到20分钟的时间。希特勒在发表演说之后，计划在这个院子里用半小时参观从苏军那里缴获的战利品。这个展览是格斯道夫的部下布置的。这是上校能够接近希特勒和杀死他的最佳地方。

后来，格斯道夫叙述了当年所发生的事情：3月21日当天，他在大衣两边口袋里各装了一个带10分钟信管的炸弹。格斯道夫打算尽可能靠近希特勒，这样就可以把他炸得粉碎。但当希特勒走进展览厅的时候，他又改变了主意，准备只用8分钟或10分钟参观展览。所以，这次暗杀又失败了，因为即使在正常的温度下，信管至少也需要10分钟。这个最后一分钟的改变计划，是希特勒典型的保安诡计，又一次救了他的命。

格斯道夫说，特莱斯科夫将军在斯摩棱斯克手里拿着一只跑表，焦急地听着仪式的实况广播。当广播员宣布，希特勒进了展览厅只停留了8分钟就离开时，这位将军知道，又一次尝试失败了。

在此期间，不仅军队中的密谋分子非常活跃，在青年学生中也掀起了反纳粹的浪潮。30年代初期，在希特勒蛊惑人心的愚弄和欺骗之下，不少大学生曾是狂热的纳粹分子。但是，希特勒的10年统治使他们的幻想破灭了。慕尼黑曾经是产生纳粹主义的城市，但如今它又成了学生反对纳粹运动的温床。领头的人物是一个25岁的医科学生汉斯·舒尔和他的21岁的妹妹、学生物学的沙菲。他们利用称为"白玫瑰通信"的方式，在其他大学里进行反纳粹的宣传，并且同柏林的密谋分子也取得了联系。

1943年2月里的一天，巴伐利亚纳粹党头子保罗·吉斯勒，在收到了秘密警察交给他的一批这种信件之后，召集学生们开会。他在会上宣布，身体不适合服军役的男生将被分配去做某种更有用的战时工作。接着，他不怀好意地对大家瞟了一眼，提出要女生们为了祖国的利益每年生一个孩子。他还下流地说："如果有些姑娘缺少足够的姿色去勾上男人，我可以把我的副官分配给她们……而且我能够保证她们尝到妙不可言的滋味。"

学生们对这种流氓语言非常气愤，他们把这个纳粹头子轰下了台，又把来保护他的几个秘密警察和党卫队人员赶出会场。当天下午，反纳粹的学生在慕尼黑的街道上举行示威，这在第三帝国还是破天荒的第一次。学生们在舒尔兄妹的领导下，开始散发小册子，公开号召德国青年行动起来。

事后，舒尔兄妹被警察逮捕了。他们被拉到"人民法庭"上，被判定犯了叛国罪，判处死刑。在受审时，沙菲·舒尔被警察拷打得十分厉害，有一条腿已经被打断了。但是她英勇不屈。对庭长法赖斯勒的野蛮恫吓，她平静地回答："你其实和我们一样，都已经知道这场战争已经输定了。可是你为什么还要这样卑怯呢，不敢承认失败呢？"

她撑着拐杖，一步一拐地走向绞刑架，勇敢地迎接死亡。她的哥哥也是这样。他们的导师、哲学教授休伯和另外几个学生，在几天之后也被处以死刑。

舒尔兄妹之死，更加激起了德国人民对法西斯的愤恨，同时也更加坚定了密谋分子除掉希特勒的决心。在11月，他们又组织了一次"大衣"行刺活动。密谋分子选中了24岁的步兵上尉阿克西尔·冯·丹·布舍。他当时试穿一种新的陆军大衣和一种新的作战背包，这两件装备都是希特勒下令设计的，现在他要亲自观看，以便批准生产。为了避免重蹈格斯道夫的覆辙，布舍决定在他试穿的大衣口袋里，装上两颗在点燃引线之后几秒钟就会爆炸的德国炸弹。他的计划是趁希特勒检查新大衣的时候，一把抓住他，两人同归于尽。

但在预定的试穿的日期前一天，盟军的一颗炸弹把这些新式的大衣和作战背包炸毁了，试穿也就取消了。12月间，他又被带到希特勒的大本营，进行新式衣服试穿，机会又来了。但希特勒忽然决定到伯希特斯加登去度圣诞节假日。不久，布舍在前线受了重伤，于是另一个在前线作战的年轻步兵军官调来代替他。试穿新大衣的日子定在1944年2月11日，但到这一天，希特勒又以某种原因没有来，结果谋杀计划又流产了。

到了这时，密谋分子们已经得出了这样的结论：由于希特勒经常采取改变日程的手法，他们的计划也必须随之改变。他们看到，希特勒肯定会出现的场合是每天两次同最高统帅部和陆军总司令部的将军们的军事会议。所以只有在这个时候进行暗杀，才有机会成功。他们选中了一个经常出入这种会议的名叫冯·施道芬堡的年轻军官来执行这一任务。

第二节
死里逃生的纳粹领袖

施道芬堡是反对拿破仑的对外战争中的英雄格奈斯瑙的曾孙。1926年，他加入陆军。与其他众多青年军官一样，他也曾狂热崇拜希特勒。他赞成德奥合并和占领捷克斯洛伐克，为在荷兰和法国取得的胜利而欢呼。

但是到了1941年，当他看到希特勒正一步步将德国引入一场永无休止的战争中去时，他对自己的信仰开始怀疑了。后来在对苏战争中，他又看到纳粹的疯狂与残忍。他终于醒悟了，他看清了纳粹统治的阴暗与邪恶。于是他开始与反纳粹人员接触并成为他们中的一分子。他对一个军官说，解决德国问题的办法现在只有一人，那就是把希特勒杀掉。

对于这次暗杀任务，施道芬堡是主动请缨的，并且在接受这一计划后就积极行动了起来。

他将这次暗杀计划得很周详，并且做足了准备，一名叫乌班·提埃希的青年中尉回忆说："你看他打电话那股劲头，真叫人高兴！他的命令既简短又明确。对重要人物，他彬彬有礼，而又自然得体。他总能把握局势。"

施道芬堡的机会终于来了。7月11日，希特勒召见他，要他汇报补充兵员的情况。他带着公事包，里边装着许多文件和一枚英制炸弹来到贝格霍夫。然而，出乎意料的是，希特勒并不在会议室内。

4天后，机会又来了。施道芬堡再次奉命去见希特勒。此时希特勒已将他的司令部迁至位于东普鲁士的拉斯登堡的"狼穴"。他带着炸弹去了"狼穴"。这一次，密谋者们志在必得。奥尔布里希特将军于上午11时，即会议前两小时，下令执行"女神行动"（"女神"是密谋者们在全国发动政变行动的代号）计划。

会议准时于下午1时开始。施道芬堡简短地向希特勒做了汇报后，便出去通知其他密谋者，希特勒在会议室内，他将马上安装炸弹。但当他回会议室后，却发现希特勒已因故离去，刺杀行动再次失利。

多次的失败让密谋者们极为气馁，有些人甚至开始对自己的信念产生了动摇，只有施道芬堡仍然对通过暗杀夺取政权充满信心。

但是，局势的发展已经没有给密谋者们留下太多的时间了。1944年6月盟军在诺曼底发动了反攻行动，几小时之内希特勒一直鼓吹的"大西洋壁垒"就被攻破了，战争的主动权开始发生转移。同在6月，苏军在东线战场上发动了猛烈的攻势，德军最精锐的中央集团军被击溃。7月4日，苏军开始越过波兰东部边境向东普鲁士开始进军。许多密谋分子认为德国失败已无法逆转，现在再对希特勒进行暗杀已没有意义。但是密谋分子的领袖之一贝克说，尽管反纳粹行动成功，也不能使德国避免被占领，但这样做至少可以加快战事的结束，使德国减少流血和受到摧残。而且这一举动还可以向世界证明，除了纳粹德国，还有另一个德国存在。

正是在这种环境下，7月15日施道芬堡才又对希特勒发动了暗杀。7月20日，机会终于来了。当天，施道芬堡和施蒂夫将军在副官维尔纳·冯·哈夫登中尉的陪同下，提着装着炸弹的棕色公事包，一起驶往元首大本营"狼穴"，出席希特勒主持的军事会议。在这里，他和最高统帅部通讯处长菲尔吉贝尔将军接上了头。菲尔吉贝尔也是密谋集团中的重要人物，他负责把爆炸的消息快速传给柏林的密谋者们，并切断"狼穴"与外界的一切通讯联系。

在确知菲尔吉贝尔已做好了准备后，施道芬堡与最高统帅部的另一名军官闲聊了一阵，然后便信步朝凯特尔的办公室走去。凯特尔告诉他：由于墨索里尼下午要到，午间的形势分析会将提前半小时开始——即在30分钟后。快到12时30分时，凯特尔说，该到对面的营房里开会了。半路上，施道芬堡走到凯特尔的副官恩斯特约翰·冯·弗雷恩德跟前，问他洗手间在哪。施道芬堡去了邻近的一间洗手间，准备在这里安装炸弹。但这间洗手间并不适合进行这一操作。于是他们又回到厅内，向弗雷恩德打听，哪里可以更换衬衣。弗雷恩德将他们领进自己的卧室后，便离开了。施道芬堡在这里终于安装好了一颗15分钟后便会爆炸的定时炸弹。

这时，弗雷恩德在厅内朝他们喊道："快点，施道芬堡！首长在等我们哪。"施道芬堡将安装好的定时炸弹装进棕色公务包走了出来。弗雷恩德提出要帮他提着那个棕色公事包，但施道芬堡婉言谢绝了。在接近会议室的时候，施道芬堡对弗雷恩德提出了一个请求："请安排我尽量靠近元首就座好吗？我的耳朵在战争中受了伤，这样我才听得清。"

凯特尔不耐烦地等候在门廊里。会议已经开始了，他领着他们，走过中央走廊，进入了会议室。参加会议的人们站立在这会议室中间的长桌周围，只有希特勒一人坐着。而他右边的阿道夫·豪辛格将军正在阴郁地宣读一份关于东线的战报。施道芬堡缓步走到豪辛格的另一边，把棕色公事包往尽可能靠近希特勒的地方随便一放。时间已经到了12时37分，再过5分钟炸弹就会爆炸。趁其他人不注意，施道芬堡偷偷地从会议室溜了出去。他飞快地冲过走廊，走出大楼。

这时，似乎一切已成定局，密谋者们都在静待这炸弹的爆炸。但是命运又和密谋者开了一个玩笑，希特勒居然意外地逃出了鬼门关。就在施道芬堡刚离开后不久，豪辛格的副官在探身看桌子上的地图时，由于受到那个公事包的阻碍，便将公事包移到支架的外侧。而正是这微不足道的一个举动，却改变了历史的进程。

12时42分整，一阵震耳欲聋的响声把从会议室传出，火焰猛然上窜，玻璃碎片、木头和灰泥如雨点般四散飞出，室内浓烟滚滚。

希特勒灰头垢面，满身是土和木屑，裤子也被炸得破碎不堪。凯特尔护着希特勒迅速向最高统帅部的地堡走去……

施道芬堡的汽车在刚离开"狼穴"后，就被第一道哨卡给挡住了。他机警地跳下车子，要求见哨所的值班军官。当着值班军官的面，他假装给某个大人物打了一个电话，然后转身对那个军官说："尉官先生，我被批准通行了。"就这样，施道芬堡连闯三道岗卡。当他的汽车开进机场的时候，等候的飞机已经发动，一两分钟之内，飞机便腾空而去。

由于耽心事态恶化，在深夜1点的时候，希特勒拖着被炸伤的身体到广播电台发表讲话。他对密谋分子大加责骂，并发誓要"以国家社会党人常用的方法来对他们实行清算"。

不过，此时还不是算账的时候，墨索里尼马上就要到达，希特勒必须忍着伤痛与他的法西斯同伴继续谈判。

这两个法西斯独裁者举行的最后一次会见，是颇为怪诞可笑的。两人默默地视察着被炸毁的会议室。墨索里尼在椅子上就座后，希特勒坐在一个箱子上。他将爆炸的情形向墨索里尼进行了解释，然后又展示了被炸烂的裤子和头发被烧焦的后脑勺。

到了下午约5点钟的时候，拉斯登堡的通信系统已经恢复，希特勒接到报告，在柏林和西线等广大地区都发生了军事叛变，希特勒沉默着，而他手下的将领则在大声互相埋怨和争吵着。这一切让两人陷入绝望。

希特勒带伤到火车站迎接墨索里尼

第三节
铲除一切有威胁的人

7月20日密谋案发生后,逃过一劫的希特勒开始了他疯狂的报复行动。他命令希姆莱四处搜捕这些密谋分子,并亲自制定了处理这些人的办法。

在拉斯登堡爆炸发生后举行的最初几次会议中,有一次他咆哮说,"这回对罪犯要毫不客气地干掉。不用开军事法庭,我们要把他们送上人民法庭。别让他们发表长篇演说。法庭要用闪电速度进行审判。判决宣布两小时之后立即执行。要用绞刑,别讲什么慈悲。"这些来自希特勒的指示,都由卑鄙恶毒的纳粹狂人、人民法庭庭长罗兰·法赖斯勒严格地执行了。

受到审判的密谋分子有冯·维茨勒本陆军元帅、霍普纳将军、施蒂夫将军和冯·哈斯将军,还有同施道芬堡密切合作的下级军官哈根·克劳辛、伯纳第斯、彼德·约克和冯·瓦尔登堡伯爵。由于在秘密警察的刑讯室里饱受折磨,他们已经不像样子。而且戈培尔下令把审判的每一个细节都拍摄下来,并将这部电影在军队和社会上进行播放,妄图给那些密谋反抗纳粹的人以威慑。

尽管他们知道自己的命运已定,这些密谋分子在法赖斯勒的不停侮辱面前,还是表现出了尊严和勇气。最勇敢的大概要算施道芬堡的表兄弟、年轻的彼得·约克。他冷静地回答那些侮辱性的问题,而且从不掩饰他对国家社会主义的鄙视。

法庭所指定的辩护律师简直可笑极了。从审判记录可以看到，他们的卑怯是几乎难以置信的。例如，维茨勒本的律师，一个名叫威斯曼的博士，他完全违背了一个律师的责任，几乎同法赖斯勒一样地申斥由他辩护的人是一个"谋杀的凶手"，完全有罪，应受极刑。

最终这些人都被宣判死刑。希特勒命令，"把他们像猪一样绞死"。他们确实这样被绞死了。在普洛城西监狱，这8个被判死刑的人被赶进一个小房间，屋里天花板上挂着8个钩子。他们一个一个被剥光上衣，绑起来，挂在了钩子上。摄影机记录下了他们赤身裸体惨死时的景象。

在7月20日事件发生之前三天，准备在新政权中担任总理的戈台勒由于得到警告，说秘密警察已经对他发出逮捕的命令，就躲起来了。他在柏林、波茨坦和东普鲁士之间，流浪了3个星期，很少在同一个地方住上两夜。那时希特勒已悬赏100万马克通缉他，但总还有朋友或亲戚愿意冒着生命危险掩护他。8月12日早晨，他在东普鲁士日夜不停地步行了几天之后，由于筋疲力尽、饥肠辘辘，最后在马里安瓦尔德附近一个树林里被捕了。

人民法庭在1944年9月8日把他判处死刑，但直到第二年的2月2日才被处死。希姆莱之所以迟迟没有绞死他，显然是因为考虑到，如果希姆莱要来收拾国家残局的话，通过瑞典和瑞士同西方盟国建立的联系，他可能会对自己有帮助。此时，这个杀人成性的党卫队头子已经开始为自己谋求退路了。

原定在新的反纳粹政府中接管指导外交政策权力的前驻莫斯科大使舒伦堡伯爵和前驻罗马大使哈塞尔，分别在11月10日和9月8日被处死。最高统帅部通讯处长菲尔基贝尔将军在8月10日死于绞刑架下。

弗洛姆将军，虽然在决定命运的7月20日晚上见风使舵地重新投靠了纳粹，还是没有能逃脱一死。第二天，希姆莱接替了弗洛姆的国内驻防军总司令职务，并下令逮捕了他。弗洛姆于1945年2月间被押上人民法庭，以"怯懦"罪受审，并被判决死刑，1945年3月19日由行刑队枪毙。

被革职的谍报局局长卡纳里斯海军上将，对密谋分子有过许多帮助，但是并没有直接参加7月20日事件。他的神秘莫测的生涯，使他死亡的情况多年不明。人们只晓得，在谋害希特勒的事情发生之后，他被捕了。有一个目击者丹麦人伦丁上校说，1945年4月9日，他看见卡纳里斯光着身子，从牢房里被拖到绞刑架上。

许多牵涉进这次谋反事件中的陆军军官，为了不让自己被送上人民法庭受罪都自杀了。在西线的陆军高级将领中，有两个陆军元帅和一个将军自杀。接着与此事有关联的隆美尔陆军元帅也服毒自尽了。具体情况是这样的：

冯·霍法克上校在柏林艾尔布莱希特亲王街的秘密警察的监狱中受不了酷刑，招认隆美尔曾参与7月20日阴谋。霍法克引证隆美尔元帅曾经对他说过的话："告诉柏林的人，我将是他们最大的依靠。"这句话让希特勒十分震惊，于是他做出决定：他所宠信的也是在德国军队中最受欢迎的这位将军必须死去。

隆美尔当时住在伯奈的野战医院里。7月17日下午，在诺曼底前线，他的头盖骨、两个太阳穴和颧骨受了重伤，左眼也受了严重的损害，脑袋上尽是炸弹碎片。为了避免遭到进攻中的盟军的俘虏，他先从这个野战医院被迁至圣·歇尔曼，在8月8日那天又迁到乌尔姆附近赫林根的自己住宅里。他从前的参谋长斯派达尔到赫林根去看望他。但在第二天，9月7日，斯派达尔就被捕了。

"那个病态的撒谎者现在已经完全疯了！"隆美尔在与斯派达尔谈话中谈到希特勒的时候这样说，"他正在对7月20日案件的密谋分子发泄他的虐待狂！他不会就此罢手的！"

在隆美尔的住处，正有保安处的人员进行监视。他的15岁的儿子原来在高射炮中队服役，现在暂时告假回家来服侍他。希特勒在拉斯登堡大本营收到霍法克招出隆美尔的证词副本后，就下令处决隆美尔，但是却和以往处决其他密谋分子的方式不同。后来凯特尔对纽伦堡的提审人员解释说，希特勒认识到，"如果这个赫赫有名的元帅，德国最得人心的将军，被逮捕并押上人民法庭的话，这将是一件非常丢脸的事"。因此，希特勒同凯特尔商量好，让隆美尔知道控告他的证据，让他选择要么自杀，要么以叛国罪在人民法庭受审。如果他选择自杀的话，他死后可以获得具有全副军事荣典的国葬仪式，而且可以保全他的家属。

1944年10月14日中午，希特勒派遣两名亲信驱车来到被党卫队用五部装甲车团团围住的隆美尔的住宅。一位将军是威廉·布格道夫，一个长着酒糟鼻子、同凯特尔一样对希特勒唯命是从的酒鬼；另一个是与他有着同样性格的、他的陆军人事处的助手恩斯特·迈赛尔。他们事先通知隆美尔，他们是来同他谈一谈以后的职务问题的。

在布格道夫和迈赛尔到达以后，事实真相就清楚了。他们要求和这位元帅单独谈话，于是三人到隆美尔的书房去。

没过多久，隆美尔就穿着他那件旧的非洲团皮夹克，手里拿着元帅的节杖，跟着两人上了车。车行一两英里后在附近森林旁的路上停下来。迈赛尔和党卫队司机走下车来，隆美尔和布格道夫仍留在车上。一分钟以后，当下车的那两个人回来的时候，隆美尔已直挺挺地死在了座位上。隆美尔夫人在与丈夫告别15分钟以后，接到从医院打来的电话。主治大夫报告说，两位将军带来了元帅的尸体，他是因大脑栓塞致死的，这显然是前次他的头盖骨受伤的结果。布格道夫禁止解剖尸体。他大叫道："柏林已经把一切都安排好了！"

希特勒下令为隆美尔举行了国葬，并给隆美尔夫人发了唁电。德国陆军高级将领冯·伦斯德在举行国葬仪式时致悼词。他站在裹着卐字旗的隆美尔尸体面前说，"他的心是属于元首的"。

而在此时，德国人民在共产党的领导下也正与法西斯强盗进行着英勇卓绝的斗争。他们认识到只有消灭希特勒及其匪帮，才能获得和平及德国民族的生存。消灭希特勒匪帮是反法西斯战士给自己提出的神圣任务，数以万计的共产党员为此献出了自己的生命。

在共产党的号召下,很多工厂与地区建立了新的反法西斯抵抗小组,这些小组具有人民阵线的性质,他们为反对法西斯战争而英勇地进行战斗。

第八章 坠入深渊:穷途末路,饮弹身亡

第四节
盟军反攻，法西斯节节败退

在苏联红军节节胜利的推动下，盟军经过长期的准备，人们久已盼望的向西欧进军的第二战场，终于在1944年6月6日揭幕了。

从6日凌晨开始，美英2395架运输机和847架滑翔机，从英国20个机场起飞，载着3个伞兵师向南疾飞，到法国诺曼底海岸的重要地区空降着陆。黎明时分，英国皇家空军的1136架飞机，对勒阿佛尔和瑟堡之间事先选定的敌军海岸的10个堡垒，投弹5853吨。天亮以后，美国第八航空队的轰炸机开始出击，1083架飞机，在部队登陆前半小时，对德军海岸防御工事投弹1763吨。然后，盟军各类飞机同时出击，轰炸海岸目标和内陆的炮兵阵地。太阳升起之后，盟军海军战舰开始猛轰沿海敌军阵地。霎时间，炮火连天，山摇地动。

进攻部队由运输舰送到离岸11英里和7英里的海面，然后改乘大型登陆艇和小型攻击艇，每个小艇运载30人。小艇并排前进，按时抵达攻击滩头。跟在它们后面的是运载重武器、大炮、坦克和工程设备的大型登陆艇，最后是满载人员、装备和供应品的登陆船。登陆艇上还分别安装着大炮、迫击炮和火箭炮，靠岸时就直接向敌人的海岸防御工事进行射击。此外还有两栖坦克，它们一"游"上海岸就能直接投入战斗。

大约早晨6时30分，美军开始在奥马哈和犹他滩头登陆。在这之后，英国和加拿大军队也陆续在事先选定的海滩登陆。在这次战役中，盟军共准备了各类飞机13000多架，战舰、运输舰和各种类型的登陆艇共达6000

多艘，参加战役的指战员和后勤人员共287万多人。

到了6日夜晚，已有将近十个师的部队连同坦克、大炮和其他武器上岸，并且后续部队源源而来，不断扩大着盟军对德国守军的优势。

但盟军在诺曼底登陆的消息直到当天下午3时才传到希特勒的耳朵里。收到消息后，希特勒立即派两个装甲师到诺曼底去，并要求在当晚肃清盟军滩头阵地，但这个命令已为时太晚了。此时，纳粹海陆空三方面的部队已全面溃退，根本无力抵御盟军的进攻。斯派达尔后来说，"从6月6日以后，主动权就落在盟军手中了"。

从1944年6月10日开始的苏军夏季攻势，节节胜利，到8月中旬，红军打到了东普鲁士边境，在波罗的海地区包围了德国50个师，深入到芬兰的维堡，消灭了中央集团军，而且在6个星期内，在这条战线上推进了400英里，到达维斯杜拉河与华沙隔河相望。同时，在南线从8月20日开始发动新攻势，月底就占领了罗马尼亚和供给德军天然汽油唯一重要来源的普洛耶什特油田。8月26日，保加利亚正式退出战争，德军开始从那里仓皇撤退。9月间，芬兰也退出战争，并向拒绝撤离其领土的德军开火。

在西线战场上，法国迅速被解放了。新成立的美国第三军团，在巴顿将军的指挥下，势不可当，取得了一连串的胜利。7月30日他指挥部队攻克了阿夫朗舍之后，即开始向在诺曼底一线的德军进行大包抄，向东南推进到卢瓦尔河畔的奥尔良，然后转师向东推进到巴黎南面的塞纳河。8月23日，盟军抵达巴黎东南方和西北方的塞纳河，两天以后，雅克·勒克莱克将军所统率的法国第二装甲师和美国第四步兵师攻克了巴黎。被德国占领了四年之久、有法兰西荣誉之称的这一伟大城市终于解放了。

现在，在法国的德军残余部队，正在全线撤退之中。在北非战胜隆美尔的蒙哥马利，于9月1日晋升为元帅，率领加拿大第一军团和英国第二军团在4天内挺进200英里，从塞纳河下游进入比利时。9月3日，盟军攻克布鲁塞尔，次日又攻克了重要港口安特卫普。

在英加军队的南面，古特尼·H.霍季斯将军率领的美国第一军团，以同样速度攻入比利时的东南方，到达缪斯河，继而又攻占了纳缪尔和列日的堡垒，在第一军团的南面，巴顿的第三军团攻占了巴尔登，包围梅茨，进抵摩泽尔河，并在贝耳福尔山峡与法美第七军团会师。

到8月底，西线德军已损失50万人，其中半数是被俘的；并且损失了几乎全部的坦克、重炮和载重汽车。已经没有什么东西能用来保卫第三帝国了，曾经大肆吹嘘的齐格菲防线，实际上已无人防守，也没有武器防守。西线绝大多数德军将领都认为大势已去。

不过希特勒却不这样认为，8月31日，他在大本营对一些将军们训话，试图鼓舞起已垂头丧气的官兵的士气。他说："我们在必要时将在莱茵河上作战。这没有什么了不起。我们在任何情况下都要战斗下去，正如腓特烈大帝所说，要一直打到那些该死的敌人精疲力竭不能再战为止。我们要作战到底，一直打到赢得在今后50年到100年内能够保障德国民族生命安全的一个和平局面为止。这个和平局面，首先不能像1918年那样再一次地玷污我们的荣誉……我活着就是为了领导这一战斗，因为我知道，如果在这一战斗的背后没有铁的意志，这场战斗是不能胜利的。"希特勒在严厉批评了陆军参谋总部缺乏斗志之后，又说："盟军之间的关系变得十分紧张的时候，他们决裂的日子就要到来了。历史上所有的联盟迟早都要垮台的。不论怎样艰难，唯一的办法是等待恰当的时机。"

虽然如此，可是由于大势已去，逃兵的数目一天比一天多。希姆莱为了防止逃亡，采取了严厉措施，9月10日他下了一道命令："如果谁要做一个逃兵，那将受到十分严厉的惩罚。不仅如此，他的家属也会因他可耻的行为带来极其严重的后果，他们要统统被枪毙！"

但是，覆灭即将来临，纳粹匪徒的最后挣扎又能如何呢？

第五节
孤注一掷，难逃一败

诺曼底登陆以来，盟军已在欧洲战场上取得了一系列的重大胜利，但是到9月，由于补给运输困难，盟军不得不暂缓了进攻的步伐。此时，希特勒终于获得了一个短暂的喘息之机。他积极酝酿着，决定做最后的挣扎，倾尽全力向盟军发动一次强大攻势，妄图挽回败局。

1944年12月12日晚上，希特勒召集主要将领们开会。由于受7月20日事件的影响，这些将军不允许携带任何公事包进入会场。他们发现这位纳粹统帅，驼着背，面色苍白，两手发颤，以往的那种野心勃勃不可一世的样子已荡然无存了。

然而希特勒讲话还是像从前一样滔滔不绝，他对指挥官们作了一番政

希特勒与军事指挥官们在讨论阿登战役计划

治动员："历史上从来没有像我们的敌人那样的联盟，成分那样复杂，而各自的目的又那样分歧……一方面是极端的资本主义国家；另一方面是极端的社会主义国家……如果我们发动几次攻击，这个靠人为力量撑住的共同战线随时随地可能霹雳一声突然垮台……只要我们德国能保住不松劲的话。"他提出，我们要组织一次给盟军重大打击的阿登攻势，彻底扭转战局。

散会时，希特勒的政治动员还在将军们的耳朵里盘旋着，但他们谁也不相信阿登攻势会成功。

12月15日晚，在阿登前线，天气寒冷，全线平静。整条战线，长达85英里，弯弯曲曲，只有美军6个师把守。这6个师中，3个师是新兵，另外3个师又战得筋疲力尽，可以说几乎没有防御力。这就是著名的"魔鬼前线"——在这个又冷又静的地方，两个多月来，双方都在休整，互相察言观色，彼此都避免招惹对方。

那天晚上，盟军的指挥官谁也未料到德军会发动进攻。甚至在几小时前，蒙哥马利还曾断然说过，德军已"无法发动大规模进攻"。

此时，德军3个军的兵力，计25万人，以及数以千计的装甲器械，已悄悄抵达前线。清晨5时30分，战火和硝烟在"魔鬼前线"全线爆发了。在长达85英里的战线上，迫击炮咚咚，火箭嘶嘶飞出发射台，88毫米口径大炮隆隆，真是地动山摇！数以千计的坦克摇摇摆摆地冲向前方，沉闷的炮声从后方传来——远程炮将14英寸口径的炮弹射向美军战线后方数英里外的目标。

1小时后，炮击停止了。在大雪的映照下，身穿白衣的德军，几乎看不清人形，像魔鬼似的从阴霾中冒身出来，12至14人排成横排，迈着缓慢而可怕的步子，朝美军走去。

到黄昏的时候，美军的北部战线已经瓦解。听到美军北面阵线已被突破，希特勒欣喜若狂。当晚，他打电话给B集团军司令——他在阿登以南很远的地方。"从今以后，巴尔克，"希特勒说，"我们寸土不让。今天我们就开拔！"巴尔克告诉他，他的坦克已在通往巴斯托尼的道路上方的山头上隐蔽好了。由于连续雾天，盟军飞机一直无法起飞。"巴尔克！巴尔克！"他喊道，"西线一切都将大改观！成功——绝对成功——已在握！"

在盟军接连遭受损失的时候，丘吉尔于1945年1月6日急电斯大林求援。第二天，斯大林就复电，表示要加紧准备工作，尽早从东线发动进攻。1月12日，苏军从波兰的维斯杜拉河（现名维斯瓦河）发动了强大攻势，重创德军。10天以后，即1月22日，希特勒急忙把党卫军第六坦克集团军从西线调往东线，这就大大减轻了西方盟军的压力。

圣诞节的前一天，是希特勒发动阿登攻势赌博的决定性的转折点。这时德军的进攻已成强弩之末，它在狭长的突出阵地两翼所受的压力实在太大了。在圣诞节的前两天，天气转晴，英美空军大显身手，大肆轰炸德国供应线和驶上狭窄崎岖的山间公路的军队和坦克。德军在圣诞节那天，从早上3点钟开始，发动了一系列的攻击，但是麦克奥利夫的守军屹立不动。第二天，巴顿第三军团的装甲部队从南面突破，对守军进行支援。对德军来说，现在面临的问题已不是如何进攻，而是如何从狭长走廊地带撤退，以免被切断和消灭了。但是，希特勒对于任何撤退的建议都听不进去，反而命令继续猛攻巴斯托尼，重新向缪斯河推进。

从1月3日起，德军以9个师的兵力向巴斯托尼所发动的总攻，展开了阿登战役中最激烈的战斗。到1月5日，德军已放弃夺取这一重镇的希望。他们面临着被英美军队切断退路的危险。1月8日，莫德尔所率领的军队开始从豪法里兹撤退。1月16日，恰好是希特勒以他最后的兵力作赌注发动攻势的一个月之后，德军又退回到他们最先发动攻击前的战线。

在这次战役中，德军死伤和失踪约12万人，损失了1600架飞机、6000辆汽车、600辆坦克和重炮。这是第二次世界大战中德军的最后一次大反扑，它的失败不仅使西线的失败成为不可避免，而且也葬送了东线的德军。因为希特勒将他的最后的后备力量也投入阿登战役，面对东线苏军的攻势，德军已无后备力量可用了。

在苏联红军包围布达佩斯之后，古德里安曾在圣诞节前夕和元旦早晨两度向希特勒乞求援兵，以便应付苏军在匈牙利和波兰发动的强大攻势，但是毫无结果。1月9日，古德里安第三次到希特勒的大本营去请求援兵。他带着东线谍报处长盖伦将军，用东线形势图和其他作战图表向希特勒说明，在苏军即将在北方发动的攻势下，德军所面临的十分危险的处境。希特勒听后大发雷霆。他说这些图表是完全荒谬的，并命令要把制图表的人关到疯人院去。希特勒强词夺理地说，东线战场从来没有拥有像今天这样强大的后备力量。古德里安反驳道："东线战场是个空架子，只要突破一点，全线就会崩溃。"

事情果然如此。1945年1月12日，科涅夫率领的集团军从华沙南面维斯杜拉河上游的巴拉诺夫的桥头堡出击，向西里西亚推进。在其北面，朱可夫率领的集团军跨过华沙南面和北面的维斯杜拉河。1月17日，华沙解放。再往北，苏联两个军团，占领了半个东普鲁士，并且挺进到但泽湾。这是大战以来，苏军发动的规模最大的攻势。仅仅在波兰和东普鲁士两地，苏军就投入了180个师的兵力，其中很大一部分是装甲师。它们锐不可当，势如破竹。

1月27日，朱可夫统率的集团军从卢本跨过奥得河，在两星期内前进220英里到达德国本土，离柏林只有100英里。而且，苏军已经占领了德国在西里西亚的工业基地。

在西线战场上，艾森豪威尔的军队已重新占领法国和比利时的海岸，并成功夺取了德军重要的V1飞弹和V2火箭发射场。

希特勒和戈林曾经想依靠新的喷气飞机把盟军的空军赶跑。本来这种新式喷气飞机战斗力极强，盟军的老式战斗机是无法同它在空中较量的，但是这种喷气机极少能够起飞，因为制造喷气飞机使用的特殊汽油的炼油厂已经被炸毁了。为了不让盟军获得这种无法移动的新式战机，他们被迫把停在机场上的喷气飞机都炸毁了。

2月8日，艾森豪威尔的85个师开始向莱茵河进逼。两个星期以后，他们已牢牢控制了摩泽河以北的莱茵河左岸。德军死伤和被俘的又有35万人,其中被俘的占29.3万人,大部分武器和装备均已损失。希特勒为此大发脾气。3月10日,他又一次把伦斯德革职,由在意大利长期作战的凯塞林元帅接任。

到了3月的第三周,美军已渡过莱茵河,分兵向德国北部平原和鲁尔区推进。这时候希特勒把他的仇恨与怒火从进逼的敌人那里转移到德国人民和军队身上。他接二连三地发布镇压开小差的命令,"对于一切开小差不服从命令的,都要进严厉的处罚,严重者立即枪决"。4月12日,希姆莱更进了一步,他下命令说,对任何放弃市镇和重要交通中心的指挥官都要处以死刑。守卫莱茵河桥头堡的一些指挥官,就这样不幸的成了这道命令的牺牲品。

在苏联红军和西方盟军强大攻势的打击下,希特勒的身体很快地垮了下来。指挥作战的紧张,接二连三吃败仗所带来的震惊,久居地下室缺乏新鲜空气,再加上经常的大发脾气,以及遵照私人医生莫雷尔的劝告每天服用的有毒性的药品,这一切使他的健康状况受到了严重的损害。7月20日密谋案的爆炸震破了他两耳的鼓膜,常常使他头晕目眩。在炸弹事件以后,他的医生劝他去长期休假,但是他拒绝了。他对凯特尔说:"如果我离开东普鲁士,它就会沦于敌手。只要我在这里,它就保得住。"

终于,1944年9月,他病倒了,不得不躺在床上。尽管在11月间,他的身体有所好转。但他再也没有恢复对自己可怕脾气的控制力。1945年,前线来的消息越发不妙,他暴跳如雷的时候也愈来愈多了。他发脾气时,总是手脚发抖,无法控制。

1945年3月19日,已陷入半疯狂状态的希特勒又做出了一个令人震撼的决定。他下了一道总命令,要求把所有德国的军事工业、运输和交通设备以及所有的储备统统毁掉,以免它们完整地落入敌人之手。命令最后说:一切指示与本命令相抵触者均属无效。这就是说,德国要变成一个废墟之国,一切可以使德国人民在战后维持生存的东西都不能保留下来。

纳粹元凶 希特勒

即将走到人生尽头的希特勒

他向对此举持有疑义的军备和战时工业部长斯佩尔说：

"假如战争失败了，那么这个民族也将灭亡。这是不可避免的一种命运。没有必要考虑这个民族维持一个最原始的生存基础的问题。恰恰相反，最好由我们自己动手把这些基础破坏掉，因为这个民族将被证明是软弱的民族，而未来只属于强大的东方民族（俄国）。而且，在战争以后留下来的人不过都是劣等货，因为优秀的人已经战死了。"此时的希特勒已彻底沦为一个灭世大魔王，他的灭绝人性，在这个决定中展露无遗。

而德国人民所以能够幸免这次巨大的灾难，除了因为盟军的进展神速使这次巨大破坏无法执行之外，还由于以斯佩尔为代表的一些下层军官坚决抵制了这一命令的施行。他们在国内四处奔走，保证重要的交通、工厂和商店不被那些死心塌地服从命令的军官和纳粹党棍们所炸毁。

纳粹军队的末日就要来到了，在苏联红军和西方盟军的打击下，如秋风扫落叶一样，在迅速崩溃着、瓦解着。

蒙哥马利元帅所率领的英加军队，在3月的最后一周渡过莱茵河，向东北推进，直趋不来梅、汉堡和波罗的海边上的卢伯克。同时，辛普逊将军的美国第九军团和霍季斯将军率领的美国第一军团，分别迅速地从北面和南面绕过鲁尔区。4月1日，他们在利普施塔特会师。莫德尔率领的德军B集团军，包括第十五和第五十装甲军团，共计21个师，被包围在德国最大工业区的废墟之中。他们撑持了18天，在4月18日投降。德军32.5万人被俘，其中包括30名军官，莫德尔自杀身亡。

莫德尔的部队在鲁尔的被围，使德国西线出现了一个200英里宽的大缺口，美国第九军团和第一军团通过缺口直趋德国心脏易北河。4月16日，美军进抵纳粹党召集大会的所在地纽伦堡。同时苏联元帅朱可夫率领的红军，从奥得河上的桥头堡出击，在4月21日进抵柏林郊区。维也纳已在4月13日光复。4月25日下午4点40分，美军第六十九步兵师的巡逻部队与苏军第五十八近卫师的先遣部队在柏林以南75英里的易北河上的托尔高会师。德国南北被切断了。

纳粹元凶 希特勒

这时,德国法西斯的罪魁祸首希特勒被围困在柏林。德军兵败如山倒,残兵败将像潮水一般涌往西线,向英美军队投降。骄横一时、称霸欧洲的德国法西斯政府,在苏军、西方盟军和欧洲各国人民的打击下,已经山穷水尽,走投无路,只能坐待灭亡了。

第六节
帝国梦碎,最后一声枪响

在苏联红军围攻柏林的时候,希特勒在这座孤城中度过了他最后的时日。他像一只受伤的困兽,不时地发出歇斯底里的嘶叫和哀鸣,时而幻想扭转战局,时而又感到前途绝望。

希特勒原来打算在 4 月 20 日,他 56 岁生日那天,离开柏林前往上萨尔斯堡,并在那里指挥第三帝国的最后决战。而且在 10 天以前,希特勒已经把他的大部分侍从送往他在伯希特斯加登的巢穴"鹰巢",去收拾他的山间别墅伯格霍夫,专候他的到来。

可是,现在的他已经被困在了柏林,再回不到他那位于阿尔卑斯山上的山间别墅了。他没有想到末日会来得这么快。苏军和美军正飞速地向前推进,已会师于易北河上。英军已兵临汉堡和不来梅城下,被德军占领的丹麦有被切断的危险。在意大利,博洛尼亚已经失守,哈罗德·亚历山大率领的盟军正在向波河流域推进。苏军在 4 月 13 日解放维也纳以后,沿着多瑙河挺进,而美国第三军团也在顺河而下,准备和苏军会师于希特勒的奥地利家乡林茨。在战争期间,一直在大兴土木拟作纳粹党的首府的古老城市纽伦堡已被包围。美军第七军团的一部正绕过纽伦堡向纳粹运动的诞生地慕尼黑挺进。柏林已听到苏军重炮的隆隆声了。

希特勒是在上年 11 月 20 日由于苏军的逼近,离开他在东普鲁士拉斯登堡的大本营来到柏林的。从此,他除了短期外出指挥那场冒险的阿登战役外,就再也没有离开过柏林。如今总理府的大厅已被盟军炸成废墟了,

纳粹元凶 希特勒

他藏在地下50英尺深的避弹室中，指挥着正在崩溃的军队负隅顽抗。

虽然苏军已经打到了柏林，西方盟军也进入了德国本土，可怕的末日已迫在眉睫，但是希特勒和他的几个最疯狂的追随者，却顽固地盼望能在最后一分钟出现奇迹，使他们得救。他们之中，戈培尔尤其如此。

4月12日，当这位宣传部长深夜从奥得河前线回到柏林的时候，皇家空军已经又把这座城市炸成一片火海。在宣传部大楼的石阶上，一位秘书告诉了戈培尔一件紧急消息："罗斯福，死了！"

"这就是转折点！"他喊了一声。接着，他便不相信地问："这确是真的吗？"他给元首打电话时，10多个人弯腰曲背地将他团团围住。"我的元首，"他说，"我祝贺你！罗斯福死了。"这是奇迹！他听了下希特勒的答复，然后说，杜鲁门可能会比罗斯福温和些。现在，什么事都可能发生。戈培尔把电话挂了，眼中放射出光芒，即时发表了慷慨激昂的讲话，好像战争就快完了似的。

纳粹头目们欣喜若狂。他们认为这是上帝在最后的刹那间，把第三帝国从迫在眉睫的灾难中拯救出来的迹象！柏林演出的最后一幕戏就是在这种疯人院的气氛中演到最后闭幕的。

此时，希特勒身边只有长期与他保持情妇关系的爱娃·勃劳恩还没有弃他而去。

4月20日希特勒生日当天，纳粹头目戈林、戈培尔、希姆莱和里宾特洛甫，以及仍然活着的将军们，如邓尼茨、凯特尔和约德尔等前来向希特勒祝贺生日。

尽管情况不妙，但希特勒

希特勒的情妇爱娃·勃劳恩

并非特别沮丧。他仍然相信俄国人在柏林城下要遭到最惨重的失败。将军们由于比他更了解情况，都劝他离开柏林到南方去。他们解释说，一两天苏军就要把通往南方的最后逃生之路切断了。但希特勒还是迟疑不决。最后在将军们的敦促之下，他同意建立南方和北方两个分开的司令部。当天夜里，大批人员撤离柏林。希特勒最信任的两个老部下戈林和希姆莱也走了。戈林所带领的汽车大队，满载着从他的豪华公馆运出的金银财宝。他们已背弃了希特勒，并开始为在希特勒灭亡后的夺权而蠢蠢欲动。

穷途末路的希特勒仍然没有死心。在生日的第二天，他下令给党卫队将军菲里克斯·施坦因纳，叫他向柏林南郊的苏军发动全面反攻。可是，施坦因纳根本就没有按着他的命令去做。听到这样的消息后，希特勒实在是受不了。他大声地叫道，所有人都在背叛他，除了背叛、撒谎、腐化和怯懦之外，什么都没有了。

随后，希特勒把戈培尔叫来，要他们一家迁到元首地下室来。接着，他翻阅文件，把他认为应该毁掉的拣出来交给副官带到上面花园中去烧掉。

晚上，他把凯特尔和约德尔叫来，命令他们到南方去指挥残余军队。他自己要与柏林共存亡。至于说到谈判，希特勒对凯特尔和约德尔说，"戈林比我能搞得更好些。戈林是精于此道的。他很会和对方打交道。"

早在1941年6月29日，希特勒就曾指定戈林为他的继承人。现在，当戈林听到这个消息后，就迫不及待地给希特勒打了个电报。他要把这一权力的委托肯定下来。

我的元首：

鉴于您已决定留守在柏林堡垒内，请问您是否同意我根据您在1941年6月29日的命令，马上接管帝国全部领导权，代表您在国内外充分自由地采取行动？如果在今晚10点钟还没有从您那里得到回音，我将认为您已经失去行动自由，并且认为执行您的命令的条件已经具备。我将为了国家和人民的最大利益采取行动。您知道，在我一生这最严重的时刻，我对您的感情，非语言所能表达。愿上帝保佑您，使您克服一切困难迅速来此。

您的忠诚的　赫尔曼·戈林

而就在当天晚上，希姆莱也与伯纳多特伯爵在几百英里之外的波罗的海边卢伯克的瑞典领事馆内进行了会谈。他希望通过瑞典与西方盟军最高统帅部联系，表示德国愿意向英美投降，而对苏军继续抵抗。"忠诚的海因里希"（这是希特勒对希姆莱的昵称）虽然并没有要求继承权力，不过，他却已经在行使这种权力了。

但是，戈林和希姆莱都太过于心急了。虽然希特勒已陷入绝境，但他对纳粹军队的控制力和影响依然十分强大。

希特勒看到戈林的电报，怒不可遏。他大骂戈林，说他腐化、吸毒、已经完蛋了。然后他发出命令，用电报通知戈林，说他犯了叛国罪，理应处以死刑，不过念其长期效劳党国，如果马上辞去全部职务，可免一死。第二天黎明之前，这位第三帝国的第二号人物，纳粹头目中最傲慢、最富有的角色，德国历史上唯一的帝国元帅和空军总司令，成了党卫队的阶下囚。

4月28日是地下避弹室十分难熬的一天。苏军先头部队距总理府只有几条街，他们从东面、北面以及西面，通过毗邻的柏林动物园逐步向总理府推进。当希特勒从无线电中听到，英国广播公司说希姆莱正与美方洽谈投降的消息时，他像疯子似的大发雷霆，并且在一阵子狂怒之后昏了过去。

"一个卖国贼决不能继承我为元首！"他醒来后对周围的人说，"你们必须出去做到使他绝不能继承我。"

希特勒已等不及对希姆莱进行报复了。此时党卫队首领的联络官菲格莱因现在他的掌握之中。希特勒命人从禁闭室里将这位马夫出身的党卫队将军提出来，严加审问关于希姆莱的叛国行为，并指控他与希姆莱同谋。在希特勒的命令下，菲格莱因被拖到总理府花园枪决了。

"可怜的阿道夫，"爱娃对希特勒的一位女侍从说，"所有的人都抛弃了他，出卖了他。"

就在希特勒最难熬的日子里，战备生产部长斯佩尔为了表示对希特勒的忠诚，特来总理府地堡向他告别。斯佩尔打量了一下希特勒的脸部表情和举止动作：他似乎已经消耗殆尽，是一个只剩下一具实体的幽灵；他衣着邋遢、脸部浮肿、眼神呆滞、眼白上充满血丝、左手颤抖，犹如一个患中风的老年人。在话别中希特勒除了称赞这位工程师在建筑方面的才能外，还特意征求了斯佩尔对邓尼茨领导才能的看法，以及对他本人是否留在柏林的意见。

希特勒说："斯佩尔，你有什么意见？我应该留在柏林还是去伯希特斯加登·约德尔将军告诉我，现在最多只剩下24小时了，此后我必须做出最后决定。"

斯佩尔答道："元首，按着我的想法，你在德国首都而不是在你度周末的别墅里结束你的一生，要显得有意义得多。"

希特勒点头表示同意。他说："我决心留在柏林，但我不会亲自参加战斗。我担心被俄国人生擒，我不愿给敌人以任何机会来将我碎尸万段。我已命令将我的尸体火化。爱娃表示愿与我共生死。"最后希特勒以一种悲痛的心情补充说："斯佩尔，相信我，对我来说，结束生命是轻而易举的。只需一瞬间，我即可摆脱一切，免除一切痛苦。"

为了酬劳他的情妇的忠诚，希特勒决定于4月29日凌晨，正式同爱娃结婚。他一直认为婚姻会阻碍他把全部精力用于领导他的党获得政权，领导他的国家称霸世界。但现在已经没有什么要他领导的了，而且他的生命也要结束了，他可以自由地同爱娃做几个小时的夫妻。

戈培尔找来了一位议员，在地下避弹室的一间小会议室里主持了结婚仪式。希特勒要求，"由于战事关系，结婚预告只能口头宣布，其他一切拖延婚事的事项均需避免"。在简短的仪式之后，希特勒的私室里摆下了阴森森的结婚早餐。留下来的将领和戈培尔夫妇以及他的秘书们，都请来参加婚礼宴会。婚礼还没有结束，希特勒在隔壁的房间里，就把一个名叫特劳德尔·荣格的女秘书找来，开始口述他的遗嘱。

"我的最后的政治遗嘱。"他说。她一边记录，手一边在发抖。这是正在形成的历史呀！她敢肯定，这定然是供词，是辩护词。在死亡的边缘上，谁还愿意撒谎？但是，她所记下的却是反唇讥讽之词、叱责之词。通常，他是要作许多改动的，还要把每句话都理顺。今晚呢，他几乎讲个不停，而且毫无逻辑。他大言不惭地说，不管是他还是德国任何一个人，都不想进行战争，战争"完全是那些犹太或为犹太利益效劳的国际政治家挑起来的"。

他宣称，他将"满心欢喜"地死去，但他已令他的将领"继续参加全国进行的斗争"。令特劳德尔吃惊的是，他竟为新政府提出人选。他提名海军上将邓尼茨为他的接班人——既是帝国的总统，又是武装部队的统帅；由戈培尔出任总理，鲍曼任党务部长。特劳德尔不明白的是，如果一切都已失去，德国已被毁灭，国家社会主义也已死亡，这些任命还有什么意义。

4月29日早晨4点，希特勒把戈培尔、鲍曼、克莱勃斯将军和布格道夫将军召来做见证人。他在"政治遗嘱"上签了字，然后他们也在这个文件上签了字。随后他又迅速口述了他的私人遗嘱。在这一部分遗嘱中，他回顾了他的奥地利下层中等阶级的出身，解释他为什么要结婚，为什么要同他的妻子一道自杀。他说，"我的妻子同我决定死去，以免遭受被推翻或者投降的耻辱。"

戈培尔决定追随希特勒而去。

4月29日下午，地下避弹室收到了意大利独裁者墨索里尼被处决的消息。和他一道处决的还有他的情妇克拉拉·贝塔西。

希特勒在获悉墨索里尼的死讯以后，马上进行他的最后准备。他先毒死了他心爱的名叫布朗迪的法国阿尔萨斯种名狗，又枪杀了家里的其他两条狗。他把剩下的两名女秘书叫来，把毒药交给她们。他说，他很抱歉在诀别时不能送更好的礼物给她们，他对她们长期忠诚的服务表示感谢。

4月30日上午，希特勒的生命的尽头到了。他命令他的秘书特劳德尔焚毁档案中的残余文件，并且命令所有地下避弹室的人等候通知。用过午饭之后，希特勒把爱娃·勃劳恩叫来，与残余的纳粹分子一一道别。

随后他们回到自己的寝室。戈培尔、鲍曼和其他几个人在外面的走廊里等候着。过了一会儿，他们听到一声枪响，他们等待着第二次枪声，但是却没有声音了。他们等了一会儿，轻轻地走进希特勒的房间。他们看到希特勒的尸体趴在沙发上，还在滴血，而爱娃·勃劳恩则躺在他的身旁。她是服毒而死的。

当天晚上，希特勒和爱娃的骨灰被扫到一张帆布上。根舍回忆说，骨灰被"倒进地堡进口处外边的一个弹坑里，用土埋了，还用木桩将土夯得结结实实"。

战争狂人、杀人魔王终于结束了他罪恶深重的一生。